KUWEI

酷威文化

图书 影视

十三堂史记通识课

张大可 著

四川文艺出版社

图书在版编目（ＣＩＰ）数据

十三堂史记通识课 / 张大可著. -- 成都：四川文
艺出版社，2023.4
ISBN 978-7-5411-6621-1

Ⅰ．①十… Ⅱ．①张… Ⅲ．①《史记》－通俗读物
Ⅳ．①K204.2-49

中国国家版本馆CIP数据核字(2023)第050601号

SHISANTANG SHIJI TONGSHIKE

十三堂史记通识课

张大可 著

出 品 人	谭清洁
出版统筹	刘运东
特约监制	王兰颖　李瑞玲
责任编辑	谢雨环　范菱薇
选题策划	王兰颖
特约编辑	张贺年　房晓晨
营销统筹	桑睿雪
封面设计	多彩设计 13552009437
责任校对	段　敏

出版发行　四川文艺出版社（成都市锦江区三色路238号）
网　　址　www.scwys.com
电　　话　010-85526620
印　　刷　北京永顺兴望印刷厂
成品尺寸　160mm×235mm　　　　开　本　16开
印　　张　14.5　　　　　　　　　字　数　253千字
版　　次　2023年4月第一版　　　印　次　2023年4月第一次印刷
书　　号　ISBN 978-7-5411-6621-1
定　　价　45.00元

目录

引言

　　当前中国的社会发展，繁荣昌盛，欣欣向荣，正行进在复兴中华文化的大道上，迎来了继承弘扬传统文化的春天。电视节目《典籍里的中国》选择了十一部精品典籍，用现代声、光、电科技手段形象生动地向大众推荐中华传统文化，引人关注，成为当前的网红话题之一。这十一部典籍中就有《史记》。作者司马迁是西汉盛世的史官，司马迁与其父司马谈父子两代相继为史官，官称"太史令"。"太史公"是对"太史令"的尊称。《史记》是司马氏父子两代人的心血结晶，由司马谈发凡起例，司马迁接力续写，最终完成了伟大的创作。书名最初叫《太史公书》，用今天的白话来说就是：太史公所写所记述的书。书名《太史公书》的"书"字作动词用，是所写、所记之意。在司马迁之前，已经有"史记"这个名词，是一个通用的指称史籍的名词，其意也就是史官所写、所记述的书。因为在司马迁之前的先秦时代，史籍都是史官所写、所记述的书。当司马迁与其父所创作的《太史公书》一出，经过两百年的传播发展，到了东汉末期汉桓帝、汉灵帝时代，《太史公书》简化成了《史记》，从此通称的"史记"成了《太史公书》的专用名词了，一直流传到如今都只称作《史记》。这一书名演变，足可以看出《史记》的影响力与日俱增，一天天走向普及。今天已经走进了寻常百姓家，再不是文人雅士的案头物，成为人民大众阅读、欣赏、学习的精品典籍。

　　那么，我们提一个问题，《史记》是一部什么样的书？用一句话回答：《史记》是一部人人必读的国学根柢书。这句话有三个主题词，也就是三个关键词，即《史记》、人人必读、国学根柢书。本书题名"十三堂史记通识课"，就是以课堂讲说的形式，分十三个专题系统评介司马迁其人及《史记》其书。众所周知，鲁迅评价《史记》为"史家之绝唱，无韵之离骚"，已成为学术界的定评，家喻户晓。其实这只说了一半，表述《史记》在史学、文学上所达到的无人企及的高峰，只是重点评说了《史记》的艺术价值。《史记》内容丰富，浓缩了中国古代三千年民族文化的发展，全方位描写了社会大众的人际关系和人生百态，是一部继往开来的百科全书。司马迁"自成一家之言"，《史记》的思想内涵更为重要，评价《史记》还应加两句："国学之根柢，资治之宝典。"即《史记》价值应有四句话："史家之绝唱，无韵之离骚。国学之根柢，资治之宝典。"

《史记》不只是一部文史名著，它还是一部人伦道德教科书，一部治国之宝典，所以是人人必读。20 世纪初，国学大师梁启超提出：《史记》应进入高校课堂。也就是说，《史记》不应只是文人雅士的案头物，而应当走向社会，走向大众，走向普及。半个多世纪之后，到了 20 世纪 80 年代，改革开放，迎来了科学的春天，《史记》才走进了高校课堂，全国有多所高校开设了《史记》专修课，笔者也是于 20 世纪 80 年代在兰州大学开设了十年《史记》专修课，受益匪浅。司马迁的理想，《史记》不仅要"藏之名山"，即国家收藏，传之万世，更要通行在"通邑大都"，成为社会大众的读物。司马迁在《太史公自序》中把全社会的人际关系浓缩为"君臣父子"，即人际之间的上下关系与家庭人伦亲情的秩序，各就各位，各安其序，全社会就和谐了。达到这一境界，就必须明道理，要读书，必须人人读《太史公书》，才知道怎样管理社会，怎样做人，即"君臣父子"都要读《春秋》，即读《太史公书》。因为《太史公书》是效《春秋》而作，孔子修《春秋》，目的就是使乱臣贼子害怕，所以司马迁以《春秋》代称《太史公书》。人人读了《春秋》，就懂得了社会秩序、人伦尊卑，因此《太史公书》是一部治国宝典，是一部人伦道德教科书。

司马迁若穿越到今天，看到十四亿中国人民行进在复兴中华文化的路上，《史记》在当代以各种形式进入了寻常百姓家，圆了作者的梦，当欣然而笑。电视节目《典籍里的中国·史记》想象了时间穿越，演绎了司马迁看到当前的繁荣，还与鲁迅先生擦肩相遇，这些镜头表达了司马迁的理想，他在两千多年前就写在《史记》书里，剧目编导的创作是合理的遥情想象，获得了极大的成功。

国学，就是指中国经史子集典籍所承传的中华文化。唯有《史记》堪称国学根柢。根柢，皆指大树之根，柢为树之主根。俗话说："根深叶茂。"一棵参天大树，只有根扎得深，树叶才繁盛。若将五千年中华文明、中华文化比作一棵参天大树，《史记》就是这棵大树之根之柢，即中华文化的源头。《史记》成书于西汉盛世，可它浓缩了整个先秦文化，涵盖中国古代三千年文化发展，所以是一部国学根柢书，是一部人人必读的国学精品书。

以上简明阐释了《史记》、人人必读、国学根柢书三个关键词语作为本书《十三堂史记通识课》的开头语，因为本书十三个专题就是全面系统围绕这三个词语的深度阐释而展开的，也就是说，本书内容是全面系统具体评说司马迁其人及《史记》其书，最后一堂，即"第十三堂：《史记》的撰述宗旨"，呼应"第一堂：《史记》——人人必读的国学根柢书"，首尾一贯评说《史记》继往开来的内容，是一部当之无愧的人人必读的国学根柢书。下面就循题展开。

是为引言。

第一堂

《史记》——人人必读的国学根柢书

　　从现在开始，笔者与读者共同分享一个话题——评说司马迁其人及《史记》其书。本书分十三个专题来评说，总题"十三堂史记通识课"。第一堂，先评说《史记》这本书的价值。

　　问：《史记》是一部什么样的书？答：人人必读的国学根柢书。前文"引言"，已做了粗陈大意的阐释，这一堂课展开具体的评说。

　　众所周知，《史记》是一部文史名著，它既是史学，又是文学，帝王称本纪，人臣称列传，以人物为纲，以时间为纬，记叙历史事件，合称纪传体。《史记》内容极丰富，它是一部融史学、文学、哲学于一体的旷世大典。依据《史记》的历史价值与功效、创作宗旨、记载内容等角度，可以说《史记》是一部人人必读的国学根柢书、人伦道德教科书、继往开来的百科全书。我们用四句话来概括《史记》的价值：史家之绝唱，无韵之离骚，国学之根柢，资治之宝典。分说于次。

一、史家之绝唱

　　"史家之绝唱"是一句诗意的赞颂，换作叙述语言，就是司马迁对中国史学的贡献，达到了无人企及的境界。《苏联大百科全书》称司马迁为"中国史学之父"。《史记》的问世，对中国史学产生了巨大、深远的影响，司马迁对中国史学做出了卓越的贡献。司马迁对中国史学的贡献和影响，主要有以下四个方面。

（一）奠定了中国史学的独立地位

　　中国史学的产生有悠久的历史。早在殷商时代就有史官，但这些史官只是记载商王的言行，并负责占卜工作，类似宗教职员。周代继承这一传统，到春秋、战国时代，史籍产生，有所谓"左史记言，右史记事；事为《春秋》，言为《尚书》"的说法。即《尚书》是"左史记言"的典范著作，《春秋》是"右史记事"的典范著作。列国史官形成的著作有晋之《乘》、郑之《志》、楚之《梼杌》、鲁之《春秋》等，均属记言、记事的性质，很少有历史过程的记述与研究。《逸周书》《左传》《国语》《周礼》《仪礼》《世本》《竹书纪年》《战国策》等，也属史籍，其特点多为资料汇编，或修订、解释历史文献。一般成于众手，作者多为史官或者士大夫。成书既非一时一人，因此无法保证严格的体例。因此，先秦史籍成为后世多种史体的源头，故唐代刘知几总结唐以前史体流派有六家：《尚书》家《春秋》家《左传》家《国语》家《史记》家《汉书》家。先秦史籍占了四家。有比较严格义例的是《春秋》家和《左传》家，代表的是编年体。中国古代史籍的三大体为纪传、编年、纪事本末，最早产生的是编年体。先秦史籍内容庞杂，文字疏简，记事粗略，史实中杂有神话、传说、寓言，又多有后人的增饰，真伪并存，而且先秦史籍没有系统、全面地记载人类的社会活动，只是反映了片段历史，没有独立成为史书，也没有独立的史家概念。殷商是中国史学的萌芽时期，春秋、战国、秦是中国史学的童年，史籍只是经部的附属。

《史记》的问世，改变了这一状况。司马迁以"究天人之际，通古今之变，成一家之言"为宗旨，创作了上起黄帝、下迄汉武三千多年的通史，不仅把历史撰述从一个狭小的天地引向了广阔无垠的大千世界，而且以人为主体，建立了崭新的历史观认识体系，这是前无古人的。

《史记》与先秦史籍比较，是由量变发生了质变，《史记》是一部真正的历史著作，它结束了中国史学的童年而走向成熟。由于《史记》的影响和带动，司马迁之后，史籍蓬勃发展，两汉以后，史籍独立成部，蔚为大观。东晋李充著《四部书目》，史籍已在四部目录中部居第二。

（二）规范了史学研究的对象和范围

司马迁著《史记》，在史学研究对象上做出的最大贡献，是确立了人本位，即以人为中心。《史记》的本纪、世家、列传，基本上是人传；表是人谱；书是人事、人传。此后历代修史便都遵循人本位的"祖制"。

司马迁规范史学研究的对象和范围，提出了许多首创的范例。如果把司马迁的创新加以具体的罗列，至少可以列举以下十个主要的方面：

（1）首创纪传体，形象地反映了封建社会的等级序列；

（2）首创贯通古今的通史，建立了历史发展断限理论的年代学；

（3）首创"太史公曰"的史论形式，提出了系统的史学理论；

（4）首创经济史传，发展了古代朴素的唯物史观，意识到经济发展状况对社会历史起决定的作用；

（5）首创军事史传，系统地总结了古代的战争理论，叙述了战史内容；

（6）首创学术史传，辨章学术，考镜源流；

（7）首创民族史传，提出了民族一统的思想；

（8）首创各色人物的类传，全面地反映社会生活；

（9）首创语译古文，使艰深古奥的语言通俗化；

（10）首创历史文学，把历史人物的实录塑造成典型形象。

其他还可以罗列一些，如首创礼、乐、历、星等各种专题的文化史传，扩大了历史记叙的范围；首创《大宛列传》，载述外国史事等等。

（三）创立了史学研究的基本方法

司马迁怎样写历史，即司马迁编纂史学成书的基本方法，主要有三个方面：其一，原始察终，见盛观衰。其二，详变略渐。其三，熔铸改写。

"原始察终，见盛观衰"，这八个字是不可分割的一个整体，一个方法论。司马迁用这八个字来考察人类社会历史的发展，整个历史长河是一个不断兴衰发展的连续系列。"原始察终"，就是追原其始，察究其终。一个历史事件，从哪里开始，到哪里结束，把握历史大势，从历史的全过程来看它的原因、经过、发展和结果。"见盛观衰"，是把握与观察的一个方法，就是在兴旺的时候，要看到它转化的起点。这一方法的理论基础，就是承认历史在不断地变化、发展。变，是历史的永恒主题。所以司马迁写历史，最高原则与目的就是"通古今之变"。

"详变略渐"，是把握古今的一个原则，又是"详今略古"的一个特例。司马迁对古今关系，基本原则是详今略古，在详今略古的前提下，又"详变略渐"，即详变革之世而略升平之世。《史记》述史三千年，共一百三十篇，百年汉史篇幅过半，有六十二个专篇，兼及其他十三篇，共七十五篇。而五帝三代近两千年，只有五帝、夏、殷、周四篇本纪，三代、十二诸侯两篇年表，共六篇。详今略古还贯穿在每一个历史时期中。为何详今略古？主要有两大原因：一是愈古史料愈少，巧妇难为无米之炊；二是"近已而俗变相类，议卑而易行"，即离今世愈近的历史愈有借鉴价值，这也是详今略古最主要的原因。推广这一原则，愈是变革的历史，愈有借鉴的价值，所以"详变略渐"，成为处理古今关系最重要的原则。

综观《史记》全书，特详四个段落的历史。一为西周建国史；二为战国之世的变革历史；三为秦汉之际的剧变历史；四为武帝建元、元封之间的变革历史。这四段变革历史加起来只有三百多年，只占三千年历史的十分之一，而叙述的内容，占全书五十二万字的百分之八十，即四十余万字。秦汉之际八年，建元、元封之间三十年，合计不到四十年，而叙述的篇目涉及四十四篇，占三分之一，篇幅字数亦约三分之一。

熔铸改写，司马迁称为"厥协六经异传，整齐百家杂语"，即现代文学上称的再创作。尤其是写古代史，资料贫乏，司马迁不得不点滴搜求，零散积累。司马迁写黄帝、颛顼、帝喾、唐尧、虞舜五帝，全篇只有三千多字，今可按核的资料来自十余种书，有《尚书》《五帝德》《帝系姓》《国语》《左传》《世本》《庄子》《孟子》《韩非子》《战国策》《吕氏春秋》《礼记》《淮南子》。材料不仅零散，而且风格不统一，各种资料有很大的时间跨度，语言不一，甚或事实抵牾。司马迁把杂乱无章的历史资料，熔铸改写成了可资阅读的历史学著作，其创造精神和方法为后世树立了楷模。

（四）树立了中国史学的进步历史观

司马迁进步的历史观，主体内容可概括为三方面：其一，大一统历史观。其二，发展、进化、变革的历史观。其三，朴素的唯物历史观。限于篇幅，这里就不展开讨论了，只说两个例证，以见其进步性。第一，《史记》开篇《五帝本纪》塑造了人文始祖黄帝，说中华民族皆黄帝子孙。《史记》全书所写列国世家、周边民族、人物列传，追本溯源，都是黄帝子孙。中华民族自称龙的传人、黄帝子孙或炎黄子孙，毫无疑义，应归功于司马迁的创造。中华民族共认一个祖先，最能唤起同血缘、同地域、同文化的民族亲情，中华民族都是龙的传人、黄帝子孙，这一民族大一统观念，数千年来激励了无数仁人志士为中华民族的生存、繁荣和进步而斗争。"黄帝子孙"至今仍是一个神圣的词语，具有无限的号召力。第二，司马迁述史虽以帝王将相为中心，但有两个显著的进步观点，符合唯物主义的认识论，后世史家不能望其项背。其一，司马迁认为任何一个成功的统治者都不能自以为是，而是必须广泛集中百官群臣的智慧。他说："尧虽贤，兴事业不成，得禹而九州宁。"（《匈奴列传》）其二，司马迁认为，民心向背，对一个国家的兴亡起决定作用。"民为邦本"，是儒家宣扬的观点；而司马迁的贡献，是生动地描绘了人民群众的创造力量。秦朝之亡，是由于陈涉发难，"风起云蒸，卒亡秦族"；"子羽暴虐，汉行功德"，这是楚亡汉兴的根本原因。孝文帝"专务以德化民，是以海内殷富，兴于礼义"（《孝文本纪》）。汉武帝专事残酷，郡县相聚而叛，"大郡至数千人"，阻山川，抗朝命，"无可奈何"（《酷吏列传》）。汉武帝晚年悔征伐之事，下轮台罪己之诏，封田千秋为富民侯，改弦更张，西汉才转危为安，出现了昭宣中兴。这是东汉班固在《汉书》中替司马迁续写的一章。《史记》中的许多进步观点也影响了班固。

二、无韵之离骚

此指《史记》对中国文学的贡献，也就是司马迁对中国文学的贡献，主要有四个方面：其一，语言巨匠；其二，散文大家；其三，创立传记文学；其四，创立了实录史事的写人艺术。

（一）语言巨匠

语言与情节是文学创作的最基本元素。语言巨匠，就是文学大家。《史记》语言之优美，不仅独步当时，而且为后世人所不可企及。《史记》中，短句一个字，长句四五十字，当代汉语中的各种复杂句型，《史记》全有。《史记》语言生动、流畅，而又雄健峻洁，婉曲细微，形成独特的风格。《史记》创造了个性化的语言，如《秦始皇本纪》写始皇统一中国，群臣议上尊号，上奏说："古有天皇，有地皇，有泰皇，泰皇最贵。"始皇批示："去'泰'著'皇'，采上古'帝'位号，号曰'皇帝'，他如议。"这去"泰"著"皇"，一字一顿，凛凛然一派金口玉言，拍板定案不容置喙的至尊语气，极为传神。

（二）散文大家

汉代文章两司马，是指司马迁与司马相如，这是文史大家班固的评论。班固在《汉书·公孙弘卜式儿宽传》赞语中评论说："文章则司马迁、相如。"班固推崇《史记》散文之优美，与辞赋大家司马相如比肩，足见司马迁是一代散文大家。唐宋八大家掀起的古文运动，就是以司马迁为旗帜，把《史记》树为追慕学习的典范。韩愈论《史记》雄健，柳宗元论《史记》峻洁，韩柳并师法《史记》作文。《史记》文章为汉代散文典范，从此确立。明清人评点《史记》，对其文章艺术美的研究，挖掘更深，尤以清桐城派的评点，成绩最大。方苞用"义法"论《史记》，已经明确地触及内容与形式统一的认识。方苞说的"义"就是"言有物"，即文章的内容；"法"就是"言有序"，即文章的表现形式。"义以为经而法纬之，然后为成体之文"，也就是内容与形式的高度统一，才是富有文学价值的好文章。桐城派另一大家刘大櫆，在方苞义法说的基础上，进一步探索《史记》散文的艺术美，指出《史记》文法有"大""远""疏""变"四大特点。桐城派最后一位代表人物林纾，对《史记》散文艺术美的研究卓有成绩。他撰写的《春觉斋论文》，对《史记》文章情韵之美，以及运用虚字和结尾艺术做了不少具体分析，发前人所未发。

（三）创立传记文学

刘勰《文心雕龙》标立"史传"专题，明确地把《史记》人物传记包括在文学范围之内。从人物形象塑造的角度评价《史记》的文学性，文章结构转折波澜，细节描写具有小说因素。最早把《史记》与小说相提并论的是明嘉靖年间人李开先。他在《词谑》一书中说："《水浒传》委曲详尽，血脉贯通，《史记》而下，便是此书。"李开先把《水浒传》的情节安排和文章技巧与《史记》的文章技巧联系起来。到明末清初，金圣叹径直把《庄子》《离骚》《史记》、杜诗、《水浒传》《西厢记》并称为"六才子书"。金圣叹在《水浒传》和《西厢记》的评点中多次赞扬司马迁的文笔。尤其是《史记》与小说的关系，金圣叹有深刻的认识。他在《读第五才子书法》中说："《水浒传》方法，都从《史记》

出来。"这些评论指出：中国的写人艺术，就是从司马迁创立史传文学开始的。所以中国传统小说，人物塑造带史传特点，以故事情节取胜，其实就是师法司马迁。

（四）创立了实录史事的写人艺术

司马迁在《史记》中创造的实录历史人物典型化的艺术方法，即写人艺术是重要的文学遗产，影响中国历史深远。举其大要，略说以下五方面。

其一，选择人物，剪接材料。对于历史上有重大影响的人物，如秦始皇、汉武帝、周公、孔子等历史伟人，这些人物本身就充满传奇，但如何选择他们一生中的事迹是一门学问，也是历史家的识见，这就是剪接材料。更主要的是选择哪些平凡人物，不只是剪接材料，而且要选择人物。刺客、游侠、医卜、日者等社会下层人物，司马迁选择典型的人物与事例，一一作传，脍炙人口，堪称奇绝。

其二，两两对照，烘托人物。两两对照，排比见义，形象鲜明。在篇目排列上，司马迁有意识地在时代顺序中进行穿插，连类相及。在本纪中，刘、项两纪对照；在世家中，赵、魏、韩、田四家对照，因三家分晋与田氏篡齐为同一类诸侯；在列传中，苏秦、张仪对照，战国四公子四传对照，以上是相邻篇传的对照。合传、类传人物更明显地在一传中构成强烈对照。如《管晏列传》，管仲与晏婴，一奢一俭相对照，又是知人与不知人相对比。《平津侯主父列传》，廉吏与贪吏之对比：公孙弘廉，善终；主父偃贪，族灭。《循吏》与《酷吏》两类对比，突出抚民与虐民两种治民态度，形象鲜明。以上各种类型的对照，构成了司马迁塑造历史人物独具的互相映衬的特色。

其三，运用互见法，塑造人物形象。互见法就是详此略彼，互文相足。对于人物塑造，就是"本传讳之，他传发之"。例如项羽，在本传中选用典型的正面材料塑造英雄形象，而他的负面材料，特别是残暴滥杀，就在《黥布列传》中揭出。又如《魏公子列传》，司马满怀深情地塑造了一个礼贤下士坚持正义的政治家形象，魏公子急人之难，形象高大，可以说是一个完人。但是，在《范雎列传》中却补述了魏公子畏秦不接纳魏齐的虚饰情态，受到了侯嬴的批评，而本传却只字不提。

其四，人物事迹情节故事化，引人入胜。《史记》重要人物的传记，大都按时间顺序，包举一生行事。开头写姓名、乡里、家世、生辰，结尾写其死，人物一生言行构成首尾完备的故事。《项羽本纪》写一个盖世英雄如暴风雨般兴亡的故事，《高祖本纪》写一个布衣登基的故事，《李将军列传》写一个怀才不遇难封侯的故事。而且人物一生言行的情节发展可以分解为一连串故事。例如《李将军列传》重点记述追杀匈奴射雕者、佯死脱险、斩霸陵尉、右北平射虎没镞、破左贤王之围、不对簿自刎等六个故事连接，展现他一生"数奇"、怀才不遇的大故事，是《史记》人物中最精彩的篇章，也是故事性最强的名篇。《刺客列传》《游侠列传》《滑稽列传》，每一个人物传记都是一个完整的故事。《管晏列传》，只是摘取人物的生活片段也是一个个精彩的故事。《魏公子列传》主要写信陵君虚左迎侯生、窃符救赵、从博徒卖浆者游等故事，特别是他救赵抗秦的大事件，也化成了一个窃符救赵的故事。历史人物的事迹不能虚构，但通过选择、剪裁、提炼、集中、布局等各种手法进行故事化构思，取得了极大的成功。可以说，人物情节故事化是司马迁创作写历史人物典型的一个最基本的方法。唐代传奇小说，中国明清小说，乃至蒲松龄的《聊斋》，所写人物均带史传色彩，中国人喜听故事，至今仍爱纪实小说，可以说就是受《史记》的影响。所以有人说，可以把《史记》当小说读。

其五，熔铸鲜明的爱憎情感以感染读者。中国传统史学家主张历史家写人物、事件，不能夹带个人的爱憎情感，保持客观公正。司马迁恰恰相反，他常常悲壮抒怀，感动读者两千年。司马迁把自己鲜明的情感熔铸在人物描写中，引起共鸣，从而增强了读者对人物的想象，引发深思。司马迁褒贬人物的爱憎情感之所以能够深深地打动读者，是因为他同情被压迫人民，反对暴力统治，颂扬正义，诅咒罪恶，与古代人民情感同声相应，同气相求。司马迁的少年时期生活在农村，又二十壮游，广泛地接触了下层社会，故而在《史记》中不仅写了帝王将相，也写了众多的小人物。刺客、游侠、俳优、工商、医卜等中下层人物，在统治阶级眼里是没有地位的市井小民，但在司马迁笔下，他们有着优秀的品德、卓越的见识和一技之长，受到了热情的歌颂和肯定。一些附传人物，如《平原君列传》中的毛遂、邯郸传舍子李同，《魏公子列传》中的看城门人侯生、市井卖肉的朱亥、博徒毛公、开酒店的薛公，这些人物具有傲视权贵的高尚情操，强烈的爱国主义感情，尤其有助人于危难的牺牲精神。司马迁以饱满的笔墨刻画了他们的光彩形象。反之，对暴君污吏则尽情地鞭挞和揭露。《酷吏列传》刻画酷吏们枉法害众的残虐形象，面目可憎。司马迁对昏聩的赵王迁自毁长城，杀害抗秦名将李牧，愤怒地拍案而起，使用了骂人的语言说："赵王迁，其母倡也。"原来赵王迁的妈就不是一个好人。总之，司马迁对美好事物，崇高人格，无比热爱，无比赞赏；对腐朽事物，邪恶人物无比愤怒，无比痛恨。正因为他爱得深，所以他恨得切。在他的笔端纸上、字里行间不期而然地翻滚激荡着感情的波涛，带给读者以强烈的心灵震撼，往往留下神来之笔，增强历史人物的文学性，这就是《史记》人物能感动人震撼人的根本原因。

司马迁的写人手法还有许多，如场面描写，制造氛围；遥情想象，补充细节；轶事传神，以小喻大；赋予深沉的人情味描写，感染读者；运用通俗化和个性化的语言，凸显人物形象等等，限于篇幅，不具体展开。

司马迁实录历史人物加以典型化有着崇高的目的，其用意是让历史通俗化，普及于大众，以史为鉴，"善善恶恶，贤贤贱不肖"，使社会各色人物都能照照镜子。读史有共鸣，读史如读文学，所以把史学、文学两者高度统一起来。司马迁写人艺术的成功之处，不只在于他有厚重的文学素养，更重要的是他有进步的历史观，有崇高的理想，敢于创新。司马迁塑造历史人物的创新精神和取得的成就，达到了传记文学的高峰，对后世影响深远，值得我们借鉴和思考。

三、国学之根柢

在中国传统文化国学精品中，《史记》之树生命长青，它有取之不尽的思想源泉，养育着一代又一代人的成长，具有无比的凝聚作用。这一特殊的历史价值与地位，使《史记》成为中国人的一部国学根柢书。具体说，有以下三个方面的内容：《史记》是中国古代三千年民族文化之浓缩；继往开来的百科全书；《史记》为人伦立则，是一部人伦道德教科书。

（一）《史记》是中国古代三千年民族文化之浓缩

《史记》沉淀中国古代三千年文明历史，其文化之根深深扎入社会历史中，

用今天通俗的话来说叫作"接地气",这是《史记》成为国学根柢书最基本的
要义。下面分四个层次来说。

1.《史记》是我国第一部通史

中国史籍,在《史记》之前已有《尚书》《春秋》《左传》《国语》《世本》
《竹书纪年》《楚汉春秋》等史书,但所记载的历史史事范围狭窄,内容简单,
历史被看成是统治者个人的活动,因而缺乏广泛的社会意义,且诸史均只记
叙相应时代的史事,没有一部是贯通古今的历史内容。随着社会的发展,时
代的需要,司马迁以"究天人之际,通古今之变,成一家之言"为宗旨,创
作了上起黄帝、下迄汉武三千年的通史,这是前无古人的,而且以人为主体,
展现人生百态,建立了崭新的历史观认知体系。

2.《史记》是我国历史上第一次系统的大规模文献整理

《史记》取材广泛,"厥协六经异传,整齐百家杂语",融汇百家学说、各
种知识于一编,这正是奠定了《史记》作为"百科全书"的基础。从文献整理
的角度,将各种文化典籍整理编撰为一部历史著作,是文献运用的最高形式,
也必然是发挥历史文献功能的最好手段,非通才大家不能为。司马迁很好地做
到了这一点,成为后代史家的典范,所以《史记》成为各科学习的根柢书。

3. 司马迁第一次记叙周边各民族,主张华夏各民族是一家

自古以来,中国就是一个由多民族组成的国家,中华民族的历史,是汉族
和各少数民族共同创造的历史。但是儒家的正统思想却一再宣扬"夷夏之辨",
以中原华夏民族为冠带之国,贬称周边各民族为夷狄之邦,以区分种族贵贱。
与司马迁同时代的西汉大儒董仲舒提出的纲常伦理学说,也被推广到民族关系
上来。董仲舒认为,诸侯不能与天子平等,大夷小夷不能与华夏族平等,甚至
各民族之间小夷也不能与大夷平等,说什么"大小不逾等,贵贱如其伦,义之
正也"。而司马迁却在这"罢黜百家,独尊儒术"的汉武帝时代,不仅在《史
记》中为百家学说留一地位,而且首创各民族史传,计有《匈奴列传》《南越
列传》《东越列传》《朝鲜列传》《西南夷列传》等五篇。司马迁将东西南北各
民族均视为天子臣民,说中国境内的各民族都是黄帝子孙,其实就是主张华夏
各民族是一家。司马迁说匈奴是夏桀之后,句吴与中国之虞为兄弟,越王句践

为禹之后，楚是颛顼之后，其苗裔为滇王。这些话头，把记述各民族的列传与各人物列传等列并编，表现了他的民族平等思想，表达了各民族的历史发展走向统一这一主题。东越反秦佐汉，参与中原改朝换代的政治斗争，司马迁特别加以记载，表现了他承认周边各民族有同等"革命"和参与中原事务的权利。这一思想在当时是独步史坛的。

4. 民族共同心理的历史哲学

中华民族认同大一统。中华民族历经夏商周到秦汉已基本形成，并突破中原的界限而实现了大一统局面。这一历史过程为古代思想家所捕捉，经过孔子、董仲舒，到司马迁首次作了完整的构建。司马迁所写的《史记》，上起黄帝，下迄汉武帝，象征历史从统一到一统的发展，就是突出大一统的历史观。在司马迁笔下，从黄帝到秦皇、汉武的大一统，象征着历史发展的方向，象征着帝王德业的日益兴盛。中华民族不断壮大，各民族互相融合，远方殊俗日益统一，这就是司马迁大一统历史观的内容。《史记》开卷为《五帝本纪》，塑造了人文始祖黄帝统一部落、草创国家的生动形象，成为中华民族的共同祖先。三皇五帝的传说是华夏文化多元民族融合的反映。三皇五帝以伏羲、炎帝、黄帝为代表，最尊为黄帝，归功于司马迁的塑造。只要提起伏羲、炎帝、黄帝，就能唤起全体中华儿女的激情，追念先祖，认同文化，产生民族自豪感和爱国心，奋而思进，不畏艰难险阻，贡献一份儿女情，做出个人的贡献。

"天无二日，人无二王"是大一统历史观的核心，这一传统文化观念，已然化成了中华文明的血液，流淌在黄帝子孙的血管里。"台独"分裂分子之所以不得人心，是因为他们背离了传统民族共同心理的文化观念，是黄帝的不肖子孙。海峡两岸人民共认一个中国，因为血浓于水。

（二）继往开来的百科全书

司马迁创作《史记》，洪细兼收，包罗万象，称之为"网罗天下放失旧闻"，把天、地、人，以及古今历史的发展变化，纳入于一书，使《史记》成为一部继往开来的百科全书，天文、地理、人事、物事，无所不包。用今天的话讲，《史记》把自然科学、社会科学统括于一书。具体说，《史记》的百科全书内容，它包括的时间之长和记载的内容之广，都是前无古人的。从时间说，它上起黄帝，下迄汉武帝，记录了我国立家建国和文字文明以来近三千年的历史；从记载的地理范围说，它延伸到了今天我国的版图之外，西至中亚，北至大漠，南至越南，把历史编纂的时空经界，第一次扩大到了时人所知的实际范围；从记载的人物说，几乎涉及社会各阶层中不同类型的典型人物，举凡历代的帝王、贵族、大小官僚、政治家、军事家、文学家、思想家、经学家、说客、策士、刺客、游侠、隐士、土豪、商贾、医生、卜者、农民、俳优、妇女等等，无所不有，无所不包；从记载的人类生活的各个方面说，如政治、经济、文化、法律、科技、建筑、军事、道德、宗教、民族、民俗、交通、地理、姓氏、文学、艺术等，也无所不包。《史记》的内容如此丰富多彩，说明它已经不是一般意义的历史，而是一部具有百科全书性质的巨著，被誉为浓缩的宇宙模型。由于《史记》内容的宏富深广，它成了我们今天研究古代各种各类专史取之不尽，用之不竭的宝藏，下面从历史学角度看《史记》的百科内容，大要有五个方面。

1. 备载天地万物

天地是人生之根本，人类社会活动的舞台。司马迁"究天人之际"，把天文、地理、水利等自然环境纳入史学范畴，考察人与自然的依存关系。司马迁十分形象地指出："夫天者，人之始也；父母者，人之本也。"（《屈原贾生列传》）父母为个体人的根本，天地为人类的根本。研究人，必须研究天，研究地，就这样，天文学、地理学在《史记》中得到了反映，即特立了《天官书》《历书》《河渠书》等专篇。此外，《夏本纪》三分之二的篇幅也是与地理有关。

2. 囊括国家大政

在古代，国家大政被归纳为八政：一曰食，二曰货，三曰祀，四曰司空，五曰司徒，六曰司寇，七曰宾，八曰师。这是先秦时代儒家的八政观念，载于《尚书·洪范》，《史记》采入《宋微子世家》。民以食为天，故食、货居八政的第一、第二位。《史记》八书为：礼、乐、律、历、天官、封禅、河渠、平准。司马迁认为礼是维系等级秩序的制度，为治国之头等大事，所以列礼为八书之首。礼乐相辅为治，故《乐书》与《礼书》蝉联。《洪范》八政内容在八书中的反映，"食""货"对应"平准"，"祀"对应"封禅"，"司空"对应"河渠"，"宾"

对应"礼""乐","师"对应"兵"（即《律书》）。《洪范》八政的司徒、司寇在八书中没有对应之篇，但在列传中有对应之篇，"司徒"对应"儒林"，"司寇"对应"循吏""酷吏"。同时，《货殖列传》亦为食货之事。对应只是一种近似的比较，并不等同。总之，《洪范》八政，在《史记》中均有所体现，表明司马迁把国家大政纳入了历史学研究范围，专列八书系列，开后世政书之先河。内容和序列的调整，表现了司马迁的史学观点和国家大政的轻重序列。班固《汉书》十志，序列为律历、礼乐、刑法、食货、郊祀、天文五行、地理、沟洫、艺文，内容更丰富，结构更严密，发展了司马迁史学，这是应当揭明的。班固还把职官纳入史学范围，创《百官公卿表》以载其制。

3. 展现古今社会

国家大政只是社会生活的一部分，而更丰富、更广阔的内容，应是社会基层大众的物质及精神文化生活。历史家的责任，就是要全面地反映以往历史的社会生活，摆事实，讲道理，还历史本来面目，知往鉴今，使读者受到启迪。司马迁很好地尽到了他的责任，以人物为中心贯通古今，全面地展现了古今社会实况。他不只是研究帝王将相等上层人物，同时也研究社会下层各阶级、各阶层的人物，全方位反映社会生活，而且对古代社会的风俗习惯、精神风貌等，都进行了认真的研究与总结，达到了"备天地万物"于一书的境界。

4. 辨章一切学术

《太史公自序》论列六家要旨，又立"老庄申韩""孟子荀卿"等列传，辨章学术，把学术、学派纳入史学研究范围。班固在《汉书》中立《艺文志》，对学术学派进行分类，使其更加条理化和严密，这是弘扬司马迁之学。司马迁的视野是极其广阔的。有些学术、学问，在当时还不甚发达，或未引起史家足够的重视，无论《史记》《汉书》都没有专列论载，但司马迁纳入其研究范围。如金石、简牍、甲骨，作为专门学术是后代的事，金石学形成于宋代，简牍学、甲骨学奠基于近代，但这些学问早在先秦就已经发源。三代已经开始了铸鼎彝，秦代已经重刻石，甲骨盛行于殷周，秦汉是简牍为主的时代。这些在司马迁时代是习见的东西，《史记》已纳入了研究范围。《史记》对金石、简牍、甲骨都有不同程度的载述。《周本纪》记武王克殷后"封诸侯，班赐宗彝，作

《分殷之器物》"。《秦始皇本纪》多次记载"刻石颂秦德"。《封禅书》记载得宝鼎，李少君鉴赏齐桓公器。这说明司马迁已将金石作为史学研究对象。《周本纪》记"尹佚策祝曰"，《齐太公世家》记"史佚策祝"，《鲁周公世家》记"史策祝曰"，《孔子世家》记"(孔子)读《易》，韦编三绝"，《匈奴列传》记汉遗单于书，牍以尺一寸。单于遗汉书以尺二寸牍，及印封皆令广大长，反映了简牍的形制、使用情况。可以说简牍已纳入史学研究对象。至于甲骨，有《龟策列传》，此外记载卜筮卦象的篇章是很多的，如《周本纪》《晋世家》《田敬仲完世家》等篇，不必一一具引。

5. 遗事旧闻纳入史学研究范围

拾遗事，网旧闻，司马迁将之作为史学理论贯彻。这在《太史公自序》中作了明确的交代。一则曰"拾遗补艺"，《索隐》注："补六艺之阙也。"再则曰"网罗天下放失旧闻"，《索隐》注："旧闻有遗失放逸者，网罗而考论之也。"拾遗补缺，《左传》注《春秋》开其端，司马迁条释为理论，成为中国史学的传统。裴松之《三国志注》，发展成为一种史书体裁，可以说是司马迁拾遗补缺、网罗旧闻理论在实践中的发扬与光大。

拾遗补缺，贯彻在其创作过程中，使《史记》内容更加全面。如孔子高足七十子，《仲尼弟子列传》实载七十七人。《史记正义》："公伯寮、秦冉、颜单，《家语》不载。"说明也补了《孔子家语》之缺。《日者列传》说："古者卜人所以不载者，多不见于篇。及至司马季主，余志而著之。"古代日者社会地位低贱，史书不载，司马迁特补前人之失而作《日者列传》。列传中有许多人物附传，亦是补无传之缺，如《卫将军骠骑列传》补公孙贺、李息等十六人无传之缺。《史记》十表，特别是汉代诸表，不仅补纪、传人物之缺，也补行政大政之缺。如《将相表》记高祖六年"立大市"，"更命咸阳曰长安"，以及太尉之废置，都是本纪中没有记载的。

以上条列了司马迁创立百科全书式通史的五个主要方面，均属历史学的范畴，所以《史记》最本质的定位，是一部历史学著作。由于以人为中心，司马迁写人，创造了传记文学。《史记》既是史学，又是文学，所以一般称《史记》是一部文史名著。

（三）《史记》为人伦立则，是一部道德伦理教科书

司马迁定位《史记》为《春秋》，并说："故《春秋》者，礼义之大宗也。"换句话说，《史记》是一部人伦道德教科书，是全社会君臣父子人人必读的书，它"别嫌疑，明是非，定犹豫，善善恶恶，贤贤贱不肖"（《太史公自序》），意思是读了《史记》，能够提高你的道德修养，懂得判别嫌疑，辨明是非，决断疑惑，赞美善良，贬抑丑恶，颂扬贤人，谴责坏人，成为一个高尚的人。人人如此，全社会就和谐了。果真如此吗？让我们看看司马迁是怎样为全社会人伦立准则的，下面从道德理念与传畸人于千秋树立榜样两个方面来谈。

1. 司马迁进步的道德理念

所谓道德就是人生立世适宜的言与行，以及人际关系的行为准则。儒家主张"道德至上"，它比生命还重要，孔子说"杀身成仁"，孟子说"舍生取义"就是其核心。司马迁认为道德的意义应当存在于生命意义之中，强调道德与生命是一体的，无生命的道德与无道德的生命都是无意义的。《礼书》云：

> 礼由人起。人生有欲，欲而不得则不能无忿，忿而无度量则争，争则乱。先王恶其乱，故制礼义以养人之欲，给人之求，使欲不穷于物，物不屈于欲，二者相待而长，是礼之所起也。故礼者养也。

礼是道德的规范形式，是人制定的，但它的基础是人的生命需求和物质条件的平衡。道德的意义和作用就是反映这种平衡和维持这种平衡。人的生命需求是一个无限的衡量，而物质条件却是一个不断发展的变量，所以，随着物质生活条件的发展，"礼"也是不断发展的，由此夏商周三代之礼才有不断的"损益"。孔子对此是有所认识的，后来的儒家，包括孟子，对此认识不足。例如义与利，儒家把两者对立起来，君子言义不言利。司马迁认为义与利是统一的。"礼生于有而废于无"，"有"就是衣食住行。管子说："仓廪实而知礼节，衣食足而知荣辱。"人要生存就要有物质需求，需求就是欲望，欲是生命的需要，所以是天生的，叫"人生而有欲"。但"欲而不得则不能无忿，忿而无度量则争，争则乱"。为了避免争和乱，人的欲就要有一个限度，规定这个限度的就叫礼。它是人的生存、延续、发展的一种需求，所以说"礼由人起"。

司马迁把"礼"——人的道德规范放到社会实际生活中、实际的人际关系中、人的生命过程中来考察，提出了许多先进的思想，不与圣人同是非。最大的区别就是对生命所呈现出来的"欲望"的态度。圣人视人欲为洪水猛兽，讲道德重义轻利，成为空洞的大道理。司马迁承认人欲，重视人欲，认为人欲是人性、人情的本能，是创造的动力。道德和人欲是统一的，讲道德义与利并重，社会不同地位的人对义与利的取舍应当不同。大体说来，在上位的人，尤其是最高统治者要重义轻利，对老百姓轻徭薄赋；在下位的人，尤其是黎民百姓，要重利轻义，有为创造，物质才能丰富，社会才能发展。上位下位的人，各司其能，各尽其责，社会就和谐了。司马迁有一句至理名言："人固有一死，或重于泰山，或轻于鸿毛，用之所趋异也。'（《汉书·报任安书》）重视生命，不是不要奉献，不讲牺牲，而是看用在什么地方。战国时赵国蔺相如出使秦国，为了捍卫赵国的国家利益，敢与暴秦作斗争，表现出的大智大勇，置生死于度外，就值得点赞。《史记》为人伦立准则，表现在司马迁的笔端，就是他褒贬和评价历史人物的尺度，接地气，反映大众心声，与社会时势习俗相符。在下一节，还要做具体评说。

2. 展现人生百态，传畸人于千秋

《太史公自序》曰："扶义俶傥，不令己失时，立功名于天下，作七十列传。"司马迁倡导人生要积极有为，立德、立功、立言，让生命闪光，留名后世。《史记》不只是记载明君忠臣死义之士，而且第一次记载了全社会全方位的历史，社会各阶层各色人物，百工技艺、黎民大众都载入《史记》，展现人生百态，给予各色人物以历史地位。反过来，《史记》流传后世，全社会的人都可以在《史记》中找到自己的位置，在司马迁惩恶劝善的褒贬中吸取借鉴。这样，《史记》就成为全社会的人人必读的人伦道德教科书，君臣父子各安其位。

《史记》中的主流人物，当然是"扶义俶傥"的英雄豪杰、明君贤臣，即帝王将相是主体，他们大都有专传、合传，彰显个性。而百工技艺、黎民大众，却是社会人群的主体，他们中的杰出人物，其特立卓行，也应当进入"扶义俶傥"的"畸人"榜中，司马迁创立类传，以及在专传、合传的附传中加以记载，表现了卓越的史识。"畸人"即"奇人"，他们的人生充满传奇色彩，鲁迅称为"畸人"，说《史记》"传畸人于千秋"。畸，有侧重和特出的意思，畸

人者，奇人也，是人中的稀有人才。

限于篇幅，本题不具体展开《史记》的本纪、世家、列传的明主贤君、忠臣死义之士的英杰奇人，在十三堂的专题中分类评说，述货殖、说雪耻、写妇女几个专题中，还涉及百工技艺、黎民大众中的奇人，兹不一赘。

四、资治之宝典

《史记》为后王立法，是一部治国宝典，下分四个细目来谈。

（一）国家建构要与时俱进，不断更化革新

《史记》的形制五体结构象征礼制国家的等级序列。如果把国家建制比成一个宝塔结构，以帝王为中心的十二本纪，用编年笔法记载国家大事，为全书纲要，是塔尖；八书阐释国家大政，三十世载侯王，如同二十八宿环卫北辰，是塔身；七十列传载臣僚及黎民大众，是塔基；十表贯通三千年，划分历史断限，如同人体经络。《史记》从形制到内容鲜明地展现出是一部治国宝典。

《史记》开篇《五帝本纪》阐释国家草创，司马迁展示的是历史不断进化和完善的历程，表现司马迁发展、进化、变革的历史观。试分析如下。

黄帝之世，部落互相攻战，生产落后。黄帝"修德振兵，治五气，艺五种，抚万民，度四方"，统一了天下。他举风后、力牧、常先、大鸿以治民，按时播种百谷草木。风后等人，只是黄帝的助手，黄帝本人"披山通道，未尝宁居"。《世本》记载黄帝命大挠造甲子，容成造历。《五帝本纪》说黄帝"迎日推策"，亲自观太阳视运动以推算时令。这时制度草创，国家建构还不能成体系。颛顼、帝喾相继，大体仿黄帝之治。

当尧之世，历法、生产、治政都有了很大的发展。尧用羲氏、和氏为历官，有了专门的治历机构。尧还在东方的郁夷、南方的南交、西方的昧谷、北方的幽都设立了四个观日台，即四个天文站，精确地推算出春分、夏至、秋分、冬至的节令，指导生产。年历为三百六十六日，还设有置闰月调整历法。尧还兴修了水利。在治政方面有四岳佐政。但国家建构还很不完善。当舜之

时，礼义制度都建立起来。舜举了二十二个贤人治理国家。伯禹为司空，平水土；契为司徒，敬敷五教；皋陶为士，掌理刑狱；垂为共工，主百工；益为虞官，治山泽；伯夷为秩宗，掌礼仪；夔为典乐，和人神；龙为纳言，宣诰命。各部主事有正有佐，"三岁一考功，三考绌陟，远近众功咸兴"，各种事业都兴办起来。司马迁说，"天下明德皆自虞帝始"。这句话就是《五帝本纪》的主题。历史经历了从黄帝到虞舜的不断发展，国家建制才初具规模。

《五帝本纪》的思想脉络对于读《史记》全书是一个示例。本篇仅三千余字，具体生动地描绘了五帝相承的发展变化，鲜明地表达了司马迁进化论的历史观。《太史公自序》云："略推三代，录秦汉，上记轩辕，下至于兹。""推"是追述的意思，含有理性推度的意义。"录"是记载、实录。"略推三代，录秦汉"，即是详今略古、详变略渐的原则。《五帝本纪》也是详近略远，是全书写作原则的一个缩影。司马迁的这一写作原则是符合历史发展进程的。正因为历史是不断发展和变化的，所以才要详今略古，取法后王。司马迁法后王的思想是十分彻底的，具体内容就是法秦汉。《六国年表序》和《高祖功臣侯者年表序》都有明确论述。"居今之世，志古之道，所以自镜也，未必尽同。"司马迁述史为鉴，并非循古。所以战国的权变可以借鉴，汉代百年治政的经验更值得借鉴。

国家稳固，要长治久安，执政的帝王要与时俱进，如同五帝相承，要不断更化革新，赢得民心，赢得天命。如若因循守旧，甚至倒行逆施，就要失去天命，发生改朝换代的"革命"。司马迁所称的"革命"，是指变革天命，不同于今天的革命观念，但其结果是一样的，即改朝换代，社会发生大动乱。"革命"这一词源出自《逸周书·克殷解》，《周本纪》作了摘引。司马迁说："膺更大命，革殷，受天明命。"革命就是推翻失去天命的暴君，拥戴获得天命的仁德君主登基。汤伐桀、武王伐纣、陈涉首难，司马迁都称之为"革命"。《太史公自序》说："桀、纣失其道而汤、武作，周失其道而《春秋》作。秦失其政，而陈涉发迹，诸侯作难，风起云蒸，卒亡秦族。"

避免"革命"的发生，施政者要自觉地革故鼎新，自上而下推行更化变革，自强不息。司马迁"通古今之变"，就是要用不断发展变化的眼光看待人类社会的历史。司马迁认为"变"是历史进步的永恒法则，"物盛而衰，固其变也"。国家施政要不断地变革调整，所以，《史记》写了许多变革事例，供后世人君采择。

　　战国时代，七雄争战，拼的是实力，富国强兵是当务之急。七国都先后实施改革，强国强兵，兵法两家占了主导地位。魏文侯在魏国率先实施改革，主政大臣李悝是法家，嗣后魏武侯时有兵法家吴起。吴起后来又到楚国实施改革。魏文侯兼用儒家，师事卜子夏、田子方、段干木，此三人皆儒者。继之者，赵武灵王胡服骑射改革，主政大臣肥义，有儒者风度。最成功的是秦孝公任用商鞅变法，秦国迅速崛起。申不害主持韩国改革。商鞅、申不害两人均是法家。乐毅在燕，兵家。邹衍在齐，阴阳家。田单复齐，田单亦兵家。先秦诸子百家都致力于改革，所以司马谈《论六家要旨》说："夫阴阳、儒、墨、名、法、道德，此务为治者也。"

　　改革是剧烈政治斗争的一种形式，实质是新旧两种势力的斗争，也是社会利益的再分配。当统治者还能掌握局面，新旧两种势力达成妥协，改革成功。新旧两种势力不能妥协，水火不容，或旧势力过于顽固，或新势力过于急进，必将导致旧政权不是分崩离析，就是一场革命爆发，都是社会的大动乱。战国时赵武灵王的胡服骑射和秦国商鞅变法，是两种改革成功的范例。赵武灵王胡服骑射，移风易俗，赵国近于称霸，耗时二十年。商鞅变法，革除了秦国旧制度，使落后的秦国一跃而成为超级强国，十年大见功效，但改革者商鞅却落得家破人亡。这说明，一场社会改革步履多么艰难，阻力之大，付出的代价之高。改革成功，十分不易，只有非常之人才能行非常之事。改革家是引领时代的英雄。

　　比较赵武灵王和商鞅两人的改革，是两种不同的模式。赵武灵王渐进，商鞅急进。司马迁用大篇幅记叙两场改革双方的辩论，赵武灵王与公子成、赵文、赵造、赵俊等人的辩论和商鞅与甘龙、杜挚等人的辩论，仿佛是同一场辩论，两个版本，场景、用语，似曾相识，十分雷同。司马迁刻意用此提示人们，改革方式不同，付出的代价成本不一样，历史后果也不一样。赵武灵王改革具有人性化，带儒家色彩，时间要长，是渐进式改革，可以做到不流血；商鞅用兵法手段改革，是急近的改革，如同暴风骤雨，板起面孔不近人情。因为法家主张人性恶，迷信暴力推行，把百姓当作愚民。法家的取信，是以诈欺人，以势压人，压制舆论，甚至烧诗书。改革成功快，见效大，但负面影响也大。秦国政治自商鞅变法起，严厉再严厉，以至于秦国统一，二世而亡，留给人们深刻反思。渐进，就是由浅入深，条件成熟，再进入深水区。赵武灵王的渐进改革，长期蓄势，细致工作，以理服人，最终让反对者也支持改革，虽然时间长，见效慢，但付出的成本低，没有负面影响。毫无疑义，赵武灵王创立了渐进改革的成功模式，效果最好。

（二）司马迁笔下的明君

雕塑明君的正面形象，给社会以正能量，这是《史记》为后王立法的主旨。

1. 帝王无私，要天下为公

《五帝本纪》写尧舜禹禅让，揭示上古帝王无私的伟大精神。尧年老，他的儿子丹朱不成才，尧要找一个人接班，众臣推荐了舜。舜继承帝位，天下的人得利，而丹朱一人不得利；丹朱继承帝位，丹朱一人得利，天下的人都要受害。两相权衡，尧说："不以天下之病而利一人"，即"不能让全天下的人受害而使一人得利"。这个人即使是自己的儿子也不行。《礼记·礼运》提倡的"天下为公"，尧舜禅让，给予了实践。

2. 帝王成事，要任贤使能

贤才决定事业成败。《匈奴列传·赞》说："尧虽贤，兴事业不成，得禹而九州宁，且欲兴圣统，唯在择任将相哉！唯在择任将相哉！"《高祖本纪》载刘邦以弱胜强，他自己总结楚亡汉兴的原因说："夫运筹策帷帐之中，决胜于千里之外，吾不如子房。镇国家，抚百姓，给馈饷，不绝粮道，吾不如萧何。连百万之军，战必胜，攻必取，吾不如韩信。此三者，皆人杰也，吾能用之，此吾所以取天下也。项羽有一范增而不能用，此其所以为我擒也。"治平天下需要众多的贤才。《刘敬叔孙通列传·赞》引谚语说："千金之裘，非一狐之腋也，台榭之榱，非一木之枝也；三代之际，非一士之智也。"周文王、武王之有天下，因为有太颠、闳夭、散宜生、鬻子、辛甲之徒佐文王，有周公、召公、毕公、尚父之伦辅武王。秦并天下，楚灭汉兴，都是因为有一大批贤相良将在建功。贤才如此重要，大道理人人都懂，凝聚人才的办法也很多，如重金招聘，伯乐推荐，毛遂自荐，积资升迁，等等，但都不是要害。帝王任贤，最核心之点是要有容人之量，也就是帝王气度。刘邦以一介布衣登天子之堂，成功的秘诀就是他有帝王气度，能够役使高于自己的命世大才，所以他取得了成功。刘邦的过人之处，就是他能识人、用人。刘邦有一句口头禅，叫"为之奈何"，这件事怎么办？降下身份，不耻下问，承认山外有山，这就是刘邦识人的秘诀。识人就要用人。刘邦拜将，任用从敌人营垒中逃过来的韩信。任人不疑，让韩信独当一面，人尽其才，施知遇之恩，必得死力回报。再是帝王知错能改，更能服贤者之心。三国时袁曹官渡之战，袁绍失败，杀了曾提出正确意见的田丰，袁氏的灭亡，不可救药。刘邦平城受困，杀了阿谀奉承说匈奴可击的佞人，赦免忠诚直言反对贸然攻击匈奴的娄敬，封为列侯，赐姓刘，于是娄敬成了与帝王同姓的刘敬。袁绍与刘邦，两相对照，刘邦用人的帝王器度，袁绍不可同日而语。

3. 帝王善断，有驭人之术

帝王办事果决，乾纲独断，这是驾驭能人的基本素质。驭人之术，分寸把握得好，以德服人，就是明主、雄主；把握不好，只能以力服人，以诈欺人，就是奸雄。曹操有奸雄之称，刘邦有贤能之名。刘邦的驭人之术，我们举两例以观其能。一是收降黥布，二是驾驭韩信，刘邦采用了不同的策略。黥布一介武夫，能征惯战，做到了项羽的九江王。刘邦派说客挖项羽的墙脚，说降了黥布。当黥布来投，刘邦接见时先杀其气，故意冷落黥布在客馆，派人对黥布说："汉王今夜有事不见，九江王一定要见，只能到汉王卧室里去见。"黥布到了汉王卧室，见刘邦在洗脚，左右各一个美人双双伺候刘邦。刘邦抱住两个美人亲亲耍耍，这对客人是多么不礼貌。如此场面，让黥布十分难堪，恨不得有一条地缝钻进去。黥布告辞刘邦出来想自杀。等到黥布到达他安歇的地方，一看卧室的布置与汉王刘邦一模一样，也有两个美人在等候，是王者的规格。这一下黥布又高兴起来。黥布心想，汉王是真心待我，给我王者的礼遇，只是做事有点流氓习气，是不见外我，不计较小节，我黥布要死心塌地地跟着汉王。

韩信足智多谋，有盖世奇才，投刘邦时还是一个无名之辈。刘邦是看萧何的面子拜韩信为大将。韩信拜将后一席对话让刘邦心服。刘邦放手让韩信独当一面，开辟北方战场，派了三个人监视韩信。一个监军张耳，一个步兵头领曹参，一个骑兵头领灌婴，三人分了韩信之权。当韩信灭齐要称假王之时，刘邦受此要挟大骂韩信说："老子受困，你小子按兵不动，还想称王。"随即改口骂道："大丈夫在世要堂堂正正地做真王，你小子怎么要假王。"刘邦派出高规格使者张良到齐国去立韩信为齐王，但却没有正式的委任状和划界地图。韩信自然也不满意，消极怠工，按兵不动。这事拖了一年，刘邦才正式下委任状和封疆地图给韩信，韩信这才发兵会围项王于垓下。项王被灭，刘邦立即改封韩信为楚王，美其名曰"衣锦还乡"。其实是夺韩信之军，让他赤手空拳回家乡去做楚王。后来韩信被擒，心有不甘，对刘邦说："陛下带兵不过十万，臣带兵多多益善。"刘邦笑着说："多多益善，何为为我擒。"韩信无奈地说："陛下不能将兵，而善将将，此乃信之所以为陛下擒也。且陛下所谓天授，非人力也。"善将将的驭人之术，当然不是天生，是政治成熟的最高境界，只有非常之人，才能在后天的实践中修成正果。

4. 帝王兼听，要察纳雅言

圣明君主亲信贤人，远离奸佞，能够倾听不同意见择善而从。如果择非而从，那就不叫纳谏，不是圣明之君；喜欢阿谀奉承，那就是昏暴之君。司马迁批评殷纣王拒谏，"智足以拒谏"，纣王的小聪明只用在拒谏上，甚至剖心杀了忠臣比干，最后的结果是破家亡国。司马迁称许汉文帝为仁君，他真诚纳谏，有两个举措为后世君主树立了榜样：一是下诏求言，创立了举贤良制度；二是明确宣布言者无罪，言事者无论对与错都不承担责任。汉文帝认为，纳谏的后果由君主承担责任，"国之大患"是"择者不明"。汉文帝开明的流风余韵，一直影响到昭宣中兴。

5. 帝王勤政，要关爱民生

凡雄略之主，都有勤政的精神。秦始皇办公，课以日程，批阅公文，每天定量批阅简牍一百二十斤，批不完不休息。司马迁批评秦始皇"贪于权势如此"。司马迁所讲的勤政，指勤于关心民生，而不是具体的政务。恰恰相反，帝王不要去干预臣工的政务。明君之明，是明于国家大体，把握方向，创建制度，要了解民情，要像黄帝、尧舜那样，一年四季巡视百姓，"未尝宁居"，没有睡过一天安身觉。舜死于苍梧之野，大禹崩于会稽山上，他们死在关爱民生的工作岗位上。如此勤政的帝王，似乎只能是一个理想。

6. 帝王节俭，要珍惜民财

汉文帝没有惊天动地的伟业，但他十分珍惜民财，非常节俭。他所宠幸的慎夫人，只穿短裙，帷帐不准绣花。汉文帝要修一个观景台，一说是观天文的高台，需要一百金，相当于十户中产人家一年的收入，汉文帝停建。汉文帝临终下诏，臣下守灵，只在早晚各哭十五声，臣民要节哀。十五天解除丧期，全天下的吏民，只需三天，按礼要守三年之丧。下葬器具不用金银，只用瓦器。汉文帝心中装有一个"民"字，司马迁许之为"仁"。文景时代，人民安居乐业，六七十岁的老翁，整天与小儿嬉戏，都返老还童了。

（三）司马迁笔下的贤臣

1. 居官理民，要为民办事

西汉萧何"因民之疾秦法，顺流与之更始"，想民之所想，急民之所急，司马迁称许说"何之勋烂焉"。万石君一门贵盛，碌碌无为，一生谨慎，只仰承天子鼻息，但能"为百姓言"。是否与民办事，是贤臣的最高标准，在当时是了不起的先进思想。遍查二十四史，只有《史记》写有"为百姓言"几个字。

2. 司法公正，天下无冤民

在古代，断狱判案是国家施政的重中之重。刑措不用，是太平盛世的标牌。古代行政干预司法，尤其是君主干预司法，往往使国家陷于深重灾难。张释之，字季，南阳堵阳（在今河南方城东）人，西汉著名贤臣，汉文帝时廷尉，执法公正，认为法律是天下人的法律，不是皇帝个人的意志。张释之劝谏汉文帝带头按法律办事，为天下人的表率。史称，张释之为廷尉，司法公正判案，天下无冤民。

3. 为官要清廉，不与民争利

公仪休是春秋时鲁国国相，他为官清廉、公私分明、一尘不染的高风亮节，给为官的人树立了一面高悬的明镜。公仪休喜欢吃鱼，有人投其所好，专程送来了几条鱼，公仪休坚辞不受。他对送鱼的人说："正因为我喜欢吃鱼，一份微薄的俸禄还吃得起鱼。如果我收了你的鱼，丢了俸禄，那时谁来送鱼呢？"一席话说得送鱼人哑然失笑，公仪休的话既拒腐，又委婉，一针见血揭穿了送鱼人请托的目的。公仪休的夫人勤劳贤淑，亲自种菜织布，公仪休劝说不听，休了夫人，说她争夺了士农工商的口食。公仪休防微杜渐，制止当官的亲属与民争利，这种精神无比崇高，但休妻之举，未免过分和迂腐。

4. 救民水火，甘冒斧钺

汉武帝时，河内郡发生火灾，烧了一千多家。汉武帝派汲黯去巡察。汲黯路过河南，那里发生了大旱灾，接着是水灾，颗粒不收，地方对此瞒报。汲黯见此，自作主张打开粮仓救灾，这是要冒杀头危险的。汲黯的行为，急民之所急，不顾个人安危，汉武帝赦免了他的罪过，还称赞汲黯是"社稷之臣"。

5. 当官要自律，职位是责任

春秋晋文公时，晋国最高司法长官李离，办案五年没有出过差错。公元前632年，李离的部属错判了一件死刑案，李离自责，向晋文公请求判他死刑。李离说："我是最高司法长官，俸禄最高，职位高，俸禄多就要担负最高责任。臣不能平时享受高位高禄，有了过错推给下属。"李离不接受晋文公的赦免，自杀而死，承担责任。

6. 治理积弊，要有智慧，启迪民智

作为一个手握权力的长官，如何处理尖锐复杂的矛盾，以及积重难返的社会问题，是用暴力推行善政，还是用智慧让恶人现身说法，教育人民群众觉醒，两种办法，两种效果。褚少孙所补战国时西门豹治邺，提供了一个以人为本，运用智慧办事的典型。西门豹也用暴力，一是有限度，二是只用于惩办首恶。

邺城是魏国的领地，在今天河北临漳县一带，经常闹水灾。那里的官绅与巫婆结成一伙坑害民众。他们每年要为河伯，即河神娶媳妇。家家都要出钱，搜刮上百万，官绅与巫婆把大部分钱财瓜分，只用少量的钱娶妇。民间长得漂亮的小姑娘及其家庭遭受侵害。有钱的出钱免灾，无钱的就要倒霉，有的带着女儿逃匿流浪，但每年总有一个家庭，一个女孩遭殃。西门豹到任，了解情况后，决心革除陋俗，动员民众修水利。但在强大黑暗社会势力笼罩下尚未觉醒的民众中，强力推行很难奏效。西门豹不动声色，他也声称要参加为河伯娶妇的典礼，并以县令之尊做主持人。西门豹以虔敬的心情顺民之俗。当娶妇典礼正式开始时，西门豹声称要揭掉女子盖头，察看是否漂亮。然后要巫婆去向河伯报信，问河伯是否满意，说时迟，那时快，没等西门豹话音落地，上来两个吏卒，不容分说把巫婆投入河中随水漂去。西门豹装出

一副严肃认真的样子，站立等待，纹丝不动，等待回音。成千上万的群众鸦雀无声。过了一阵，西门豹说，巫婆为何久久不回，再派她的弟子去催促她，于是投一女弟子到河中。过了一阵，又投河一个弟子，一连投了三个弟子。她们都没有回来。西门豹说：巫婆和她的弟子都是女子，不会办事，现在要男子去向河伯汇报，于是把地方官三老投到河中。地方豪绅和县里官吏个个惊恐。这时西门豹又发话了，说："三老官职小，也回不来，现在请地方豪绅长老、县衙高官去见河伯吧。"西门豹想把这群恶棍一个一个都投入河中。这些人连忙一个个叩头，真是叩头如捣蒜，自己出来拆穿西洋镜，揭穿骗局，退出赃款，西门豹饶他们不死，全体百姓也受了教育。西门豹趁热打铁，组织全县百姓挖沟修渠，共修通了十二条渠，彻底免除了水害。西门豹的智慧和工作方法，不是很值得借鉴吗？

西门豹治邺，是西汉褚少孙所补，符合司马迁的思想，与商鞅变法用暴力和诡诈之术相较，形成鲜明对比。司马迁自己所写赵武灵王胡服骑射，也与商鞅变法形成鲜明对比。那些治申商刑名之学的能臣，高高在上，视人民群众为愚民，只可共享其成，不可与之虑始，往往主观蛮干，与民对立。司马迁称商鞅"天资刻薄"，不赞成对人民施暴力。由此可见，贤臣不仅能办事，更要有一颗赤子之心，与民共休戚。

（四）司马迁开明的政治理想

在古代皇帝制度下，"朕即国家"，尚无民主、自由的观念。人民期盼的，史家颂扬的，希望君明臣贤，国家实施开明政治。何谓开明？那就是执政的国君要明，臣子要贤。君"明"的标志是"纳谏"与"兼听"，倾听臣民意见；臣"贤"的标志是"清廉尽职"，为民办事。君与臣，都不能以意为法，施政要顺民之俗，心里装有老百姓。司马迁在高祖、吕太后、孝文帝诸本纪赞，以及律书序，萧、曹世家赞等篇都鲜明地表达了主张顺民之俗，颂扬无为政治的思想。汉高祖刘邦，起自匹夫而得"天统"，是因为他顺民之俗，"承敝易变，使人不倦"。吕太后无为，"民务稼穑，衣食滋殖"。汉文帝"能不扰乱，故百姓遂安"，司马迁称之为"德至圣"的"仁"君。治国的最高原则是"顺民之俗"，又称"顺流与之更始"（《萧相国世家》），要办老百姓希望办的事。习近平总书记说："人民对美好生活的向往，就是我们的奋斗目标。"（2012 年 11 月

15 日，习近平在十八届中共中央政治局常委同中外记者见面时的讲话）这是共产党人的心胸和追求。我们不能苛求两千多年前的汉文帝有这样的思想境界，但他"顺民之俗"的作为应当肯定。司马迁以帝王亲民为仁德的最高准则，这一先进思想也是值得肯定的。

怎样才能做到"顺流与之更始"，办老百姓希望办的事？西汉初的无为政治就是顺民之俗。当时民无盖藏，急需休养生息，国家施政以休养生息为要务，无为就是顺民之俗。因为无为不是不做事，而是量力而行。具体说，有两条最基本的国策：第一，君臣无为，不举措暴众，不搞政治折腾，不滥用民力。该办的事，能办则办，不能办等到条件成熟再办。第二，民众则是有为，士农工商全面发展。"无为"是道家的语言，老子主张"绝圣弃智"，灭去人欲。恰恰相反，司马迁主张一个人要积极用世，提倡立德、立功、立言的三立精神，人生的追求是"不令己失时，立功名于天下"。司马迁不认为人欲是洪水猛兽，而是发展生产力的动力，鼓励人人发财致富。国家施政，不是阻遏人欲，而是"善者因之"，即最好的办法是因势利导，让人民富裕，构建和谐社会。国家怎样施政才能达到这一境界呢？那就是君明、臣贤。明君的榜样是汉文帝，带头执法不干预臣职。贤臣的榜样是张释之和冯唐。张释之依法审案，冯唐直言切谏。《孝文本纪》与《张释之冯唐列传》，两篇合起来读，鲜明地展现行政、司法、监察三者平衡互补，显然，这就是司马迁构建的一幅开明施政蓝图。

综上所述，司马迁塑造明君贤臣的榜样，用以构建他理想的开明政治蓝图，核心思想是两个方面：第一，贤者在位；第二，言路畅通。落实在帝王身上就是"用贤"与"纳谏"。无论是汉唐的"文景之治""贞观之治"，还是清代的"康乾盛世"，历史学家总结经验，不出这两条，比如范文澜的《中国通史简编》，也大体如此。"用贤"与"纳谏"放之四海而皆准，大道理不难懂，关键是国家施政怎样才能落实"用贤"与"纳谏"，司马迁升华为"贤者在位"与"言路畅通"，构思制度建设，不仅超越了前人，而且超前以至于今，司马迁的开明政治思想在今天仍然光芒四射。再申说之如次。

其一，贤者在位。司马迁讲的"贤者在位"，有三个突破：第一，"贤者在位"，不是单纯的用贤，而是包括君主在位，也要贤者，明君、贤臣，缺一不可；第二，治平天下，需要众多贤才，"三代之际，非一士之智也"；第三，智不可专，民间有贤才。

其二，言路畅通。司马迁讲的"言路畅通"，也不是单纯的"纳谏"与"兼听"，而是提出"言者无罪"，帝王要像汉文帝那样下诏求言，听取民众心声。司马迁不只是思想境界的突破，他进一步提出怎样才能保证"贤者在位"与"言路畅通"的方法。贤者在位，要集体推荐，试用考察，民心拥护，然后授以实政。尧禅位舜的过程就是这样，时间长达二十八年。君臣在位，都要遵守制度约束；司法要独立，要公正；监察要进言，要敢言，这些先进思想，至今仍有借鉴价值。

第二堂

《史记》是怎样写成的？

　　本堂课紧接第一堂，《史记》是人人必读的一部国学根柢书，那么它是怎样写成的？即为什么产生在西汉雄才大略的汉武帝时代？这绝不是偶然的。它是主客观条件交叉产生的必然效应。客观条件是时代的呼唤，主观条件是司马氏父子，特别是司马迁发愤著书所做出的贡献。换句话说，就是《史记》产生的历史条件。

一、大一统时代的呼唤

　　这可从五个方面来看：

　　首先，如何巩固西汉王朝的统治，需要总结历史的经验，作出学术的综合。早在高帝即位之初，这位马上得天下的开国皇帝，就让陆贾总结出"秦所以失天下，吾所以得之者何，及古成败之国"的历史经验，寻求长治之术。文帝时，贾谊作《过秦论》，贾山作《至言》，总结秦亡的教训，是陆贾《新语》工作的继续，还是侧重于政治方面。到了汉武帝时代，理论的归纳，大大向前推进了一步。董仲舒倡导"罢黜百家，独尊儒术"，治"春秋公羊学"，宣扬大一统，已经是学术综合的工作了。与司马谈同时而与司马迁相及的淮南王刘安，纠集学者编纂了一部"观天地之象，通古今之事"的《淮南子》，更是学术综合的工作。司马谈《论六家要旨》，强调百家殊途同归，"皆务于治"，明确地阐述了学术综合与治政的关系。清代学者钱大昕说，《史记》的"微旨"有三，"一曰抑秦，二曰尊汉，三曰纪实"（《与梁耀北论史记书》），这正是司马迁所处时代的精神和时代的使命。

　　其二，西汉的文化发展提供了修史条件。司马迁修纂《史记》，"是长期的历史研究成果的集中体现"。如果没有《春秋》《尚书》《左传》《国语》《世本》等书的积累，就不可能凭空冒出《史记》这样的历史巨著。司马迁能够运用这些典籍，是西汉的文化发展提供的条件。司马迁说："百年之间，天下遗文古事靡不毕集太史公。太史公仍父子相续纂其职。"也就是司马谈、司马迁相继主持文化典籍的整理工作，得以阅读秘籍图书，成为最博学的人。太史府等于是国家给司马迁设立的书局。

其三，雄才大略的汉武帝，加强了中央集权的统治。宏阔昂扬的时代，是《史记》成书的直接背景。

其四，汉武帝的后期，社会阶级矛盾尖锐化，为司马迁"原始察终，见盛观衰"的方法论提供了现实的依据。

其五，文景之世开明政治的流风余韵，启迪了司马迁自成"一家之言"。汉文帝即位，发动了对秦王朝暴政的批判，吸取"雍蔽之伤国也"（《过秦论》）的历史教训，鼓励臣民直言极谏。举贤良方正的基本条件就是"直言极谏"。汉武帝专制有别于秦始皇的根本之点，就是能容忍臣下直言，故有晚年悔征伐之事。汲黯在廷对时说："陛下内多欲而外施仁义，奈何欲效唐虞之治乎！"（《汲郑列传》）武帝怒而不罪。所以在汉武帝时代，虽"罢黜百家"，而文网未密，臣工士庶，尚能直言议政。故司马迁述史，汉武帝未予干涉。在这一环境下，司马迁才敢直言，实录史事，虽有忌讳之辞，而能终成一家之言。

以上各点，是《史记》成书的客观条件。下面是本讲的重点话题，《史记》成书的主观条件：司马氏父子，特别是司马迁创作的贡献。

二、司马氏父子两代人的心血结晶

（一）源远流长的史官世家

司马迁在《太史公自序》中追述司马氏世系，源远流长，始祖为唐虞之际的重黎氏，历唐虞夏商，世典天官，至周世典周史，历代相传一千余年，这是司马谈自认最为光荣的家世，即史官世家。司马谈引为自豪，表明他以修史为己任，是一个自觉的历史家，并以此教育司马迁。其实，司马氏之姓来源于西周宣王时一位辅佐王室中兴的将军，封于程，伯爵，名叫休甫，史称程伯休甫，做了掌军事的司马，其后子孙称司马氏。司马氏远祖世系盖世代口碑传说，程伯休甫系重之后还是黎之后，司马迁不能明，而统言之"重黎之后"。颛顼之世，重、黎为二人。重为南正，古代天官，观星象，定历法；黎为北正，古代地官，执掌农事。先秦典籍《尚书·吕刑》《左传》《国语》等书都记载了有关重、黎二人在颛顼之时分司天地的传说。

　　周惠王、襄王时，王室内乱，司马氏离开周王室到了晋国。晋由盛转衰而至灭亡，司马氏再度分散，著名的有三支，各支都出了许多名人。一支在卫，这一支的名人司马喜做了中山国的相。一支在赵，有一个司马凯因传授剑术而扬名。战国后期那个著名的剑客司马蒯聩就是司马凯的子孙。司马蒯聩第十五代孙就是西晋王朝的建立者司马炎。一支在秦，居住在少梁，这一支是司马迁的祖先。秦惠王时出了一个名将司马错，被秦惠王委为伐蜀大将。司马错攻下蜀国后做了那里的留守。司马错的孙子司马靳，做了武安君白起的副将，公元前 260 年秦赵长平之战，司马靳与白起并肩作战。公元前 257 年，司马靳和白起同时在杜邮被秦昭王赐死。司马靳的孙子司马昌，做了秦国的铁官。司马昌之子司马无泽做了汉长安市管理市场的市长，用今语，即工商总局局长。司马无泽生司马喜，爵为五大夫。司马昌、无泽、喜三代死后都埋葬在华池西高门原。司马喜生司马谈，司马谈做了汉武帝时的太史令。据上所述，表列司马氏家谱世系如下：

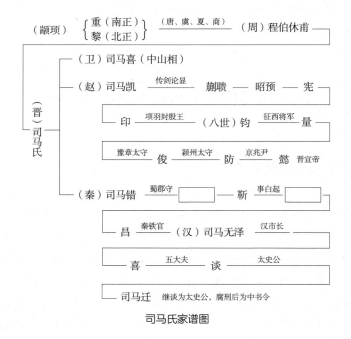

司马氏家谱图

（二）司马谈发凡起例

《史记》原题《太史公书》，表示为太史公所作之书，至东汉桓、灵之际才演变成为《史记》之名。司马谈官太史令，最崇高的理想就是继孔子，效《春秋》，完成一代大典，写一部贯通古今的通史，颂扬汉家一统的威德。司马谈的写作宗旨，《太史公自序》作了明确的交代。司马谈临终遗言说：

> 夫天下称诵周公，言其能论歌文、武之德，宣周、邵之风，达太王、王季之思虑，爰及公刘，以尊后稷也。幽、厉之后，王道缺，礼乐衰，孔子修旧起废，论《诗》《书》，作《春秋》，则学者至今则之。自获麟以来四百有余岁，而诸侯相兼，史记放绝。今汉兴，海内一统，明主贤君忠臣死义之士，余为太史而弗论载，废天下之史文，余甚惧焉，汝其念哉！

上述司马谈的这段遗言，可条列其发凡起例的宗旨有三端：一曰效周公"歌文武之德"；二曰继孔子效《春秋》"修旧起废"，为后王立法，为人伦立则；三曰颂汉兴一统，论载"明主贤君忠臣死义之士"。合此三端，即以人物为中心，帝王将相为主干，颂一统之威德，这正是秦汉中央集权政治在学术思想上的反映。《论六家要旨》为司马谈所作述史宣言，倡导融会百家思想为一体，自成一家之言。这些也就是《史记》的本始主题。

司马谈仕于建元、元封之间，历经三十年，酝酿构思早已孕育于胸中。他学天官于唐都，受《易》于杨何，习道论于黄子，就是为述史作准备。元朔七年，汉武帝获白麟，作《白麟之歌》，并改元为元狩元年（前122）。当时人们认为这是一件了不起的大事，因文成致麟，象征天下太平。司马谈激动非凡，决定述史下限止于元狩元年，示意绝笔于获麟。所以元狩元年是司马谈正式述史之始。《太史公自序》载，"于是卒述陶唐以来，至于麟止"，就是司马谈的作史计划。上限起于陶唐，则是效法孔子述《尚书》起于尧。司马谈追步孔子的意识是十分鲜明的。司马谈卒于元封元年（前110）。从元狩元年至元封元年，已历十二年。司马谈作史，应有相当的规模，或已成若干篇章。据昔贤今人的考论，司马谈作史达三十七篇，五体皆备。《孝文本纪》《天官书》《封禅书》《刺客列传》《太史公自序》等篇留有司马谈作史痕迹。司马谈发凡起例《太史公书》，这本身是一个伟大的业绩，无论怎么评价都不过分。司马谈重整了司马氏史官世家绝学，是一个自觉的历史家。但《史记》最后完成于司马迁之手，司马谈的著述被剪裁熔铸在《史记》的定稿之中，因此今本《史记》一百三十篇是不容分割的一个整体，《史记》著述代表者只能有一人焉，曰司马迁，如同《汉书》著述代表者为班固一样。

（三）司马迁受父遗命接力潜心修史

元封元年夏初的四月，正是鲜花如锦的烂漫时节，封禅大典就要在泰山之巅举行。司马谈作为参与制定封禅礼仪的史官，该是何等的激动。可惜他因病留滞周南（今河南洛阳），未能参与。这时司马迁正好从奉使西征的西南夷前线赶回来参加这稀世罕有的大典，行到洛阳，见到了生命垂危的父亲。司马谈在弥留之际，拉着司马迁的手，流着痛苦的眼泪遗命司马迁，以尽忠尽孝的大义激励司马迁，要司马迁发誓继任太史令完成一代大典。太史令秩六百石，如当今正处级，而当时司马迁以郎中将职衔奉使归来，已是秩一千石，如当今正司级，又侍从汉武帝，仕途如花似锦。曾子有言："鸟之将死，其鸣也哀；人之将死，其言也善。"（《论语·泰伯》）司马谈发出了悲怆的叹息，他说："世传史官的司马氏之业，难道就要断送在我的手里吗？"可以体察出，司马谈这位执着的历史家，未能亲手完成修史计划是多么的揪心！他慨叹命运而绝不屈服于命运，他遗命儿子司马迁来实现修史壮志。司马迁的心灵受到震动，他低着头，流泪呜咽，恳切地向父亲立下誓言。司马迁说："小子不敏，请悉论先人所次旧闻，弗敢阙。"司马谈临终的一幕，给予司马迁的刺激是太深刻了。所以他的记述是那样的激情满怀。司马迁也果真牢牢记住了司马谈临终的伟大遗命，时常叨念"先人有言"。司马迁守丧三年，到了元封三年已三十八岁，无论是阅历，还是修养，均走向成熟。他遵从父亲遗言继任太史令。

《太史公自序·索隐》引《博物志》云："太史令茂陵显武里大夫司马迁，年二十八，三年六月乙卯除，六百石。""年二十八"为"年三十八"之误。"三年六月乙卯除"，即元封三年六月初二日，司马迁为太史令。

太史令虽然职位卑微，但却是皇帝身边最重要的历史顾问，重大制度的兴革和典礼仪节均有太史令参加讨论。司马迁为太史令第五年，即太初元年（前104），汉武帝颁布了新历，定名《太初历》，并改年号为太初。改历是封禅活动的继续，封禅象征新王朝受命于天地，改历象征受命的完成。汉武帝完成封禅改历是划时代的壮举，意义非凡。司马迁躬逢其时，参与其事，激动不已。他想起了父亲的遗训，仿佛像洪钟一样在耳边响起："先人有言：'自周公卒五百岁而有孔子。孔子卒后至于今五百岁，有能绍明世，正《易传》，继《春秋》，本《诗》《书》《礼》《乐》之际？'意在斯乎！意在斯乎！小子何敢让焉！"（《太史公自序》）于是论次其文。司马迁按历史事势的发展，修正了司马谈的作史计划，延伸上限起于黄帝，下限至太初年间。所以《太史公自序》留下了两个断限的记述。"于是卒述陶唐以来，至于麟止"，是司马谈的计划；"余述历黄帝以来至太初而讫，百三十篇"，是司马迁定稿的实际断限。宏阔昂扬的时代精神，君臣相知的感遇，事亲、事君、立身的父教，建功扬名的男儿壮志，这些都是司马迁的创作动力。他全身心投入，潜心修史，《太史公自序》做了郑重的记载。司马迁说："卒三岁而迁为太史令，绅史记石室金匮之书。"又说："（汉兴）百年之间，天下遗文古事靡不毕集太史公。太史公仍父子相续纂其职。"这些说明了司马迁正式做了太史令后，堂皇正大地在皇室图书馆里翻阅石室金匮之书，整理一切秘籍和历史资料，接续父亲已经开创的事业，从事伟大的撰述工程，是何等的心旷神怡！

如上所述，司马谈修史，发凡起例，从元狩元年（前122）到元封元年（前110），共十二年。司马谈仕于建元元年（前140），就着手修史准备，到元狩元年已历十八年，前后共三十年，耗尽了他的一生。司马迁二十壮游，成为司马谈的修史助手，到元封元年受父遗命，接力修史，年三十六，已历十六年。元封三年（前108），司马迁年三十八，继任为太史令，至武帝之末后元二年（前87），司马迁全身心投入修史，又独立进行创作二十二年，司马迁正式接力修史，应从元封元年算起，则是二十四年，加上作为助手的十六年，共四十年，也耗尽了他的一生。也就是说，修成《史记》，历经司马谈、司马迁父子两代人的一生，共七十年，而两代人正式修史共四十年，完成一代大典是多么的不易。《史记》成书是司马谈、司马迁父子两代人心血的结晶。特别是司马迁多彩的人生所凝聚的才学识德的修养，他受祸遭腐刑的屈辱而发愤著书，从而爆发的创造潜能，铸就了《史记》辉煌，评说如次。

三、司马迁才学识德的修养

司马谈认为完成《史记》的人就是继孔子之后数百年产生的伟大人才。这个历史继承落在了司马迁的身上。前人论说史学大家，必须才、学、识、德四长兼备，司马迁正是这样的一个人。多彩的人生造就了司马迁的文化巨人地位。

（一）家学渊源

前文"源远流长的史官世家"，提示了司马迁秉承的家学渊源。司马氏始祖为唐虞之际的重黎氏，历唐虞夏商，世典天官，至周世典周史。司马谈自认这是最为光荣的家世，即史官世家。司马谈言此，是表明他以修史为己任，是一个自觉的历史家，是司马氏义不容辞的天职，并以此教育司马迁。

春秋战国及秦汉之际的社会正进行着一场大变革，司马氏家族适应时代变迁，从事政治、军事、经济等活动，在各个领域都有杰出人物存在。西周程伯休甫、秦国司马错都是名将。司马错为秦国开拓了巴蜀大片领土，又东伐败楚，与秦名将白起比肩。司马昌、司马无泽两代分别任秦国的大铁官和西汉长安市工商总局局长。这些是司马迁得以继承兵学、经济学的家学渊源。

给予司马迁影响最大的是其父司马谈。司马谈不仅发凡起例《史记》，而且着重培养司马迁，司马迁年少时期留在乡间耕牧河山之阳，以接受精神和体魄的锻炼。司马迁年少聪明，年十岁即能诵古文。司马谈又为司马迁聘请了名师，使司马迁接受良好的教育。

（二）司马迁的师承与交谊

汉武帝时代，有几位影响深远的大学问家。一位是今文学大师董仲舒，一位是古文学大师孔安国，还有一位天文学大师唐都，均因司马谈的关系，司马迁能有幸拜在他们门下。司马谈《论六家要旨》把先秦诸子百家学说归并为儒、墨、名、法、阴阳、道六家，认为六家学说皆有益于治，表明司马谈不墨守门户，有博大胸怀，海纳百川，所以让司马迁既学古文，又学今文。司马迁出仕为郎中，又与大文学家严安、庄助、枚乘及上大夫壶遂等为友，并受到他们的文学修养熏陶。司马迁师承大师，与时贤为友，所得良师益友之助，古代没有第二个人。

（三）二十壮游

汉武帝元朔三年（前126），司马迁二十岁，正当盛年，怀抱着凌云壮志，承父命交游全国，"网罗天下放失旧闻"，首创走出书斋读无字之书之先例，向社会作调查。后人总结为"读万卷书，行万里路"，是大学问家不可或缺的修养。司马迁此行了解和搜求了古代与当时的历史传说故事与各种史料，经历了许多磨难，并在《史记》中留下了许多生动的记载。

司马迁壮游的范围重点在南方，故自述为"二十而南游江、淮"。司马迁从京师长安出发东南行，出武关至宛。南下襄樊到江陵。渡江，溯沅水至湘西，然后折向东南到九嶷。窥九嶷后北上长沙，到汨罗屈原沉渊处凭吊。越洞庭，出长江，顺流东下。登庐山，观禹疏九江，辗转到钱塘。上会稽，探禹穴。还吴，游观春申君宫室。上姑苏，望五湖之后，北上渡江，过淮阴，至临淄、曲阜，考察了齐鲁地区的文化，观孔子遗风。然后沿着秦汉之际风起云涌的历史人物的故乡、楚汉相争的战场，经彭城，历沛、丰、砀、睢阳至梁（今开封），回到长安。

司马迁游历考察，兼有历史家和文学家的兴趣。对于历史事件，大至秦始皇的破魏战争，小至战国时的一个城门名字，他都要力求掌握第一手的资料。除历史事件外，有关人物遗事、生动的民间歌谣、俚语，无不作了广泛的记载。至于山川地理、古今战场更是了然于胸。顾炎武评介说："秦楚之际，兵所出入之途，曲折变化，唯太史公序之如指掌。以山川郡国不易明，故曰东曰西曰南曰北，一言之下，而形势了然。……盖自古史书兵事地形之详，未有过此者。太史公胸中固有一天下之势，非后代书生之所能几也。"（《日知录》）这是司马迁在史事方面所得游历之助。苏辙云："太史公行天下，周览四海名山大川，与燕赵间豪俊交游，故其文疏荡，颇有奇气。此二子者，岂尝执笔学为如此之文哉？其气充乎其中而溢乎其貌，动乎其言，见乎其文，而不自知也。"（《栾城集》）这是司马迁在文章辞采风格方面所得游历之助。总之，司马迁二十壮游，不仅使他获得了广博的社会知识，搜求了大量的遗文古事，而且开阔了视野，放宽了胸怀，增长了识见和才干。王国维称之为"宦学之游"。这是《史记》成功的条件之一，是值得我们借鉴的。

（四）入仕郎中

郎中是职别最低的郎官，即作为皇帝的贴身卫队，其职责是"掌守门户，出充车骑"。掌守门户，指在宫中为皇帝看门的卫队；出充车骑，指皇帝出行，郎官作为前呼后拥的仪仗。

郎官又是国家的官吏储备系统，没有定员，多至上千人。积资有年，郎官外出，到地方任县长、副县长；到朝中各部，任令丞，级别相当于今天的正副处级到司局级。

郎官有四个等级：议郎、中郎、侍郎、郎中，由高官子弟充任，一般是二千石高官，即相当于现在的正部级、副部级的子弟方能入选，一部分来自地方推荐上来的富人子弟。郎官制度称为恩荫。在皇帝身边的中级官员，子弟也可以得到恩荫。司马迁父亲司马谈为太史令，六百石，只相当于现在的正处级，但太史令要观天象，列席朝廷议政，起草礼仪制度，得以接近皇帝，因此，司马迁得到恩荫，为最低一级的郎官。

司马迁才能卓著，善写文章、作赋；汉武帝能文能武，也是写文章、作赋作歌的高手。汉武帝把全国青年文学高手吸收入郎官卫队中，司马迁因才华横溢得武帝赏识。元鼎六年（前111），司马迁三十五岁，被汉武帝任命为郎中将，为出使云南、贵州的钦差大臣，到西南夷地方去设郡置吏。

（五）奉使西征

奉使西征巴蜀以南，是青年司马迁出仕郎中后所做的第一件大事。元鼎六年武帝发兵征西南夷（今云、贵两省及四川西部地区），派司马迁以郎中将的职衔去监军，并设郡置吏。司马迁在这一地区生活和工作了半年多时间，设置了武都、牂柯、越巂、沈黎、文山等郡。由于是安抚新区少数民族，司马迁提出了"以故俗治"的办法，开创了尊重少数民族风俗习惯的施政大纲，承认少数民族的自治权利，是了不起的先进思想。三国时诸葛亮平定南中，治理办法就是依据司马迁的"以故俗治"。《史记》首创民族史传，等列少数民族为天子臣民，这与司马迁奉使西征的这一生活体验是分不开的。

（六）扈从武帝

　　司马迁一生与汉武帝相终始，两人同是西汉大一统时代的英雄。汉武帝雄才大略，创造了许多威武雄壮的历史活剧。司马迁满腹经纶，用如椽大笔，栩栩如生地描绘了这个大时代。汉武帝四出巡行郡县，走遍大江南北、长城内外，司马迁随行，也走遍祖国大地，是为"扈从之游"。汉武帝好文学，能诗能赋，建立乐府，采集歌谣，以观民风，并且还网罗东方朔、枚皋、严助、吾丘寿王、司马相如等一大批文人学士在身边，君唱臣和，充满了浪漫情怀与豪放气派。司马迁时值年少，后生晚辈置身其间，才华横溢，深得汉武帝亲信而为文学侍从。此时司马迁得意非凡，"仆以为戴盆何以望天，故绝宾客之知，忘室家之业，日夜思竭其不肖之材力，务一心营职，以求亲媚于主上"（《汉书·报任安书》）。这说明，扈从生活，司马迁还是非常珍惜的。

　　扈从武帝，使司马迁跻身于封建中央王朝中枢，了解到了大量机密，像"入寿宫侍祠神语"这类触及武帝隐私与心理的生活经历，"其事秘，世莫知"，司马迁也得以参与。这些生活经历，是司马迁写《孝武本纪》和《封禅书》等篇的基础。元鼎四年（前113），汉武帝首次大规模出巡，周游河洛，观省民风，十分排场。元鼎五年，汉武帝西登空桐，北出萧关，带数万骑打猎于新秦中，场面十分雄伟壮观。扈从汉武帝的司马迁，在观赏过这盛大的场面之后，必将激发其无限的豪情。司马迁擅长大场面的描写，和他几十年扈从武帝的豪放巡游是分不开的。司马迁扈从武帝，使他深深地呼吸着大一统时代的新鲜气息。

　　综上所述，做一个良史需备的才、学、识、德四大要素，司马迁可谓兼备一身。司马迁聪颖勤奋，十岁即能诵古文，养育了他的才。得天独厚的家学渊源和师承，培养了他的学。壮游与受祸，锤炼了他的识。史官世家的传统与气质，司马谈的"尽忠尽孝"教育，临终遗言的警响，涵育了司马迁的德。这些主观条件是《史记》成为不朽著作的根本原因。

　　几年后，司马迁因李陵案牵连身遭腐刑，这是司马迁人生中的一次厄运。这场灾祸，改变了司马迁的立场，他从悲怨中走出，发愤著书，是《史记》成书的一大动因。下面作一专题来谈。

四、发愤著书，铸就辉煌

司马迁因李陵之祸牵连，受刑后而发愤著书，升华了《史记》的主题，发生了质的改变。

李陵是名将李广的孙子，少为建章监，骑射技术有其祖父李广之风，又谦虚下士，甚得战士心，与司马迁是很好的朋友。天汉二年（前99），汉武帝派贰师将军李广利率三万骑出酒泉，击匈奴右贤王于天山。李陵率五千步兵出居延，北行三十天，直达浚稽山（约在今图拉河与鄂尔浑河间），吸引单于的注意力，保证贰师将军的出击。李陵部遭遇了匈奴主力八万骑兵的包围，全军覆没，李陵被迫投降了匈奴。司马迁为李陵辩护，受株连下狱，被判死罪。汉武帝惜其才，减罪一等，可以交五十万罚金免罪。司马迁无钱，受腐刑代死，即所谓的"李陵之祸"。

腐刑就是宫刑。儒家的忠孝观念，身体发肤，受之父母，不敢毁伤，更何况是宫刑，只有做宦官的人才受宫刑。司马迁称"大质已亏"，为人所不齿。刑余之人死后也不能入祖坟。司马迁因受宫刑，出狱后被汉武帝用为中书令，即贴身的秘书长，被朝官视为尊宠之职，司马迁却认为是奇耻大辱，痛不欲生，"肠一日而九回"，多次想到自杀。司马迁在生与死的沉痛思考中作抉择，悟出了人生的真正价值，遂有了震撼千古的至理名言："人固有一死，或重于泰山，或轻于鸿毛，用之所趋异也。"（《汉书·报任安书》）人的一生，若不能对社会做出贡献，而仅仅以一死来同黑暗作抗争，岂不是"若九牛亡一毛，与蝼蚁何异！"司马迁在《孔子世家》和《伯夷列传》中引孔子之言说："君子疾没世而名不称焉。"《太史公自序》中记载了其父司马谈的临终遗训："且夫孝始于事亲，中于事君，终于立身。扬名于后世，以显父母，此孝之大者也。"立身扬名、光宗耀祖为最大的孝道。司马迁进而发扬为立德、立功、立言的修身观念，史称三立精神。刑余之人没有机会立德、立功，唯有立言，写好《史记》供后人评说。司马迁忍辱负重，以更加激扬奋发的精神投身于《史记》的修纂。司马迁在《史记》中记载了许多不甘屈辱、为保持名节而死的义士。齐国布衣王蠋在齐国沦丧濒于灭亡之时，仍"义不北面于燕，自尽身亡"；田横耻于降汉，自刎而死，他的五百宾客闻田横死，"亦皆自杀"；李广不堪"复对刀笔之吏"而自杀；项羽兵败愧对江东父老而自杀；侯嬴为激励信陵君而死；田光为激励荆轲而死；聂荣为给兄弟扬名而死；栾布为尽臣子之义，"哭彭越，趣汤如归"；等等。司马迁称赞这些慕义而死的人具有"高节"，"岂非至贤"，"虽往古烈士，何以加哉！"像屈原那样"死而不容自疏"的高洁之志，"与日月争光可也"。然而，在逆境中奋发、忍辱负重的志士，更加难能可贵。句践卧薪尝胆，坚韧顽强，发愤雪耻，终灭强吴而称霸王，司马迁不仅许之以"贤"，还赞其"盖有禹之遗烈焉"；伍子胥弃小义，雪大耻，名重后世，司马迁赞其为"烈丈夫"；季布以勇显于楚，"身履典军搴旗者数矣，可谓壮士"，但是，当他被刘邦捉拿，为人奴而不死，受辱而不羞，"终为汉名将"，司马迁赞其为"贤者诚重其死"。这后一种忍辱负重的志士，司马迁认为是更值得敬仰的"烈丈夫"。但这一观点，与世俗相违，而且颇谬于圣人的是非。一般世俗观点，认为忍辱负重是"贪生怕死"，若被刑戮，"中材已上且羞其行"。孔孟遗教是"杀身成仁"，"舍生取义"，司马迁却说，"勇者不必死节，怯夫慕义，何处不勉焉"（《汉书·报任安书》），又说，"夫婢妾贱人感慨而自杀者，非能勇也，其计画无复之耳"（《季布栾布列传》）。那些一遇侮辱就轻生自杀的人，在司马迁看来只不过是无可奈何的表现，并不是真正的勇士。

慕义而死，保持名节；忍辱负重，自奋立名。处理好这二者的界限是很难的。司马迁提出了一个"人固有一死，或重于泰山，或轻于鸿毛"的标准。人生最宝贵的生命不是不可牺牲，而是要让它闪光，要死得有价值。司马迁在荣辱与生死的痛苦抉择中懂得了人生的意义，他从沉痛中奋起，坚强地活下来，决心完成《史记》。他引古人自况，认为只有那些能够经得起艰难环境磨炼的人才能干出一番事业来。西伯拘羑里演《周易》，孔子厄陈蔡作《春秋》，屈原放逐赋《离骚》，左丘失明著《国语》，孙子膑脚论《兵法》，不韦迁蜀传《吕览》，韩非囚秦有《说难》《孤愤》，《诗》三百篇都是圣贤发泄愤懑的著作。这些人都是因为心里有郁结，又得不到通达，所以才叙述往事，寄情后人。这就是司马迁提出的发愤著书说。所谓"发愤"，就是指一个人身处逆境而其志不屈，更加激扬奋发而有所作为。司马迁发愤著书有两个方面的内容。第一，忍辱负重，从沉痛中奋起，用更加坚忍的毅力来完成旷世之作。第二，揭露和抨击统治者的荒淫残暴，同情社会的下层人民，歌颂敢于反抗、敢于斗争的历史人物，述往事，思来者，升华了主题。司马迁宣称，《史记》记事实录，"贬天子，退诸侯，讨大夫"，也就是王公贵族，包括帝王本人，都可以批评，不为尊者讳，不与圣人同是非，这只能是司马迁受宫刑以后才能产生的叛逆新思维。

　　本讲评说《史记》成书的历史条件，时代的呼唤，雄才大略汉武帝创造了西汉极盛，提供了修史的客观条件；司马氏父子的毕生努力，特别是司马迁多彩的人生，提供了才学识德的修养，造就了司马迁文化巨人的坚实基础，这正是《史记》成书最重要的主观条件。这两者的结合，千年不遇，因此《史记》成为一部中华文明的国学根柢书。

第三堂

司马迁写家国情怀

第三堂课，评说司马迁写家国情怀，就是家国一体的观念。家国情怀是《史记》一书的核心思想，它是凝聚中华民族的一种观念，一种信仰，是中华民族的民族魂，是爱国主义的思想源泉。无论是读过《史记》，还是没有读过《史记》的人，心中都有一个家国情结，因为家国情怀的观念、情结、信仰，已经流淌在每一个中华民族子孙的血液里。家国情怀的一个代名词，就是中华民族是炎黄子孙。黄帝是中华民族共同的人文始祖，这一观念就是司马迁创造的，它是一个信仰。司马迁写家国情怀的内容，主要有四个方面：创立人文始祖黄帝；先国家而后私仇；爱国主义的根基，大一统的历史观；四海一家，各民族皆黄帝子孙。

一、创立人文始祖黄帝

人们把有确切文字记载以前的历史称为"史前史"，又称为原始社会。中国史学家则把没有确切文字记载，而由口耳相传构成的历史，称为"中国古代的传说时代"。司马迁写《史记》，从黄帝开篇，起于传说时代。中国古代史传说，炎黄并称，还有三皇、五帝的传说，并有多个版本。司马迁不写三皇，不写五帝，单从黄帝写起，这是为什么？简言之，《史记》上起黄帝，并且把传说历史构建成为人文历史，其目的就是构建家国情怀的民族精神，下分三个层次来说。

（一）黄帝兴家建国，家国一体产生

《史记》开篇《五帝本纪》，并列传说时代的五个上古帝王：黄帝、颛顼、帝喾、唐尧、虞舜。第一个是《黄帝传》，全传只有四百八十余字，不足五百字，却具体地写出了黄帝兴家建国的事迹，家与国在黄帝手中一体产生，这就奠定了家国情怀的信仰。《黄帝传》的开头四句，也就是《史记》全书开头四句，说："黄帝者，少典之子，姓公孙，名曰轩辕。"在母系社会，子女知其母，不知其父，母系氏族是一个群体，而不是家。黄帝有父亲，自己有名有姓，这就是有了家。《史记》起于黄帝，也就是从父系氏族开启历史。紧接着写黄帝成长，"修德振兵"，建立国家。"修德"，指关爱民生，为老百姓谋福利。"振兵"，就是建立武备，用战争开路建立国家。黄帝发动阪泉之战，打败炎帝后裔，统一诸侯，夺取天下建立了国家，史称"三战，然后得其志"。三战，指进行了多次战争才统一了诸侯。接着进行了涿鹿之战，打败了外来族人蚩尤的侵扰，巩固了国家政权。于是黄帝"邑于涿鹿之阿"，即依傍涿鹿山修建都城就叫涿鹿城。又设官理民，把风后、力牧、常先、大鸿等贤人任用为官员管理民众。还设立了常备兵，黄帝就带着这支军队巡视四方，东边到达大海边，西边到达空桐山，南边到达长江，登上洞庭湖的湘山，北边驱逐荤粥，后世称为匈奴的族群，到达当今宁夏、内蒙古等漠布地域。这是黄帝时代的华夏族国境范围。社会安定，黄帝导民开垦土地，种植五谷，发展生产。黄帝还开展了大规模的国家公共工程，史称"披山通道，未尝宁居"。黄帝之后，兴水利，治交通，成为传统，历来是统一中央王朝的国家公共大工程。最后黄帝死在巡行的道上，葬在桥山，今又称子午山，在陕西黄陵县北。用现今的话说，黄帝是死在工作岗位上。黄帝陵就在陕西黄陵县北桥山上，每年都要举行国家公祭，悼会中华民族人文始祖黄帝。

（二）司马迁创作"黄帝传"的历史依据

中华民族是世界上最伟大的民族之一，中华儿女以勤劳的双手创造了灿烂的文化，使我们的祖国成为世界文明古国之一。但是，关于中华民族是如何产生和形成的，却没有留下文献资料，因为那还是没有文字的史前时期。关于我国原始社会的情况，有许多传说，这些传说可以分为两类。一类是原始社会的人们通过幻想编织的一些神奇的故事，虽然它也表现了劳动斗争及对自然与社会的认识，但其中的人物都具有超人的力量，只能算作神话。另一类传说，其人物有血有肉，食的是人间烟火，他们之间的关系也比较复杂，或辩论，或打仗，或通婚，等等。后一类传说中有许多真实的记录，反映了原始社会的史影。《五帝本纪》即是根据后一类传说编次而成的，因而具有很重要的史料价值，大体反映了我国原始社会末期的真实情况。

《五帝本纪》所写继黄帝之后的四帝是颛顼、帝喾、唐尧、虞舜，他们都以黄帝为榜样，遵从黄帝的遗则，修德振兵，管理国家，完善国家的建构。史称"四圣遵序"，他们也都巡视四方，关爱民生。舜"南巡狩，崩于苍梧之野"，在今湖南九嶷山上；舜的接班人，开夏朝家天下的大禹，"东巡狩，至于会稽而崩"，在今浙江绍兴市的会稽山上。也就是说，虞舜、大禹，也都死在工作岗位上。司马迁的叙述，《史记》开篇《五帝本纪》是基本可信的人文历史。实际情况是不是这样的呢？按近代以来人类社会学的研究，全世界的人类社会都是从原始社会走进文明历史的。中华民族兴于黄河流域以及长江、珠江流域。原始社会多元化发展融为一体，历经夏、商、周到司马迁时代的秦汉大一统，奠定了中国今日之版图，形成五十六个民族的大一统国家。这一过程司马迁全部记述下来就是《史记》全书，浓缩了三千年中华民族文化的发展。这一文明的源头，司马迁从黄帝开始，开门见山，直接从兴家建国开始，也就是中华文明从原始社会父系氏族开始，是黄河流域黄土地上原始氏族社会的新时期，即由母系氏族进入父系氏族。关于黄帝以前时期的传说，所反映的是原始人的原始群和母系氏族社会的生活，这些原始群、氏族部落在互相分离的情况下活动着。到了黄帝时代就不同了，这时，父系氏族社会已完全确立，各部落联合的趋势非常明显，许多重大的活动都是以部落联盟的形式进行的。黄帝对蚩尤涿鹿一战，就征集了许多部落，所进行的就是一个部落联盟驱逐和征服另一个部落联盟的战争。马克思说："部落联盟是与民族最近似的东西。"（《摩尔根〈古代社会〉一书摘要》）中国原始社会部落之间由分离而开始联盟，走向合并和融合，最后形成统一的华夏民族，其中黄帝做出了卓越的贡献。

按照马克思主义的理论，一个民族的形成是伴随着国家的出现而完成的。国家的胚胎形式，在《五帝本纪》中得到了生动的反映。黄帝所训练的熊罴、貔貅、貙虎，就是由他率领、专事征战的军队。而"以师兵为营卫"，并且用"云"来名兵师，则更是职业武装，也就是设置常备兵，这是国家暴力机器的主要成分。黄帝时还设"左右大监"，尧时有"四岳""十二牧"，舜时则百官齐备。尧时有象征性的刑罚，舜则制五刑、流四凶，制定了法典，掌管刑法的皋陶也成为著名的人物。这些都说明国家机器的胚胎已在产生和形成的过程中不断完善，私有财产观念的加强和贵族与平民的分化也有显现。尧"黄收纯衣"，很是朴素。到了舜时，就"载天子旗"去朝拜父亲了。而且尧可以赐舜仓廪牛羊，象又要设法窃据舜的宫室妻子。从这些传说的故事来看，国家的正式出现已是相当迫近了。总之，马克思主义所论述的关于民族形成过程的必然现象，在《五帝本纪》中大体都得到了反映，而这些现象在黄帝以前的传说中是没有的。

司马迁对黄帝以前和黄帝以后的传说是做过比较的。他至少已认识到黄帝时代是一个新的历史阶段的开端。他说："维昔黄帝，法天则地，四圣遵序，各成法度；唐尧逊位，虞舜不台，厥美帝功，万世载之。作《五帝本纪》第一。"（《太史公自序》）在司马迁的心目中，黄帝就是一位开辟新时代的英雄人物，黄帝统一了各部族，初建了国家，立下了万世效法的准则。黄帝打开了中国文明历史的大门。黄帝被中华民族尊为共同的祖先，成为这一伟大民族向心力的象征，首先应归功于司马迁《五帝本纪》的创造。

（三）《史记》起于黄帝的历史意义

司马迁之前的先秦古籍记载我国历史有不同的开端。孔子编《尚书》，断自唐尧、虞舜。而《易》又起于伏羲、神农。《礼记》则笼统地说"昔者先王"。这是儒家经典的情况。诸子著作论及上古之事，有的始于有巢氏，有的起自神农氏。

司马迁记载中华民族之开端，既不从"经"，又不从"子"，而是自立新例，起自黄帝。这一新例，司马迁在赞语中做了明确的说明，理由有四点：第一，司马迁在全国的游历考察中，"西至空桐，北过涿鹿，东渐于海，南浮江淮"，尽管各地风教不同，但长老口耳相传的黄帝事迹非常生动；第二，《五帝德》《帝系姓》，司马迁认为是孔子所传，并与《春秋》《国语》参证，认为是可靠的资料；第三，谱牒资料及百家言黄帝，虽然其文不雅，但绝非无因；第四，"书缺有间"，而"其轶乃时时见于他说"。司马迁对古文资料、百家之言、长老口耳传说进行了综合，择其雅驯者编次了《五帝本纪》。因为黄帝"修德振兵"，统一了天下，所以司马迁辩证史实，要起于黄帝。《史记》中所载三代天子，列国世家，东夷西戎，南蛮北狄，追祖溯源，皆归本于黄帝。中华民族皆自豪地称为"黄帝子孙"或"炎黄子孙"，这一观念就创自《史记》。炎，指炎帝，先于黄帝，号称神农氏。其子孙不修德，被黄帝所并。

《史记》上起黄帝，下迄汉武帝，首尾呼应，载述了中国历史从原始的部落统一走向封建的大一统的发展，颂扬大一统，颂扬历史走向进步。所以司马迁首创《五帝本纪》，打破《尚书》以尧为历史起点的局限，而又不突破"修德振兵"统一天下的黄帝这一极限，有着极其深远的意义。司马贞不明司马迁史识，补作《三皇本纪》，实乃画蛇添足，殊不可取。因为司马贞所写《三皇本纪》，其中伏羲氏，《易》起源于伏羲，相传八卦为伏羲所创，伏羲人首蛇身，中华民族为龙的传人，伏羲为人文始祖，也是没有问题的。但伏羲时代还是母系氏族社会，传说他与女娲氏结合生子，已是氏族社会的晚期。诸子起于有巢氏，更是母系氏族的早期，司马迁起于黄帝，即起于父系氏族，彰显的是兴家建国，司马贞没有看到这一点，所以不可取。司马贞晚年自己取消了《三皇本纪》，也算是高明。司马迁自己当时也没有氏族社会的观念，但他分析了古史的传说，分辨了黄帝之前和之后的两大类传说，改造后期传说，抓住了兴家建国这一主题，具有不凡的历史观，这就是司马迁的伟大。

孔子是司马迁效法的圣人，而孔子编《尚书》起于尧，也受到了司马迁的摒弃，这是更高境界的历史观。尧、舜、禹的禅让在儒家经典中被推尊为至高无上的让德，《易经》说："满招损，谦受益。"谦让也是中华民族的传统道德。《五帝本纪》承袭这一精神，也写尧、舜、禹禅让，但司马迁所写"让德"，赋予了新的意义。儒家所讲让德，着重在个人品德修养，而司马迁所讲的让德，立足于家国情怀的高度，着重于让贤。个人品德，司马迁提倡担当，用通俗语言叫"当仁不让"。司马迁写列传，入选标准是："扶义俶傥，不令己失时，立功名于天下，作七十列传。"（《太史公自序》）司马迁写给好友挚伯峻的信，明确提到人生的三立精神：立德、立功、立言，鼓励奋斗与担当。这也是立足于家国情怀的境界，每个人要对国家、对社会做出贡献，而不能为了个人修养，归隐山林，无所作为。挚伯峻就是一个隐士，司马迁写信，让他出来为国家效力。所以《五帝本纪》所写的禅让，不是成就个人名节，而是让贤，使能者在位。司马迁是这样写的："尧知子丹朱之不肖，不足授天下，于是乃权授舜。授舜，则天下得其利而丹朱病；授丹朱，则天下病而丹朱得其利。尧曰'终不以天下之病而利一人'，而卒授舜以天下。"很明显，这表达的是"天下为公"，让位贤能，造福社会，这是何等的境界。《吴太伯世家》，司马迁写吴太伯让贤，其弟季历继位，传周文王姬昌，建立了八百年的周天下，而吴太伯后裔吴王寿梦之子季扎逃位，导致吴国纷争，季扎的让，是不担当不作为，反使国家陷入灾难，受到司马迁的批评。至于宋襄公在泓水之战中梦想成就"仁"德而与楚国强敌打堂堂之仗，丢了性命，成为笑柄。

综上所述：《史记》起于黄帝，有三大主题，即三大历史意义。其一，黄帝兴家建国，家国一体产生，文明历史起于父系，符合社会发展的历史进程。其二，黄帝担当，修德振兵，平乱世，建立统一国家，历经夏商周到秦汉大一统，这是国家兴旺发展、繁荣昌盛的正轨，起于黄帝，突显大一统历史观。其三，起于黄帝，四圣遵序，改造儒家注重品德修养的谦让，赋予让贤使能的担当，表述"天下为公"的境界。这些积极的历史意义又是司马迁的创作，核心思想就是创造了家国情怀的信仰。所谓家国情怀，就是家国一体。家是个人的小家，国是全社会的大家，保家就要卫国。在家与国发生不可兼顾的情况下，先顾大家而后顾小家，国家利益高于个人利益，在国家危亡关头，敢于牺牲个人以殉国。这些就是家国情怀的核心精神，贯穿于《史记》全书。《廉颇蔺相如列传》写"先国家之急而后私仇"，以及展现在《史记》中的大一统历史观，就是爱国主义的思想源泉。下面继续评说。

二、先国家之急而后私仇

《廉颇蔺相如列传》是《史记》中最脍炙人口的名篇之一。此传是赵国四大忠臣良将廉颇、蔺相如、赵奢、李牧的合传。他们不仅智勇双全，而且品德高尚，先国家之急而后私仇，在保卫赵国、抗击强秦的斗争中立下卓越的功勋。司马迁以热情的笔触叙写了四人，突出表现了他们身系赵国的安危，颂扬了他们的爱国主义精神。为了突出"廉蔺交欢，将相和而赵强"这一思想，所以只用廉、蔺标题，赵、李均为附传。蔺相如先国家而后私仇的爱国主义精神是这篇合传的主题。

蔺相如是一个大智大勇的英杰人物，他的主要功绩是取得外交上的成功。战国时代的外交斗争是军事斗争的继续和补充，具有很重要的地位。蔺相如使秦完璧归赵和渑池之会，为赵争得了地位，顶住了强秦的压力，具有非凡的意义。而这两次外交活动的背景，恰恰又是强秦对赵取得军事胜利之后所进行的政治讹诈。蔺相如抗强秦所表现的智勇和才干令人惊叹！对于廉颇，蔺相如却以大局为重，处处表示谦退，"先国家之急而后私仇"，表现了崇高的精神境界和磊落胸怀。

梁启超说："太史公述相如事，字字飞跃纸上，吾重赞之，其蛇足也。顾吾读之而怦怦然刻于余心者，一言焉，则相如所谓'先国家之急而后私仇'也。呜呼，此其所以豪杰欤！此其所以圣贤欤！彼亡国之时代，曷尝无人才？其奈皆先私仇而后国家之急也。往车屡折，来轸方遒，悲夫！"（《饮冰室合集·专集》）

司马迁通过一组生动的故事来表现蔺相如的高尚情操和大智大勇。完璧归赵、渑池之会集中表现他建立在爱国思想基础上的勇和智，将相和则是集中表现他识大体、顾大局的高尚境界。

秦昭王以十五城易赵国和氏璧，这一悬殊的不等价交换出于强秦之口，显然不是出于诚意。赵国若答应易璧，等于自甘屈服；如不答应，秦国就可以借口出兵侵赵。赵国君臣十分清楚秦国的这种政治阴谋。经过权衡之后，赵国决定通过外交斗争以求得解决，争取化被动为主动。但是谁可以为此出使呢？在这紧急关头，宦者令缪贤推荐了蔺相如。

秦国历来贪暴无信，人们称为"虎狼之国"，蔺相如的使命是十分艰巨的。但是，由于他事前有周密的考虑、充分的准备和明确的斗争目的，所以能够做到随机应变，处处争取主动。秦王在离宫中的章台接见了蔺相如，传璧以示美人及左右，没有举行隆重的接见礼，完全暴露其无意以城易璧的企图。蔺相如当机立断，他机智地取回和氏璧，并以身死玉碎威慑秦国君臣，迫使秦王不得不"辞谢固请，召有司案图"，装出一副真想以城易璧的样子。秦王这种无可奈何的表演，不管其真意如何，本身就宣告了秦王这一场外交斗争的失败。蔺相如提出秦王斋戒五日举行隆重的受璧典礼，秦王答应了。其间蔺相如派随从持璧归赵，秦王不得已礼送相如归国。这就是蔺相如完璧归赵的故事。

在"渑池斗智"中，秦昭王与赵惠王相会，秦昭王盛气凌人，想在外交上占上风，他奉承赵王说："寡人听说赵王爱好音乐，弹得一手好瑟，请弹上一曲欣赏。"赵王鼓瑟完毕，秦王御史当着赵王的面记载说："某年月日，秦王令赵王鼓瑟"。蔺相如见状，拿了一个瓦盆，以迅雷不及掩耳之势到秦王跟前说："赵王听说秦王你喜欢秦国音乐，秦国人善于敲击瓦盆，请秦王敲击瓦盆来助兴。"秦王变脸不许，蔺相如说："我们相距只有五步，我蔺相如要割断脖子颈血会溅到大王身上。"这话就是，你秦王不给面子，我就要和你拼命了。秦王很不情愿地敲了一下瓦盆。蔺相如也让赵国的御史写上："某年月日，秦王替赵王敲瓦盆。"这时秦王随身大臣一起高呼:"请赵国送十五座城给秦王为相会礼品!"蔺相如随声附和说:"请秦国把秦咸阳送给赵王为回礼!"这样你来我往,直到会盟结束,秦王也没有占得上风。

蔺相如以他的机智再次赢得了外交斗争的胜利。

廉颇与蔺相如相较,资格老,建功早,他有"攻城野战之功,以勇气闻于诸侯",位为国家的上卿。对于蔺相如由一个布衣之士一跃而为上卿,且位在自己之上,廉颇是不服的。他认为蔺相如"徒以口舌为劳",声言要当众折辱他。一个是勇将,一个是智士。蔺相如深知,"强秦之所以不敢加兵于赵者,徒以吾两人在也"(《廉颇蔺相如列传》)。而今二人相斗,如两虎相扑,"其势不俱生",这将危及国家的安危。于是,为顾全大局,蔺相如称病不朝,"不欲与廉颇争列"。道遇廉颇,"引车避匿"。相比之下,廉颇意气用事,争个人之名,真是太渺小了。但是,廉颇毕竟是一位忠心耿耿的社稷之臣,他的争胜,无非是争个人的面子。后来当他明白过来,悔愧交加,立即肉袒负荆谢相如。廉颇勇于改过的精神同样是出于"先国家之急而后私仇",这就是廉蔺交欢的思想基础。历代以来,"将相和"的故事深入人心,有口皆碑,正说明了这种先公后私的精神感人至深。

蔺相如在大庭广众之中廷叱秦王是大智大勇,蔺相如宁受屈辱退让廉颇仍然是一种大智大勇。司马迁对蔺相如的大智大勇做了高度的评价,说:知道怎样为正义而牺牲的人,一定是勇敢的。勇敢的人是不怕死的,但是知道在什么样情况下去死却是很难的。当蔺相如举起和氏璧对着庭柱的时候,以及在渑池会上呵斥秦王左右之时,至多不过一死罢了,但是一般的士人却往往胆怯而不敢发正义之气。蔺相如发扬正气,声威敌国,却谦逊地对廉颇作了退让,名誉比泰山还要高,还要重。他是一个智勇双全的人。

三、爱国主义的根基,大一统的历史观

司马迁的大一统历史观,是创作和建构《史记》一书的理论基础。《史记》全书由十二本纪、十表、八书、三十世家、七十列传构成,凡一百三十篇。太史公曰:"余述历黄帝以来至太初而讫,百三十篇。"(《太史公自序》)《史记》

全书一百三十篇述史内容，讲的就是中华民族大家庭，从黄帝开端立家建国到秦皇、汉武完成大一统，其间共三千年的历史发展，就是从统一到大一统的历程。也就是大一统历史观，其实质就是国家发展观，是司马迁载述中国古史三千年所升华出的以国家形态为标志的社会发展理论，是司马迁一家言的重要组成部分。大一统历史观是爱国主义的根基。前文两节所评说的家国情怀，其实也是大一统历史观的内容，家国情怀，引导国家建构与发展，从黄帝统一诸侯到秦汉统一列国就是社会大家庭国家从统一到大一统的发展阶段，历经三个时期：五帝承传，夏商周三代承传，秦汉大一统承传。分说于次。

（一）五帝承传

《史记》开篇，写五帝承传。黄帝兴家建国，前已述及。这里再补充四圣遵序，完成国家建制的历程。

四圣，指五帝中黄帝之后相承的四帝：颛顼、帝喾、唐尧、虞舜。他们承传黄帝之业，不断进取，到虞舜手里，家庭伦理有则，国家建制完成。

1. 颛顼、帝喾的活动范围

颛顼，黄帝之孙，继承黄帝，其活动范围，北到幽陵，南到交趾，西到流沙，东到蟠木。颛顼死后，他的族子、黄帝曾孙帝辛继立，是为帝喾。帝喾普施利物，知民之急，执中而遍天下，日月所照，风雨所至，莫不从服。

2. 帝尧的活动范围

帝尧名放勋，帝喾之次子。帝尧继帝喾为帝，号陶唐，定都平阳。帝尧任命四贤：羲仲，居守东方旸谷；羲叔，居守南方南交；和仲，居守西方昧谷；和叔，居守北方幽都，助尧管理四方民众，按时播种耕作。惩治四凶：流放共工到幽陵，改变北狄习俗；流放讙兜到崇山，改变南蛮习俗；迁徙三苗到三危山，改变西戎习俗；流放鲧到羽山，改变东夷习俗。帝尧任用四贤，放逐四凶，天下民众对尧心悦诚服。帝尧年老，让四岳推荐贤人，把帝位让给虞舜。

3. 帝舜的活动范围

帝舜，史称虞舜，名重华，冀州人，曾在历山耕种，在雷泽捕鱼，在黄河边制作陶器，在寿丘制作器物。知民疾苦，所到之处，风气淳朴。舜以大孝名闻天下，三十岁时被四岳举荐为尧的继承人，经过二十八年的代理行政考验，正式接班。帝舜巡行四方，东边到达泰山，南边到达衡山，西边到达华山，北边到达恒山。帝舜在位的第三十九年，到南方巡视，死在苍梧之野，葬在零陵九嶷山。帝舜和黄帝一样，死在工作岗位上。帝舜任用二十二个贤人治国，国家机构完善，各个部门都建立起来了，司马迁动情地评论说："天下明德皆自虞帝始。"意思是：黄帝草创国家，到虞舜手里，国家机构完善了，国法家规都有了章法，虞舜治家治国都做出了表率。

（二）夏商周三代承传，天子与诸侯共治天下

夏商周三代，天命转移，开国之王虽以力取，而力只是辅助因素，祖上积德累善，以德服人才是主要因素。民为邦本，本固邦宁。得人心者得天命，失人心者失天下。国家疆土日益扩大，民众繁衍日益增多。封土建藩，一国之王与分封诸侯共治天下，西周的封土建藩制度完善，达到鼎盛。

1. 夏王朝的承传

大禹治水得天下。大禹，又称夏禹，名叫文命，是黄帝第四代孙子，鲧的儿子。帝尧命鲧治水，鲧用堵塞办法治水，九年后更是洪水滔滔，尧流放鲧到羽山，让禹接着治水。禹用疏导办法治水，十三年中三过家门而不入，全年奔跑在山林川泽。禹整治全国土地，划分九州，丈量田地，分出九个等级，缴纳租赋，可以说是整治了全国水土川泽，立下万世大功。全国九州为：冀、兖、青、徐、扬、荆、豫、梁、雍。

治水、修路，是历代王朝的国家工程，直到当代仍然如此。天旱、水灾、山崩、地震是不时发生的自然大灾害。治水防涝抗旱，减缓自然灾害。修路便民商旅，加固国防。尧命禹治水，就是国家工程。大禹治水，划定九州，制定贡赋，是中国历史上第一次的国土整治与户籍建立，功绩卓著，赢得民心。舜禅让于禹。禹登帝位，第十年东巡到达会稽山，大会诸侯，葬于会稽山。禹是又一个死在工作岗位上的古代帝王。

禹死，禅位伯益，但天下之民不朝拜伯益，而朝拜禹之子启，于是启继位，开启了家天下传子的王朝，这就是夏朝。夏朝从大禹到夏桀国亡，王位承

传，父死子继，或兄终弟及，共传十四代十七王，历经四百七十一年，当公元前21世纪至前17世纪之间。

2. 商王朝的承传

商汤之德，惠及鸟兽，灭夏桀而有天下。商的始祖叫契，舜封契于商，汤有天下故称商，后裔盘庚迁殷，所以商朝又称殷，合称为殷商。

契十四代传至汤，汤始居亳，即商邑，在今陕西商县。汤建立商朝，迁于南亳，在今河南商丘市。汤到野外捕鸟，网开三面，祷告说：左、右、前，三面都可逃命，只有不怕死的进入后面。后世成语"网开一面"，反用其意。当时诸侯称赞说："汤德至矣，及禽兽。"

夏桀推行暴政，汤兴兵讨伐，在有娀氏故都（在今山西永济东）打败夏桀，桀逃至鸣条（在今山西运城安邑镇北），汤又在鸣条打败夏桀，夏桀死在鸣条。汤又打败三鬷（在今山东定陶），于是践天子位，平定海内，建立商朝。

商朝由汤至殷纣王历十七世三十一王，据《殷历》记载为四百五十八年，《竹书纪年》记载为四百七十一年，《三统历》记载为六百年，当公元前17世纪到前11世纪之间。

3. 周王朝的承传

（1）周之始祖后稷。后稷，名弃，帝喾之子，母曰姜原，出外见巨人迹，心里高兴，践巨人迹而生弃，以为不祥，弃之于小巷，牛马路过，都避开婴孩不践踏；又弃之于山林，被山林中人拾到路上；又弃之于水渠之上，一群飞鸟落下用羽翼覆盖婴孩取暖。婴孩多次遇险不死，姜原以为有神灵保护，抱回养大，取名为弃。弃成人后，喜欢种庄稼，帝尧任命为农师，天下之人得其利。帝舜封弃于邰，号后稷，别姓姬，是为周之先祖。

（2）周武王灭殷建周。后稷十五代传至西伯姬昌。姬昌之子周武王灭殷建周后，尊其父姬昌为周文王。文王仁爱、敬老、慈少、礼下贤者，天下归心，建都丰邑，在今陕西户县东。文王死后，其子姬发继立，是为武王。武王以太公望为师，以其弟周公旦为辅，召公、毕公之徒为左、右臂膀。武王继位的第九年在孟津大会诸侯，进行一场伐纣的军演，两年后，即武王十一年（前1046）正式兴师伐纣。二月五日黎明时，武王在殷都朝歌（今河南安阳市）近郊牧野誓师，有战车三百五十乘，士兵二万六千多人，敢死勇士三千人，纣王动员十七万军人抵抗。纣王之师阵前倒戈，纣王兵败，自焚而死。武王一战灭纣，建立周朝，定都镐京。其后成王在河洛伊三川汇合处营建洛邑，即今河南洛阳市为陪都。武王把战马放在南山的南面，把耕牛放在桃林之地，放弃干戈，解散军队，昭示天下太平，不再有战争。

（3）周公辅成王，治礼作乐。武王灭殷后两年，即周武王十三年病逝，太子姬诵即位，是为成王。成王年少，周公辅政。管叔、蔡叔不服，联合武庚叛周，淮夷、徐戎也在东方起兵呼应。原来周武王灭殷后，把殷都畿分为邶、墉、卫三国。邶为纣王之子武庚封国，墉为管叔姬鲜封国，卫为蔡叔姬度封国。邶、墉、卫三国，史称三监，管理殷遗民。三监中，墉、卫二国又是监视邶国，即管、蔡监视武庚。管叔，文王第三子；蔡叔，文王第五子；周公姬旦是文王第四子。因此管叔是周公之兄，他不服其弟周公辅政，竟然策动蔡叔、武庚一起叛周。于是，周公东征，三年才平定了叛乱。周公诛武庚、杀管叔，而流放蔡叔。周公分殷遗民为二：其一，封微子启（殷纣王庶兄）于宋，以续殷祀；其二，封康叔姬封于卫，是为卫康叔。康叔是文王第九子。叛乱的殷遗民，集中安置在洛邑。周公旦驻重兵在洛邑管理殷遗民及东方诸侯，护卫镐京。

周公辅政，分封建藩，大封诸侯分治四方之民，又制礼作乐，进行制度及文化建设，是中国历史上第一个圣人。

周王朝承传，从周武王到周赧王东周之灭，历经三十一世，三十七王。周朝分为两段：西周、东周。西周承传十一世，十二王；东周承传二十世，二十五王。西周为武王灭殷至周幽王，凡二百五十六年；东周为周平王至周赧王，凡五百二十二年。合计周王朝历年七百七十八年，当公元前1046年到前256年。

上述夏商周三代承传，历经近两千年，三个朝代，天命转移更替两次，史称汤、武革命，即"革膺天命，更授明命"。夏朝得天下以德，商、周两朝既以积德累善而有天下，更伴随暴力取天下。愈往后的朝代，暴力成分加重，战争愈益扩大，国家疆域增大，建制也日益复杂。西周文武两代经营得天下，历经道路更曲折，孟津军演，牧野战斗才灭了殷朝。建国后还历经叛乱、平叛，再分封建藩，周天子与众诸侯共治天下，史称西周成康之治，刑措不用。《诗经·小雅·北山》称颂曰："普天之下，莫非王土；率土之滨，莫非王臣。"天无二日、人无二王的观念，牢固树立。

（三）秦汉大一统承传，皇帝集权

秦汉大一统是千年历史大变局。秦始皇统一六国，建立中央集权，皇帝至尊，奠定了大一统的基础，被称为千古一帝秦始皇。汉武帝巩固了中央集权制度，内政用推恩制和平化解了分封残余诸侯王，推行刺史六条问责制加强了对地方的控制，独尊儒术确立了先进文化的主流地位；对外打败匈奴，开拓河西走廊，凿空西域，奠定了中国今日之疆域，由是中华民族被称为汉人。汉武帝雄才大略，与千古一帝秦始皇并称，于是中国历史有秦皇汉武，是大一统的象征。

1. 秦并六国与秦始皇巡游

秦朝的兴起，从秦襄公护送周平王东迁，始受封为诸侯到秦统一六国，历经近六百年的发展，公元前771年到前221年。秦王朝的兴起，整个历史过程就是一部血腥的征服史，史称"秦取天下多暴"。秦孝公时商鞅变法，用军事编制整顿户籍，其实质就是实施全民皆兵的政治。大战役全国总动员。长平之战，秦民年十五都被征伐上战场。秦用爵位奖赏军功，晋爵与升官，凭杀敌斩首的数量论功。秦军一上战场，热血沸腾，刀尖所指，取人首级。《史记》记载，秦军征战六国杀俘一百六十七万人，单白起一人就杀俘九十万人，史称秦为虎狼之国。虽然"秦取天下多暴"，但统一六国，结束战乱，符合历史走向，符合人民的心愿，最终强大的秦国取得了胜利。《史记》用了两个本纪，即以《秦本纪》《秦始皇本纪》记述秦王朝的历史。

公元前221年，秦王嬴政统一六国，建立中央集权政治，废除分封制，中央最高统治者称为皇帝，废除西周谥法制度，皇帝死后不立谥号，每一任皇帝继承以序号数字计算，嬴政自称"始皇帝"，故史称"秦始皇"。以后皇帝按继承序号称二世皇帝、三世皇帝，传之万世，以至无穷。中央机构，皇帝之下设立三公九卿制度。丞相管理行政，太尉掌兵事，御史大夫为副丞相，司监察，称为三公。下设九个部门，长官称为卿，共九卿，为：奉常、郎中令、卫尉、太仆、廷尉、典客、宗正、治粟内史（汉改为大司农）、少府。地方分为郡县两级。全国划为三十六郡，后拓地达四十四郡。这是秦王朝建立的大一统政治的新型国家。

秦始皇在全国范围修驰道，供皇帝巡行便利。秦始皇在统一全国的第二年起，十年之间持续不断巡视全国，也就是从公元前 220 年到前 210 年。皇帝巡行是巩固政权的重大举措。秦始皇一路刻石颂功，宣示威德和政治措施，刻石文字，就是发布中央政令的一种形式。秦始皇二十七年，巡视西北地区，陇西、北地；二十八年，巡视东方以及东南、南方等地区，东上邹峄山、泰山、转彭城、经泗水、渡淮水、衡山、南郡、长江、湘山祠；二十九年，东巡至阳武、之罘（今山东烟台）、琅邪（今山东高密、诸城），转上党而归；三十一年，微服咸阳；三十二年巡视到碣石、北边、上郡；三十七年，南巡云梦、九嶷山、之罘、海西，返程至平原津而病，死于沙丘宫。

秦始皇巡行，深入社会广泛观察，为其各项改革、颁布新政提供决策依据。《秦始皇本纪》记载秦始皇先后立石、刻石九块，收载了七块刻石的内容，保存了秦王朝中央文件第一手的原始资料，有极高的文献价值，从中可以梳理出秦始皇施政纲领和施政思想，以及具体措施。大要有六个方面：

其一，皇帝独尊。经廷议奏请，改"王"为"皇帝"，命为"制"，令为"诏"，自称曰"朕"。

其二，黔首自实田。保障社会底层黔首生活安定的生产资料。碑文明确规定："黔首自实田"，"惠被诸产，久并来田，莫不安所"。

其三，全国归一统。碑文曰："存定四极"，"平定海内"，"六合之中，被泽无疆"。实施办法有四：一是废分封，行郡县；二是统一名物制度，即统一文字，统一度量衡，统一钱币，车同轨，书同文；三是淳化风俗，加强道德伦理教化；四是销毁兵器，停止战争。

其四，发展经济。碑文曰："治道运行，诸产得宜"；"上农除末，黔首是富"；"节事以时，诸产繁殖"；"男乐其畴，女修其业"。

其五，实施法治。碑文曰："秦圣临国，始定刑名"，"普施明法，经纬天下，永为仪则"，"欢欣奉教，尽知法式"，"初平法式，审别职任，以立恒常"。

其六，政治思想，以儒为主，兼容百家。秦始皇二十八年东巡齐鲁儒文化地区，"与鲁诸儒生议"。碑文曰："圣智仁义，显白道理"，"光施文惠，明以义理"，"皇帝明德，经理宇内"等。秦始皇并不排斥儒学及诸子百家，具体表现在吕不韦编《吕氏春秋》，就是融会百家思想于一炉的论著。到了秦始皇三十四年，廷议分封，引发政争，李斯主张焚书坑儒，秦朝政治走上极端暴虐的歧路，导致秦朝二世而亡。

秦并六国，建立中央集权制度，推行郡县制，李斯辅佐秦始皇，立有大功。秦朝二世而亡，李斯助纣为虐，大罪有三。主张焚书坑儒，实施法家暴政，其罪一；与赵高合谋，篡改始皇遗诏，杀太子立二世，其罪二；阿谀二世，行督责，逼反民众，其罪三。李斯受五刑而死，被灭族，咎由自取。

2. 西汉建立与汉武帝巡游

秦王朝建立的大一统皇帝制度，二世而灭，人们产生了惶惑，国家建制如何走向，继秦之后，重新提上议事日程。项羽分封十八王，自称霸王，效仿春秋五霸政治。春秋五霸上有共主周王室。五霸打着尊王攘夷旗号，尚能维持列国短暂的和平。项羽分封，灭了义帝，没有共主，项羽宰天下不平，诸侯各就国，立即进入"新战国"时代。楚汉相争，汉王刘邦坚持大一统皇帝制度，以弱抗强，战胜了项羽，西汉建立，沿袭秦朝国家制度，去除秦朝苛法，实施黄老无为政治，与民休息。经过高、惠、文、景四代皇帝约七十年的发展，国富兵强。汉武帝继位，雄才大略，外伐四夷，开疆拓土，内兴功作，封禅制历，把西汉推向极盛，巩固了秦王朝建立的大一统皇帝集权制度，使千年历史大变局的政治转轨得以确立，由是汉武与始皇并称。汉武帝伐匈奴，奠定了中国今日之疆域，意义重大。

汉武帝巡幸，据《汉书·武帝纪》记载，汉武极为频繁地巡幸四方。离京师近距离的巡幸，西幸雍、祠五畤，东幸河东祠后土。汉武帝远离京师的巡幸，主要在他任皇帝的下半程。汉武帝在位五十四年，前半程二十七年忙于征匈奴，只作近距离的巡幸。后半程二十七年，即从元鼎四年到后元元年，公元前113年到前88年，其间二十六年，汉武帝远离京师巡幸四方达二十二次之多，差不多年年都在巡幸。此时漠南已无匈奴王庭，全国安定，汉武帝大规模巡幸四方，时间长的达半年之久。汉武帝巡幸重点有三：一是巡幸北方，总计十次，两次北出长城，威震匈奴；二是封禅泰山十次，向上天祈福，称成功；三是东临大海八次，冀遇仙人，求长生不老。帝王巡幸向臣民昭示天子威严风采，沿途采风民情习俗，发布政教仁惠，宣示国家主权，是凝聚民心的纽带。司马迁从黄帝草创国家以来，极为重视帝王的巡幸记载，这是大一统的象征。从黄帝的四至到秦皇汉武的四至，这个变化就是从统一到大一统的发展，象征国家的发展，社会的进步。《五帝本纪》对五帝承传帝王巡察四方，关爱民生，反复描写，其实是昭示了社会在不断地变革、进化发展中，三千年历史，就是通古今之变，稽成败兴废之纪，找到国家发展的规律，凝聚民心的制度与方略，避免改朝换代。社会走向大一统是必然的规律。

帝王巡幸，动静太大，劳民伤财，也有负面影响。汉文帝谦让，不巡幸，不封禅，得到司马迁的高度评价。这并不是司马迁反对巡幸，反对封禅，而是有多大能力办多大的事，条件不成熟，不冒进，这才是本旨。文景时代不伐匈奴，是因为没有胜算。文景二帝积极备战，大规模养马，储粮于边，为汉武帝伐匈奴创造了条件。

综上所述，十二本纪所载三千年的王朝更替，核心是讲国家的建构与发展，从黄帝统一到秦皇、汉武的大一统，家国一体的观念，家国情怀的信仰，深深地注入每一个中华民族后世子孙的血液里。

四、四海一家，各民族皆黄帝子孙

自古以来，中国就是一个由多民族组成的国家。周初分封时就有许多内附的"夷狄"之国。例如吴太伯之句吴、楚子荆蛮都不是华夏民族。周襄王后是翟人之女，三家分晋的赵襄子之母也是翟人之女。中华民族发展的历史，是汉族和各个少数民族共同创造的历史。在多民族组成的国家中，如何对待少数民族，也是国家观中的一个重要组成部分。儒家的正统思想一再宣扬"夷夏之辨"，以中原华夏民族为冠带之国，贬称周边各少数民族为夷狄之邦，用以区分种族贵贱。因此，我国周边民族被贬称为东夷、西戎、南蛮、北狄，视为荒服之地。司马迁的民族观，四海一家，各民族皆黄帝子孙，颠覆了狭隘的"夷夏之辨"民族观，独步史坛。在大一统历史观的思维下，司马迁的民族观可称之为民族一统思想，基本内容可概括为四个方面：民族等列思想；中国境内各民族皆黄帝子孙；承认周边各民族有同等的"革命"权利；民族治理，故俗治，毋赋税。

（一）民族等列思想

所谓民族等列思想，指司马迁的进步思想在于打破"种别域殊"的内外之别，把民族区域纳入统一的封建帝国版图之内来叙述，视各民族皆为天子臣民，并从直观中觉察了各个民族实体的客观存在，而必须记叙他们的历史。

各个民族实体有着各自独特的标识而互相区别开来。现代民族实体的科学定义是斯大林概括的。他说："民族是人们在历史上形成的一个有共同语言、共同地域、共同经济生活以及表现在共同文化上的共同心理素质的稳定的共同体。"（《斯大林选集》）共同的语言、地域、经济生活、文化习俗四大要素是区别各个民族的标志。当然，我们不能以斯大林的这个定义去衡量我国古代史学家，这样做是一种不切实际的苛求。司马迁也没有从理论上来阐述区别各民族的四大要素。但是司马迁实录历史，他从直观中觉察了各个不同民族之间的区别，分别立了五个民族史传，这不能不说是司马迁民族实体思想的反映。这表明司马迁已经注意到各民族有共同的地域、共同的经济生活以及共同的文化习俗。这些民族不断地走向进步，走向与中原华夏民族建立的王朝日益加强联系和一统的道路。所以司马迁在《太史公自序》中点题说："佗能集杨越以保南藩"，作《南越列传》；瓯人"葆守封禺为臣"，作《东越列传》；夜郎、邛笮之君"请为内臣受吏"，作《西南夷列传》。

（二）中国境内各民族皆黄帝子孙

四海一家，中国境内各民族皆黄帝子孙，这是司马迁从传说和历史中提炼出的民族一统理论，也是构建家国情怀的一种信仰。《史记》在多篇传记中阐明这一思想。

> 句吴与中国之虞为兄弟——"太史公曰：余读《春秋》古文，乃知中国之虞与荆蛮句吴兄弟也。"（《吴太伯世家》）
> 楚之先祖出自帝颛顼——"楚之先祖出自帝颛顼高阳。高阳者，黄帝之孙，昌意之子也。"（《楚世家》）
> 越王句践禹之苗裔——"越王句践，其先禹之苗裔，而夏后帝少康之庶子也。"（《越王句践世家》）
> 东越王句践之后——"闽越王无诸及越东海王摇者，其先皆越王句践之后也，姓驺氏。"（《东越列传》）
> 匈奴夏后氏之苗裔——"匈奴，其先祖夏后氏之苗裔也，曰淳维。唐虞以上有山戎、猃、狁、荤粥，居于北蛮，随畜牧而转移。"（《匈奴列传》）

司马迁的这些叙述是有意识地采自传说，用以表述他的民族一统思想的历史依据和理论。《史记》叙三代天子及列国世家，皆归本于黄帝子孙，这显然是宣扬大一统和民族一统观念。从唯物史观来看，司马迁的这种理论是不科学的。我们也绝不会像三国时的谯周那样，以书呆子气去一一考实。要知道，司马迁撰史以"成一家之言"，他寓论断于序事之中。他的民族一统思想也是在叙事中带出。如果不了解这一史例，我们就会苛责前人，也无法理解司马迁的思想。

（三）承认周边各民族有同等的"革命"权利

这里所谓"革命"，是指革故鼎新，变革天命，就是推翻失去天命的暴君，拥戴获得天命的仁德之君主登基，改朝换代。武王伐纣、陈涉首难，司马迁都称之为"革命"。秦亡后，楚汉相争，项羽暴虐，汉王仁德，结果楚灭汉兴。南方越族参加了秦汉之际人民反暴政的斗争，司马迁作了肯定的记载。《东越列传》记载东越反秦佐汉，参与中原的政治斗争，司马迁特别加以记载。表现了他承认周边各民族有同等的"革命"权利的思想，这是值得肯定的。

（四）民族治理：故俗治，毋赋税

司马迁所处时代是汉武帝大有作为的西汉盛世，也是中华民族走向融合统一的盛世，由两个条件促成。其一，各民族人民之间的经济、文化交流走向民族一统。其二，汉武帝向周边民族地区推广郡县制度，造就了促进民族一统的政治形势。司马迁躬逢其时，参与其事，元鼎六年（前111），司马迁奉使西南夷设郡置吏，对民族历史积累了实地的考察经验。因此，司马迁民族一统思想的形成有着当时的历史背景，绝不是偶然的音韵天成。汉武帝施行的民族治理，"故俗治，毋赋税"，就是司马迁在西南夷地区首先施行的。《平准书》记载说：

> 汉连兵三岁，诛羌，灭南越，番禺以西至蜀南者置初郡十七，且以其故俗治，毋赋税。

"且以其故俗治，毋赋税"，这一治理方针，当是司马迁在西南夷设郡置吏时提出来的。即使放在当代也是十分先进的民族思想。"故俗治"，就是高度自治，尊重民族习惯，民族风情。"毋赋税"，不收少数民族地区的赋税，实际是发展民族地区的经济，让民族地区富起来，民族兄弟过上好生活，感受到融入中原王朝大家庭的温暖。

"故俗治，毋赋税"，这一政策体现了对各民族人民习惯的尊重，还给内附各族人民带来了经济上的好处。汉武帝的主观意图是宣扬大汉威德，但客观上符合人民的愿望，大大促进了民族间的感情融合。汉武帝又对各民族的上层人物实行笼络政策，给他们封侯、做官。金日磾是匈奴人，后来成了汉武帝的辅佐大臣之一。京师长安置有胡越羌骑，这也是一种政治恩遇，即各民族组成的部队都有权利参与保卫京师，示四海臣民为一统。内迁的羌、胡、氐、匈奴等降民"皆衣食县官"，置典属国妥为安置。汉武帝的这一系列措施，巩固了汉家的大一统天下，也促进了民族一统的政治形势，这对于司马迁形成民族一统思想也是一个重要的历史条件。

综上所述，司马迁的大一统历史观，核心思想是家国一体，人人心中以家国情怀包容天下，一国就是一个家，四海皆兄弟，各民族日益走向融洽，走向大一统。所以，国家不允许分裂，国家是全社会的一个大家，一个家只能有一个家长，一个国家只能有一个王。前文指出，所谓天无二日，人无二王，在西周，即在司马迁之前已形成了这一观念。用现今的话来说，就是一个国家只能有一个中央政府，这是中华民族全体中国人的观念，自古皆然。因为，中华民族都是黄帝子孙，黄帝是全民族共有的人文始祖，这是根植于人心中的信仰。保家就要卫国，这些就是独特的中华文化。用一句话概括，大一统历史观维护一国就是一个家，这一规矩，司马迁在《史记》开篇写"黄帝纪"就立下了，已然成为中华民族的传统。在今天，十四亿中华儿女行进在复兴中华文化的当下，重温司马迁的大一统历史观，具有无比重大的现实意义。

第四堂

司马迁写历史事变——秦汉之际天下三嬗

　　谚云："时势造英雄。"法国哲学家爱尔维修曾经说过：每一个社会时代都需要有自己的伟大人物，如果没有这样的人物，它就要创造出这样的人物来。重大的历史事变，例如改朝换代，总是伴随着伟大人物的出世，他们就是新时代、新王朝的建造者，这就叫"英雄创时势"。秦汉之际确立历史的走向，是维护三代的分封制度，还是重建秦王朝的中央集权，在这一历史关头，产生了三个伟大的历史人物——陈胜、项羽、刘邦。如果没有司马迁，三个人物中，可能就要有两位被历史的长河吞没，留下的只有刘邦。司马迁以一种独特的历史视角写陈胜发难、项羽灭秦、刘邦诛暴，这是司马迁的睿智。三个历史伟人的不同功业与贡献，伟大的历史事变，得以供后人作参考、研究。本堂课就集中来评说这一课题，司马迁写历史事变——秦汉之际天下三嬗。

一、陈涉发难

　　发难，指高举义旗带领受苦难的大众向施暴者进行反抗。秦朝末年的陈胜是中国历史上第一位农民起义领袖，他发难首倡灭秦。陈胜，字涉，阳城（今河南登封东南）人，出身雇农，少怀壮志，常有鸿鹄之思。秦末赋役繁重，刑政苛暴。秦二世元年（前209）七月，陈胜与戍卒九百人，被官府强征戍渔阳（郡名，治所在今北京密云西南）。陈胜与好友吴广两人为屯长。当他们行驻在大泽乡（在今安徽宿县东南刘村集）时，赶上连天滂沱大雨，道路不通，误了行程。按照秦法，误了日期，应判处斩刑。因此，陈胜与吴广当机立断，揭竿而起。陈胜、吴广以"天下苦秦久矣"为号召，激发受苦大众的反暴精神，又以"王侯将相宁有种乎"，以及为国难而死的大义激发起义者的自信，敢于自己解放自己。这些足以表现陈胜的大勇，而后他又以篝火狐鸣"大楚兴，陈胜王"，鱼腹帛书"陈胜王"的宣传方式，为自己的起义行动造势，表现了陈胜的极大智慧。于是，起义军旬日之间，连克数县，队伍发展到数万人。陈胜在陈郡治所陈县（今河南淮阳）建立张楚政权，被推为王。陈王随即调兵遣将，四出攻秦。将军召平、葛婴向东南吴、楚进兵。武臣、周市北上攻略赵、魏。假王吴广率主力围攻秦军事重镇三川郡（郡名，治所在今洛阳）。将军周文与宋留分路直指秦都咸阳。周文正面攻函谷关，宋留南出宛（今河南南阳），取道武关入咸阳。周文军发展迅速，有车千辆，步卒数十万，叩关入秦，驻军在关中戏亭（在今陕西临潼东）待援，但被秦将章邯所败。章邯出关，再败吴广军，围攻陈县张楚政权。形势急转直下，陈王军败退至下城父（今安徽涡阳东南），被叛徒车夫庄贾杀害。

　　陈胜称王虽然仅六个月就以失败告终，但他发动的反秦起义如火如荼地蔓延开来，大江南北，黄河上下，几千人、几万人的起义军队伍，不可胜数。秦王朝此时已陷入四面楚歌之中。两年后，秦王朝在项羽、刘邦等多支起义军的攻击下灭亡。刘邦曾归附项梁，项梁起兵时，曾接受陈胜部将召平假传的陈王之命拜项梁为楚上柱国。项羽、刘邦就在陈胜发难后响应起义。后来项羽破秦军主力于河北巨鹿，刘邦于咸阳接受秦王子婴投降。陈涉发难，开辟起义道路，项羽、刘邦完成灭秦大业，而且他们是受陈王之命，竟其遗志，所以司马迁为陈涉立世家，与孔子世家为邻，并把刘、项的灭秦之功，归于陈胜发难。司马迁评论说："陈胜虽已死，其所置遣侯王将相竟亡秦，由涉首事也。"（《陈涉世家》）刘邦称帝后，按诸侯王的规格为陈涉置守冢三十家。司马迁也按诸侯王的体例在《史记》中立了"陈涉世家"，并把陈胜与项羽、刘邦并论，称赞他们是三大英雄。《秦楚之际月表》说："太史公读秦楚之际，曰：'初作难，发于陈涉；虐戾灭秦，自项氏；拨乱诛暴，平定海内，卒践帝祚，成于汉家。五年之间，号令三嬗，自生民以来，未始有受命若斯之亟也。'"司马迁在《太史公自序》中对陈胜首难作了更高的评价，把陈胜与三代圣王汤、武及圣人孔子并提。司马迁的评价究竟对不对呢？

　　在中国历史上，除司马迁外，没有第二个人对陈胜发难作如此高的评价。稍早于司马迁的思想家贾谊在《过秦论》中论秦之亡，归结为"仁义不施"，这当然是对的，但对于陈胜发难未作高度评价。贾谊称："陈涉，瓮牖绳枢之子，甿隶之人，而迁徙之徒也，才能不及中人。"唐代史学评论家刘知几在《史通·世家》中批评司马迁为陈涉作世家："陈胜起自群盗，称王六月而死，子孙不嗣，社稷靡闻，无世可传，无家可宅，而以世家为称，岂当然乎？"相对之下，司马迁为陈涉立世家，难能可贵。

如何评价伟大的历史人物，归根结底在两个方面。第一，功绩；第二，创造功绩的个人超凡出众的某种品质。孔子论人，认为最高品质有三：智、仁、勇。推翻暴秦，创造新世界，是盖世之功，陈胜、项羽、刘邦三人皆有份，所以三人并提是对的。陈胜、项羽两人皆有勇。项羽善战，经常以少胜众，灭秦主力，皆项羽之功，项羽之勇，不言而喻；陈胜之勇，表现在首难，这不仅是勇，而且是大勇，这是司马迁独具的慧眼。刘邦有智、有仁，智、仁皆能胜勇，所以刘邦最终取胜。

如何看待陈胜的大勇呢？陈胜首难，反抗暴虐专政的秦王朝，惊天地、泣鬼神。当时秦王朝是强国，积累了几百年兼并统一的战争经验，军事力量十分了得。秦始皇统一中国，建立了强大的中央集权政治，严刑酷法，摄人心魄。秦销毁了天下的兵器，焚毁了诗书典籍。陈胜与九百名戍卒，在秦王朝军官的监护下，手无寸铁，人心不协，似乎只能坐以待毙。在这种环境下，陈胜与吴广敢为天下倡，死中求活，发动起义，这一大无畏的精神，可以说是空前绝后。与陈胜同时，有多少英雄豪杰，或隐姓埋名于民间，或聚众为盗横行山林草泽间，但他们不曾首倡发难。如项梁、项羽叔侄，楚国名将之后，项羽更是曾经发出了取秦始皇而代之的豪言，但这两位英雄却埋名在吴中，观望待时。反秦英雄黥布，曾被征发修骊山陵，他广纳豪杰，反出关中，却为盗鄱阳湖上。汉初开国名将彭越，亦为盗巨野泽中。汉高祖刘邦窜伏芒砀山中。反秦义士张良隐于下邳，虽曾组织大力士谋刺秦始皇，但终也没有敢于首倡发难。几多英雄，几多豪杰，敢于反抗秦朝，却不敢公开发难，相形之下，陈胜之勇，反暴之炽，首屈一指。

谚语曰："舍得一身剐，敢把皇帝拉下马。"陈胜以视死如归的精神，藐视王侯将相贵种，为解救苍生而首发其难，这就是"死国可乎"。司马迁有言："人固有一死，或重于泰山，或轻于鸿毛。"一连串的"死"字从陈胜口中吐出，苍凉慷慨，昂扬振奋。陈胜不是白白去送死，恰恰相反，他要从"死"中求活，即使一死，也要悲壮，也要为国。所以司马迁在《太史公自序》中评价陈胜的"死国"精神，与汤、武和孔子并列。《太史公自序》："桀、纣失其道而汤、武作，周失其道而《春秋》作。秦失其政，而陈涉发迹，诸侯作难，风起云蒸，卒亡秦族。天下之端，自涉发难，作《陈涉世家》第十八。"这段话有三层意义。第一，失道、失政的昏暴之主，如夏桀王、殷纣王、秦二世等，应该推翻，人民有革命的权利。第二，倡导革命的发难者，商汤王、周武王、陈胜，他们建立了大功勋，如同圣人孔子写《春秋》，应当名垂万世，人民不应当忘记。第三，说明为陈胜立"世家"的理由。司马迁对首难的发起者给予高度的评价，具有不同凡响的先进的历史观。

二、项羽灭秦

项羽（前232—前202），名籍，字羽，秦下相县（今江苏宿迁西南）人。项羽是秦汉之际时势造就的一位失败的英雄，用文学语言叫作"悲剧英雄"。西汉史学家司马迁在《史记》中特为项羽立本纪，精心撰写了一篇伟大的传记《项羽本纪》，被梁启超誉为《史记》十大名篇之一。司马迁集中笔墨刻画项羽的英雄形象，而于叙事之中揭示他失败的原因，真实地再现了项羽这一历史人物和秦汉之际的历史时势，具有很高的历史和文学参考价值。秦灭汉兴，刘邦攻下秦都咸阳，而灭亡暴秦的真正英雄是项羽，这是《项羽本纪》的历史价值。司马迁聚精会神，用笔于巨鹿之战、鸿门宴、垓下突围自刎于乌江三件大事，生动地塑造了一个叱咤风云的悲剧英雄形象，这是《项羽本纪》的文学价值。

本题对项羽不做全面的论评，只着重讨论一个问题。秦末是刘邦攻下咸阳，为什么说是项羽灭秦？

公元前209年七月，陈胜、吴广揭竿而起，向暴秦发难，天下云集响应。九月，项梁和项羽也在吴中起事，杀了会稽太守殷通。项梁自为会稽郡守和将军，任用项羽为裨将（副将），分派"吴中豪杰"为军吏，分头攻下会稽各县，整编队伍，有精兵八千人。

是年十二月，陈胜王兵败战死。广陵人召平领兵在广陵（今江苏扬州东北）作战，打着陈胜王的名义，拜项梁为楚国的上柱国（官名），催促项梁引兵北上，西击秦军。项梁安定了江东，也借机名正言顺率军渡江北上，项羽为先锋。这时大江南北，黄河内外，到处是起义军。因此北上的项梁军，沿途没有遇上秦军的抵抗，过程中又吸收了多支归附的起义队伍。项梁进军到彭城，打败了不听陈王号令的秦嘉，队伍发展到十余万人。项梁听从居鄛人范增的建议，立战国时楚怀王之孙熊心为楚王，仍称为楚怀王。此时，沛公刘邦也率军来归附。项梁十分赏识刘邦，他命项羽与刘邦结拜为兄弟，两人并肩作战，突进中原。项梁自号武信君，率领楚军主力在山东境内与秦将章邯作战。公元前208年八月进兵东阿，大败章邯军，项梁于是骄傲轻敌，九月在定陶反被章邯打败，项梁战死。章邯转战河北，围攻赵国。秦朝防御北方匈奴的边防军也南下与章邯会师，大有一举攻破赵国、歼灭各支起义军的架势。河南各支起义军北上救赵，也集中兵力在河北。秦军主力与诸侯起义军会战河北，秦军势力强大，起义军形势危急。在这转折关头，楚怀王熊心收缩兵力，召回项羽、刘邦，从盱眙进军彭城，重新部署反秦战略。楚军分兵两路，一路以主力北上，宋义为将军，项羽为裨将，范增为末将，黥布、蒲将军皆受宋义节制。另一路沛公刘邦率领本部由河南西进，从武关迂回攻击秦都咸阳。楚怀王与诸将约：谁先入关，谁做关中王。很明显，楚怀王让刘邦西进做关中王，并借项梁之死削弱项羽势力，把西路军主将项羽降为北路军副将，而刘邦从西路军副将升为了主将，地位在项羽之上。项羽当然不服，从此与楚怀王有了矛盾。

公元前207年十月，宋义率领楚军北上，此人胆小，畏惧秦军，不敢渡河，把军队屯驻在安阳，滞留四十六日不进。当时天寒雨大，士卒冻饥。项羽主张立即进军河北，既解赵国之围，又求食于河北，宋义不听，项羽诛杀了宋义，夺了兵权。项羽有了军权，声威大震。他大义凛然地向全军宣称：宋义与齐国密谋造反，不北上救赵，我奉楚怀王的手令诛杀了他。现在立即渡河救赵，到那里去吃饱饭。全军欢呼，众将军说："项家将军原本就是我们的首领，楚怀王也是项家将军拥立的。现在项家将军杀了叛将，完全应该。"于是众将拥举项羽为主帅，大军立即前进救赵。

项羽挥师渡河，破釜沉舟，置之死地而后生，十几万楚军，同仇敌忾，要杀出一条求生的血路，只有打败秦军，才能死中求活。因此，楚军斗志高昂，无不以一当十，奋勇杀敌，喊杀声震天动地。项羽在渡河的当天就发起了九次攻击，九战九胜。项羽直接攻打的是攻城的秦长城军，集中全力击破秦长城军，独留下章邯不打。结果楚军大胜，精锐的秦朝长城军急剧瓦解。项羽俘虏了秦军主帅王离，杀死了秦军副将苏角，秦军另一副将涉间自杀。最后，只有章邯军实力尚存，他顽固地与项羽相持半年多。最后章邯见秦朝大势已去，独木难支，才率领残兵二十余万，向项羽投降。

巨鹿之战，项羽全歼秦军主力，有力地支援了刘邦向关中进军。公元前

207 年十月，刘邦早于项羽进入关中，秦王子婴向刘邦投降。刘邦封藏了府库，除秦苛法，与关中民约法三章，维护社会秩序，并展开政治宣传，大肆宣扬怀王之约，谁先入关，谁做秦王。于是"秦人大喜"，"唯恐沛公不为秦王"。刘邦拒绝项羽入关，派兵将函谷关把守起来。

刘邦攻下秦都咸阳，后来又建立了汉朝，按通常道理应是刘邦灭秦，西汉时人，无论皇室贵族、官僚士大夫和普通民众，都是这样认为的。但是司马迁不认为是刘邦灭秦，而把灭秦之功归于项羽，因为是项羽消灭了秦军主力。其次，秦将章邯灭陈胜王，灭项梁，扫荡了河南的起义军主力，又集中了秦朝的边防军，认为楚地不足忧，如果攻破赵国，瓦解各支入援赵国的诸侯军，毫无疑义要延缓秦朝的寿命。章邯不灭，回救关中，刘邦进不了武关，也就攻不下咸阳。国家的核心力量是掌控军队，项羽灭了秦军主力，在实质上推翻了秦王朝。司马迁鲜明地提出项羽灭秦的观点，也是其卓越的历史观的体现。司马迁作为汉朝臣子，他能肯定汉朝开国皇帝刘邦的对手，不仅要有大勇，而且还要有大智，因为"项羽灭秦"，是一个违反官方认识的敏感话题。司马迁运用互见法，巧妙而鲜明地表述了历史的真实。"项羽灭秦"的论述，既有明写，又有暗写。《陈杞世家》："伯翳之后，至周平王时封为秦，项羽灭之，有本纪言。"这是明写。《太史公自序》："秦失其道，豪桀并扰；项梁业之，子羽接之；杀庆救赵，诸侯立之。"这里所说"项梁业之，子羽接之"，指灭暴秦之业，项梁开其端，项羽接其力，灭秦的标志是项羽杀庆救赵，巨鹿之战，消灭秦军主力，诸侯拥立项羽为盟主。这是暗写项羽灭秦。《陈涉世家》记述了近二十支反秦义军，只字不提刘邦的沛公军。这是司马迁故作疏漏，目的就是不承认刘邦灭秦，而归功于项氏。《陈涉世家》说，陈王死后，"会项梁立怀王孙心为楚王"，又说："陈胜虽已死，其所置遣侯王将相竟亡秦，由涉首事也。"这也是暗写项羽灭秦。司马迁运用春秋笔法，指出灭秦大业是陈涉发难，项羽灭秦。这一论断不仅打破了传统思维，而且也是反潮流思维，不合时论。这是汉王朝的统治者所不能容忍的，所以司马迁用暗写。但是一味暗写又恐读者不明，所以又用互见法在《陈杞世家》中带出一句"项羽灭秦"的明写。司马迁表达"项羽灭秦"的观点真是煞费苦心。

三、刘邦诛暴

汉高祖刘邦（前247—前195），字季，秦泗水郡沛县丰邑中阳里（今属江苏丰县）人。西汉王朝的建立者，公元前202年至前195年在位。

青年时期的刘邦，出身农家而不喜欢种地务农，他好交朋友，讲义气，弄枪使棒，直到三十多岁才做了一个小小的泗水亭长。秦代实行郡县制，郡下设县，县下设乡，乡下的基层组织叫里，十里一亭。亭长维护治安，逐捕盗贼，管理交通，接待过往官差。泗水亭是沛县城东的一个县郊亭，离县城很近。因此刘邦与县吏萧何、曹参、夏侯婴等有交往，与县令也能拉上关系。这些社会活动，不仅增长了刘邦的见识，同时也得到了他在秦末乱世中起事的骨干力量。汉初的布衣将相说的就是刘邦及其一班人马。

刘邦作为亭长，曾押送徒役到咸阳服徭役，修骊山陵，看到过秦始皇出行的威仪，禁不住发出感叹："嗟乎！大丈夫当如此也。"这说明了刘邦不是一个安心于现况的人，在社会动乱中逐渐增长了其野心。公元前209年，因是亭长，刘邦押送沛县徒役到关中修始皇陵，还没有走出沛县，有许多徒役已经逃亡，刘邦估计到不了关中，徒役就会逃光，干脆释放了全部徒役，自己逃亡到芒砀山中以观时变。刘邦爱说大话，凡事敢作敢为，这一性格促使他在一定条件下具有反叛精神。

由于秦政暴虐，天下人民共苦患秦。当陈胜、吴广在大泽乡起义，如同一根火柴点燃了一堆干草，全国大起义风起云涌。这时刘邦已经拉起了几百人的队伍，回到沛县，在萧何、曹参、樊哙等人的支持下，攻下县城，杀了沛令，自己做了沛公（公，是楚人对令的尊称。刘邦做了沛公，也就是做了沛县县令）。他招募沛县子弟为兵，得两千余人，接着又攻下了丰邑，就让与他同日生的同村雍齿驻守丰邑。这时陈胜已在陈郡称王，国号张楚，刘邦也拉起了张楚的旗号，拥护陈胜王。

没过多久，陈胜被秦将章邯攻杀，雍齿也反了沛公投奔魏王。沛公正在困危之时，项梁、项羽率军从江东渡过长江，进入山东，成了抗击秦军的主力。沛公带兵去投奔项梁，与项羽拜了把兄弟，此后就一同并肩作战。沛公与项梁等人共同拥立了楚怀王。反秦斗争进入了一个新阶段。

秦二世二年（前208）八月，起义军再次遭到挫折，项梁战死，秦兵移师河北，河南防务空虚。楚怀王收缩兵力，分兵两路击秦。诸将认为刘邦是个宽大长者，让他带兵从河南西进入关破秦，让宋义带领主力北上救赵，牵制秦军主力。楚怀王忌惮项羽，强令他为副将，听从宋义节制。楚怀王又与诸将相约：谁先入关，谁就做关中王。

刘邦西进，一路招抚。他趁项羽在河北与秦军主力决战的时机，乘虚直入，从武关迂回进入咸阳，秦王子婴投降，秦王朝就这样灭亡了。刘邦几乎没有打什么大仗。陈胜发难，项羽破秦主力，可以说都为刘邦的成功开辟了道路。刘邦入关后与秦民约法三章，即杀人偿命，伤人及盗抵罪。秦朝的苛法全部废除，秦民十分高兴。刘邦派出使者四出告谕秦民说，楚怀王与诸侯约，先入关者当为关中王。这与项羽的暴虐形成了鲜明对比。

项羽入关，大封十八王，刘邦被封为汉中王。不久楚汉战争爆发，经过四年争战，汉胜楚败，刘邦即帝位，建立汉朝。在位期间，继承秦制，实行中央集权。先后消灭了韩信、彭越、黥布等异姓诸侯王，大封同姓诸侯王以为屏藩。迁东方六国贵族后裔及豪强以实关中京师，便于加强控制。推行重农抑商与黄老无为之政治，与民休息，参照秦律制定了《汉律》九章。这些措施有利于政权巩固和恢复遭受战乱的残破经济，并使汉朝保有几百年的基业。

项羽暴虐，刘邦诛杀项羽而得天下，司马迁称为"刘邦诛暴"。《太史公自序》："子羽暴虐，汉行功德；愤发蜀汉，还定三秦；诛籍业帝，天下惟宁，改制易俗。作《高祖本纪》第八。"项羽灭秦以暴易暴，刘邦的功绩就是诛灭项羽，平定暴乱，恢复了天下一统的秩序。秦汉之际的改朝换代，陈胜、项羽、刘邦，三人共建奇功。陈胜、项羽都成了悲剧英雄，刘邦是最后的胜利者，逐得秦鹿的最大赢家。

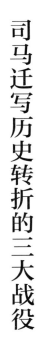

第五堂

司马迁写历史转折的三大战役

　　第五堂课，评说司马迁写历史转折的三大战役，上接第四堂《司马迁写历史事变》，都讲的是国家特大事件，这一堂讲军队与战争。一个国家的建立，国家的守成，国家的发展，离不开军队建设和战争的把控。战争是古今中外任何一个国家、民族都必须经历的特别重大事件，有国有家者不可不重视，不可不研究。只有准备好战争，敢于打仗，才能制止战争，才能不打仗，这就叫以战止战。害怕战争，战争必然找上门，躲避战争躲不掉，只能招来战争。因为战争，是政治的最高形式。特别是历史转折中的大战役是战争中的一种形式，它是发生在特定历史时期最激烈的政治斗争。国家是政治斗争的平台。从战争的视角，国家的建立与发展历史，就是一部战争史。黄帝草创国家，靠战争起家。国家的发展、壮大，依靠战争护航。《史记》所写十二本纪，三千年的王朝更替，无论是夏、商、周三代因积德累善而得天下，还是秦汉大一统以力取天下，均以战争为先导。尤其是历史的大变局，大战役必将伴随历史转折而发生，也可以说大战役催生历史转折。战国后期的长平之战、秦汉之际的楚汉相争、西汉盛世的汉匈大决战，是司马迁所写古代三千年历史长河中催生历史转折的三大战役，精彩淋漓。三大战役为何发生？司马迁怎样写三大战役？三大战役积淀的历史思考有何现实意义？这些问题发人深思，值得研讨。

　　今天，人类面临百年未有之大变局。和平机遇与战争风险并存，我们更要洞察历史上的历史转折中的大战役，了解其规律，加强战争准备，或许能避免战争。本堂课提出研讨，以供抛砖引玉。

一、战国后期的长平之战

　　战国后期发生在公元前 260 年的秦赵长平之战，是秦赵两国拼尽全力的大战役，秦胜赵败，赵卒被斩杀活埋达四十五万人，赵国元气大伤，从此衰败。自此，东方六国再没有一国有能力单独对抗秦国，秦并六国的形势不可逆转。从而，长平之战成了历史转折的大战役。表面看，这场大战役是秦赵两国大决战，其实质是战国时代合纵与连横两大战略的大决战，卷入战争的共有五国，韩与赵是盟国，楚、魏救赵，也就是秦国为一方，韩、赵、楚、魏为一方，是连横与合纵的对决，历程整八年，跨九年，长平之战只是决战的高峰。此役起于公元前264年白起攻韩，止于公元前257年秦兵解围邯郸，前后历时八年。秦兵退出战役在公元前256年初，所以说跨九年。

（一）长平之战的背景

长平之战是千年历史大变局历史转折的关键之战。千年大变局，就是秦汉大一统政治将取代夏商周三代以来的分封、建藩列国并立的旧制度。秦国统一六国，连横代表新生的大一统政治，赵国救韩，以合纵对抗连横，代表列国分治，是延续夏商周三代的分封建藩旧制。秦国自秦孝公任用商鞅变法以来，强势崛起，称雄天下，志在一统六国。苏秦为六国的生存谋长远提出合纵抗秦的策略，公元前334年说燕，拜六国相印；张仪为秦国谋统一提出连横瓦解合纵的策略，公元前328年相秦。[1]合纵与连横的博弈，到长平之战的公元前260年，已持续了半个多世纪，连横逐渐占上风。连横策略是军事、外交两手并用，用当下的语言就是胡萝卜加大棒。合纵策略必须有一个挑头的国家，连横的大棒就打这个出头鸟。公元前278年，秦白起攻破楚都郢都，迫使楚国东迁到陈，夺取了楚国大片地方。公元前274年，秦攻魏都大梁，斩杀魏兵四万；公元前273年，秦将白起打败赵魏联军，杀魏卒十三万，俘获赵兵二万，全部沉入黄河。楚魏遭受深重打击，已无单独抵抗秦国的实力。然后，秦国迫使被打击的国家与秦订立双边和约，退还一些侵占的土地，这就是胡萝卜。燕、齐

---

[1] 关于苏秦、张仪年代问题，历史学者钱穆、杨宽、徐中舒等均认为《史记》所载有误，苏秦活动年代晚于张仪，尤其马王堆汉墓帛书《战国纵横家书》发现后，该说影响广泛，几成定论。但一则此说虽被广泛接受，然仍非定论，疑点尚存；二则本文讨论司马迁写《史记》，故仍从《史记》之说。

两国，一个在北，一个在东，远离秦国，秦施连横手段，迫使两国中立。东方韩赵两国唇齿相依，又有深厚的世代情谊，韩厥救赵孤，两国王室世代联姻，加强情谊，韩国小弱又紧邻秦国，韩国能长期对抗秦国，靠的就是赵国为后盾。赵国自武灵王胡服骑射强大以后，在战国中后期是六国的中流砥柱，具有单独抗击秦国的实力。公元前 270 年秦将胡阳攻韩阏与，赵救韩，大败秦军。秦国经过六年的蓄力，在公元前 264 年派出白起攻韩，目的是腰斩韩国，夺取韩国黄河北的上党地区，打开进攻赵国的通道。秦军攻韩的前一年，公元前265 年，趁赵孝成王新立，秦军攻赵，夺取三城，警告赵国不要救韩。公元前264 年，秦将白起攻韩，夺取韩国陉邑（在今山西曲沃境）五城，杀韩卒五万，秦军在汾水旁筑汾城，建立大本营，决心长期攻韩。公元前 263 年，另一支秦军夺取了韩国的南阳（今河南济源）。公元前 262 年，秦军又取韩十城，攻下野王（今河南沁阳），切断了太行道。韩国与秦苦战三年，赵畏秦未出兵救韩。韩力不支，割上党郡十七城与秦臣服。上党郡守冯亭不降秦而投赵，其目的是引赵为援，韩赵共同抗秦。

赵王面对韩国上党郡守冯亭的归附，是接受还是不接受，赵王室贵戚有两派意见。平阳君赵豹，反对受地，秦攻韩三年，眼看口中食为赵所取，当然不答应，秦赵之间一定要发生大战役。赵豹说："无故贪利是大祸。"赵国相平原君认为："出动百万大军，经年累月攻不下一座城，如今一下能得十七座城，这是大利，机不可失。"赵王说："得十七座城，增强赵国力量，不惜与秦一战。"（《赵世家》）

赵王接受上党之地，是必然的形势，有三个原因：其一，从地理态势增强邯郸西部的防务，上党入秦，邯郸门户洞开。此所谓唇亡齿寒，赵不可不保。其二，秦兵东进，意在并吞各国，东方各国都清楚。坐等秦国各个击破，不如联合一拼，但谁也不想出头，遭秦进攻，只好无奈观望。如今秦兵到了家门口，韩国又入地，又助力，入地增赵形胜，于是不惜一战受韩地。其三，赵有与秦一战的实力，八年前的阏与之战，赵救韩，大败秦军。有以上三个理由，平原君主张接纳冯亭是正确的决策。但司马迁批评平原君"利令智昏"，是警告人们，不要无故受益，天上不会掉馅饼。赵王、平原君既受地于韩，却又没有下定决心与秦一拼到底的思想准备，心存侥幸，这是失败的一个重要原因。司马迁的批评也是正确的。

（二）长平之战的历程

公元前 262 年，赵王受地后，韩秦双方都积极地做大战的准备，都做了全国总动员。赵国动员在第一线的军队达四十五万，又在上党地区北沿修建百里石长城的防线。秦国动员更彻底，年十五岁的男子都动员。原来是二十三岁为戍卒，一下子降低八岁。秦国男子，扫境以赴前线，造成优势歼灭赵军，总兵力应多于赵军，第一线的兵力至少在五十万以上。秦国后勤，关中运粮，把灌农田的水调入渠道运军粮。决战时刻，秦昭王从首都咸阳赶到前线坐镇河内，鼓舞士气。对参战的家庭赐民爵一级。

公元前 261 年，战场沉寂一年多，双方展开了外交战与间谍战。赵国副相虞卿建言赵王，与秦国断交，专注与楚、魏、齐联合，尤其是争取齐国的援助，把赵王准备献给秦国的六座城邑献给齐国。赵王不听，派重臣入秦和谈，还要献地与秦王，秦王高调宣扬秦赵和谈，以最高的礼节迎接赵使，用以迷惑楚、魏、齐各国，让他们都不敢救援赵国，秦国达到了孤立赵国的目的。赵国外交战失败。秦国又施反间计，在公元前 260 年的决战高峰时，赵王临阵易将，用纸上谈兵的赵括取代廉颇，犯兵家大忌，赵王中了秦人的反间计，又失一着。

公元前 260 年四月，秦赵两军主力对峙长平（今山西高平西北）。秦军前线统帅王龁，赵军统帅廉颇，从四月到六月两军展开阵地战，秦强赵弱，赵军连折数阵，损失了几位尉官，丢了几个阵地。廉颇改变策略，避其锋芒，坚壁不出，秦军挑战，赵军岿然不动，秦军无可奈何。此时秦军反间计得逞，七月赵王任命赵括代廉颇，秦军白起秘密赶赴前线任统帅，对外仍称王龁为统帅，麻痹赵括。赵王换将，意味着改变廉颇坚壁挫敌的战略，而是攻坚退敌，也就是以短击长。秦军善于野战。蔺相如看到这一点，他上书赵王说："王以名使括，若胶柱而鼓瑟耳。括徒能读其父传，不知合变也。"（《廉颇蔺相如列传》）赵王不听。这时赵括母亲也出来上奏说，赵括从小读兵书，喜欢夸夸其谈，赵括的父亲就说："我这儿子只会纸上谈兵，根本不会打仗，他若为将，兵败国亡的祸事就要发生。"赵王仍然不听。

赵括至军，果然全线出击，中了白起诱敌深入之计，等到赵军进入秦军的口袋后，秦军事先埋伏的两万五千骑兵从两侧同时冲击，把赵军切断一分为二，团团包围赵军。从七月到九月，赵军断粮四十六日，战马吃光了，就把生病瘦弱的军人杀来吃。赵军山穷水尽，赵括分全军为四队轮番冲击秦军突围，赵括冲锋在前，不幸战死。赵军主将战死，军无斗志，全军投降。

秦将白起活埋了全部赵军，前后斩杀与活埋赵军四十五万。只选了二百四十个青年士兵回国报信，赵国全国震动。秦军五十余万也战死了二十余万，几近一半。双方总计死亡七十余万，在中国战争史上骇人听闻。由此可见，两国生死存亡决战之残酷。

公元前260年九月长平之战主力决战刚结束，白起立即兵分三路扩大战果。白起率主力夺取上党全境，司马梗率军北定太原，王齕攻韩皮牢（在今山西省河津县境）。经过十月、十一月、十二月三个月的激战，秦军全部拿下这些地区，相当于当今山西省全境，赵、韩丧失大片国土。白起正要合军进攻邯郸一举灭赵，突然被命令退军回国。原来长平战败，韩国震恐，连忙请出苏代带了重金到秦国游说范雎，避免白起灭赵，功大居范雎之右，以秦军困乏兵需休整为由，说秦昭王召回白起，换将攻赵。公元前259年九月，秦军主帅王陵大举攻赵围邯郸。赵经过九个月的休整，加固邯郸，秦军经过四个月苦战，兵败邯郸城下，丧师五校。秦昭王强令白起出征，白起认为此时赵不可破，称病不出，被罢为士伍。

秦将王陵无功，换将王齕，兵围邯郸三年不拔。公元前257年楚魏来救，三国之军大败秦军，秦将郑安平率部两万降赵。白起被赐死，范雎因所荐郑安平降赵受牵累，也失去了权势，不久被蔡泽所取代。秦国所侵地被赵韩重新夺回，还损失了良将白起和名相范雎。秦国是赢了还是输了呢？下文评说。

（三）如何评价长平之战

从战争进程来看，长平之战并不是秦赵两国事先谋划的一场大战，而是秦国统一战争必然要发生的一场大决战，是形势的发展使然。公元前264年秦攻韩陉城，拔五城，斩首五万，是秦韩两国的一场大战。公元前262年白起断韩太行道。公元前261年又攻野王，上党危急。韩上党太守冯亭对官民说："上党与韩国都城的联系已经断绝，韩国保不住上党了。秦兵天天进逼，韩国无力反击，我们不如投降赵国。赵国如果接纳了上党，秦国必然大怒，一定攻赵。赵国遭到攻击，一定亲近韩国，韩赵联合为一，那就可以抵挡秦国了。"（《赵世家》）赵国接受了上党，局势果然按照冯亭的预想发展，秦、韩之战演变成了韩赵联合抗秦的大战。秦国不惜倾全国之兵，连续三年攻韩，其战略目标是一定要拿下上党，上党入秦，不仅韩国遭到极大的削弱，而且赵国的门户洞开，邯郸就暴露在秦军的视野之下。赵国接纳上党，也是为邯郸的安全保有一道屏障。赵王与平原君，当然知道冯亭的打算，也明白接纳上党必然受祸。如果不愿坐以待毙，眼看被秦国各个击破，赵国必须冒险一战，这样既得上党，又得到韩国的同盟。赵国不接纳上党，可以免去长平之祸，得到眼前安宁，但秦国缓过劲来，下一个目标必然是攻打赵国。形势逼使韩赵联合，长平之战势不可免。秦攻韩之战，与秦围邯郸之战，都可视为长平之战的组成部分，前后八年，相当于中国的八年全面抗日。一场持续八年的大战，绝不是偶然的。在这一背景上评价长平之战，有如下几个意义：

其一，长平之战是秦国统一战争中划时代的一场大战役，它既是秦赵之间的一场主力决战，也是秦国与东方诸侯各国之间的一场主力大决战。东方诸侯韩、赵、魏、楚四国参战，秦国为一方，五国决战，历经八年。战役上，东方诸侯列国最终胜利，赶走了秦兵，韩国也收回了上党；战略上，秦国大胜，韩、赵被彻底削弱，赵国损失巨大，从此韩、赵两国一蹶不振。

其二，长平之战，赵国倾全力而失败，说明东方列国单独一国不能抗秦。邯郸之战的胜利，说明秦国不能战胜东方列国的合纵。这场大战生动地证明：合纵存，则东方列国存；合纵亡，东方列国亡。秦要统一，必须打破合纵，各个击破才可能统一。苏秦合纵，张仪连横在长平之战半个世纪之前，秦国力量还不十分强大，东方列国单个可以对阵秦国，所以合纵不坚，被秦国连横打破。长平之战形势明朗，秦国野心暴露无遗，单个国家又无力对抗秦国，因此长平之战后，东方列国没有形式上的合纵，而互相依存的实际合纵更加坚定。公元前247年和公元前232年，魏、楚、燕、韩、赵五国两次联合打败秦兵就是证明。齐国彻底守中立。秦始皇亲政后，采纳尉缭的建议，用重金，用间谍战破坏合纵，还假东方列国昏庸国君之手自毁长城，屠杀良将。因此秦始皇只用十年工夫就灭了六国，统一天下。长平之战为双方提供了经验，最终秦国取得了胜利。

其三，长平之战从秦伐韩起始，其后赵国卷入，再后楚、魏卷入，愈来愈失控，没完没了拖了八年，因此绝不是"利令智昏"四个字就可以了结的。赵国接收上党也只是一个导火索，秦、赵决战，秦与东方诸侯的大决战迟早要发生。公元前270年的阏与之战，也是赵救韩。秦欲吞上党，打开攻赵的门户，早就虎视眈眈。赵王救韩，保守门户，并上党，无疑是正确的。但"利令智昏"的批评，也有道理，赵国不纳上党，可以暂时免祸。从这一角度，不要贪无妄之财，也有警示意义。

其四，战争最终是国力、军力、财力、政治力的综合较量。当时三晋韩赵魏三国土地近一半已丧失给秦国，三国的地盘加起来也只有秦国的一半，三国力量的总和也只能与秦国打个平手。秦国动员十五岁以上男子出征，可以说扫境以战，才勉强赢得胜利。长平之战，如果齐国加盟，用粮食支援赵兵，秦军就要失败。赵国救韩，秦国使者四出，警告列国不要参战，而赵国是在长平战败后才紧急求救。赵国长平之战，来得突然，准备不足，不但军力失败，也是外交失败，落后了秦国一步，付出了沉重代价。

其五，秦国的野蛮战法，杀降，报复平民，也增加了统一进程的难度。东方之民，不愿为秦民。上党地区民众自救，秦国在长平之战后又经过了十年，直到公元前 247 年才彻底平定上党的反抗，再次从韩国手中夺回，就是生动的明证。公元前 227 年，秦始皇破赵邯郸，赵公子嘉在代地一弹丸之地抗秦，经过了五年，到公元前 222 年最终才灭亡，也是生动的明证。但秦军彻底消灭对方有生力量，在军事角逐上也有一定意义。

长平之战产生了许多故事，留下许多成语，如：利令智昏、纸上谈兵、窃符救赵、脱颖而出、一言九鼎等，为后世人们留下深深的启迪。

二、秦汉之际的楚汉相争

秦朝灭亡后，刘邦与项羽两人争夺天下，司马迁称其为平乱诛暴的统一战争，史称楚汉相争。楚强汉弱，项羽凭的是力，善于征战，刘邦凭的是智，用谋略取胜。

公元前 207 年十二月，刘邦与项羽在鸿门会盟，史称鸿门宴，表面上是刘项和解，实质是刘项矛盾公开化的一次外交调解，拉开了楚汉相争的序幕。由于楚强汉弱，刘邦要取胜项羽，必须用智，而刘邦手下恰恰有一大帮谋士，张良、陈平、郦食其、随何都是奇士。韩信不但善用兵，而且善用计，战略决策不在张良、陈平之下。项羽手下也有一个奇士范增，由于项羽"奋其私智"，"谓霸王之业，欲以力征经营天下"，所以有一范增而不能用。楚汉相争成了智与力的决斗，楚亡汉兴也成了历史上谋取天下的经典战例。双方谋略，是本题评说的主线；战争过程和结局只作略说。

（一）汉王刘邦的灭楚战略

汉王刘邦的灭楚大计，由两场军事会议，两次对话提出，分述于次。

1. 对策汉中，刘邦东出

汉元年（前206）五月，汉王在南郑的练兵场上筑坛举行了隆重的拜将礼。这是汉王进入汉中兴办的第一件大事。拜将大礼成了激励士气的一项盛典。汉王部属，日夜思归。汉王举行拜将大礼，表示整军讲武，是东出的前奏，全军有了盼头，人人欢欣鼓舞。萧何做了认真的准备。午时正刻，汉王登上祭坛，由萧何主司仪。先由汉王祭拜天地，再祭拜祖宗，接着举行拜将大礼。全军注视接印大将何许人也，出乎所有人的意料，原来接印大将竟是新来的治粟都尉韩信，全军皆惊。中国历史上一颗杰出的将星，就这样在汉王建筑的拜将坛上冉冉升起。开汉家四百年基业的军事家韩信，此刻正式登上了安邦定国的政治历史舞台。

拜将礼毕，汉王推韩信坐上座。汉王向韩信咨问天下大计，韩信有条不紊，一吐胸中韬略，提出了楚汉相争的纲领。韩信对策考虑周全。孟子有言："天时不如地利，地利不如人和。"孟子分析历史变局三要素，天时、地利、人和，三者之中人和最重要，因为"得道者多助，失道者寡助。寡助之至，亲戚畔之；多助之至，天下顺之。以天下之所顺，攻亲戚之所畔；故君子有不战，战必胜矣"（《孟子·公孙丑下》）。楚汉相争，论天时，由于项羽背义帝之约，分宰天下不平，诸侯叛之，借众力以斗项羽，项羽虽强，独木难支，趁乱东出，此其时也。论地利，项羽不居关中形胜，又封秦民所怨三秦王，只要汉王东出，"三秦可传檄而定"，岂非天意以三秦资汉王者乎？论人和，汉王更胜项王一筹。"项王所过无不残灭者，天下多怨，百姓不亲附"；而汉王"秦民无不欲得大王王秦者"。这是说，百姓亲附汉王，汉王东出，"以义兵从思东归之士，何所不散！"汉王部属是山东人，高举义旗，打回老家，全军拥护，所向无敌，战士亲附汉王。项羽虽仁爱，"言语呕呕"，婆婆妈妈，妇人之仁，只能博得那些好面子多礼仪的书呆子们拥护；而汉王慢易，说话粗鲁，但胸怀大度，有功重奖，"以天下城邑封功臣，何所不服"，那些攻城夺地的勇士们都归到汉王旗下，这是说将相人才亲附汉王。单打力斗，逞匹夫之勇，汉王不如项王，而纵观天下大势，天时、地利、人和，汉王远胜项王，楚汉相争，必然是刘胜项败，韩信分析得清楚明白。如何东出，有步骤，有方略。这第一步就是不失时机，还定三秦；长远方略，则是收民心，智胜项王。

韩信说完，汉王心悦诚服，非常高兴，"自以为得信晚"。于是汉王全面采纳韩信计谋，部署诸将日夜操练，做好战备，听从韩信调遣。

韩信五月拜将，八月就兵出秦川。"明修栈道，暗渡陈仓"，取得突击效果，一举拿下陈仓，获得大量军实。韩信初战得手，乘胜扩大战果，以迅雷不及掩耳之势，闪电般推进，分兵四出攻击三秦王。仅用一个月时间，韩信就打通了八百里秦川。汉元年八月，雍王章邯被围困于废丘，塞王司马欣、翟王董翳望风而降。章邯弟章平与原秦将赵贲等退守陇西、北地，负隅顽抗，为章邯外援，等待项羽驰援。

汉将韩信充分利用秦民拥戴汉王的政治优势，趁项羽伐齐无暇西顾这一战机，大胆地置关中残敌于不顾，与汉王亲率主力，于汉二年十月东出函谷关，十月驻兵于陕县（在今河南三门峡市西）。此时，张良及赵王张耳前来归汉。

汉二年（前205）十月，项羽举大兵东击齐，欲先安定后方，再率兵西向。韩信东向出关至陕，则是尽力向中原推进，确保关中，扩大领地。这是一着妙棋，在政治和军事上至少有三方面的收获。第一，阻断章邯与项羽的交通，汉军在关中对章邯形成关门打狗之势，章邯只能坐以待毙。第二，汉王大张声势，与诸侯交通，安抚关外父老。第三，韩信出关，趁新韩王郑昌立足未稳，夺取韩地。

十一月，河南王申阳降，汉立河南郡。韩信击破韩王郑昌，汉更立韩太尉韩信为韩王，为汉南翼屏障。至是，汉王帐下两韩信。一是大将淮阴人韩信，一是韩王韩太尉韩信。

刘邦的这一着棋影响极大，汉军成了正义之师。强大的政治攻势，迎得了诸侯归心，他们纷纷派兵讨伐项羽，到了汉二年春正月，刘邦东出三个月后会合五诸侯之兵达五十六万之众，这时连项羽的心腹大将九江王黥布也不服从项羽的调遣，坐山观虎斗。韩信率领的汉军只有三万人，自汉元年八月出兵，到汉二年四月兵进彭城，在短短八个月的时间，由西向东横扫了大半个中国，从还定三秦到攻略韩地，一路高奏凯歌，直捣楚都彭城，端了项羽的老窝，兵众从三万发展到五十六万，几乎扩大了二十倍。如此大军，韩信运筹调度，有条不紊，他自称领兵"多多益善"，初露头角。萧何称赞韩信是"国士无双"。

2. 下邑画策，峰回路转

汉二年（前205）四月，汉军攻占彭城，项羽陷入齐地，汉军若乘胜追击，联合齐军在山东围歼项羽，楚汉战争可提前三年结束。由于汉兵一路顺风，没有遮拦地进入了彭城，汉王志骄意得，以为天下已定，收取楚宫室美人宝藏，日置酒高会，丧失了一举灭楚的最佳时机。

项羽闻听都城已破，赶忙从齐地回救。项羽精选三万骑兵，日夜兼程，绕在彭城之西，从萧县发起进攻，在黎明夜幕下由西向东向彭城推进。刘邦占领彭城以后，把大军布防在彭城以东、以南，阻挡项羽回救，防堵黥布北上。令汉军意想不到的是，项羽用轻骑兵从西边的空虚之处杀来。在彭城东面和南面用重兵布防的汉兵未见楚军一兵一卒，而后方阵地已乱了套，在混乱中，汉兵不知楚军虚实，一场混战，汉兵自相残杀，十几万人被推压在睢水中，睢水为之不流。汉兵溃散，刘邦突围时，正值大风沙，迎面不见人，刘邦才得以逃脱。项羽用三万精兵，打败刘邦的五十六万大军，获得了彭城大捷。这一以少胜多的战例是范增的杰作。它把项羽的军事生涯推向了顶峰。

由于楚军大获全胜，诸侯倒向楚，齐、赵与楚连和，魏豹反叛汉王，彭越丧失城邑，汉王处于孤立境地，项王恢复了盛强。

楚军彭城大捷，项羽进入彭城收拾残局，他没有亲自乘胜追歼刘邦，让刘邦脱逃，这是项羽的失策。也就是说，彭城大战之前与之后，刘项两人各丧失了一次追击穷寇而获全胜的时机。在天时的利用上，刘项两人打了个平手。

汉军彭城溃败，引起了汉王与策士张良的深思，意识到楚汉相争将是一场持久的较量，如何夺取胜利，需要认真总结失败原因，分析整个战局形势，筹划全盘战略方案，要一步一步周密地规划作战，再不能犯骄傲、被动作战的错误。

刘邦退逃到下邑（秦县名，在今安徽砀山），召开了紧急的军事会议。这里是汉王反秦时的基地，群众基础好。吕后兄吕泽在汉王东进时起兵于下邑，下邑兵人数不多，却都是可靠的家乡子弟兵。汉王与张良等在西逃中前往下邑，靠拢吕泽，收聚散卒，获得了喘息的机会。汉王刚刚摆脱了险境，来不及休息，就急切地问计于张良，张良于是规划了楚汉持久的战争方略，这就是"下邑画策"。张良说："九江王黥布，楚枭将，与项王有郄；彭越与齐王田荣反梁地，此二人可急使。而汉王之将独韩信可属大事，当一面。即欲捐之，捐之此三人，则楚可破也。"（《留侯世家》）

这就是张良下邑画策的总体方略，其核心是调动韩信、彭越、黥布三方力量与汉王自率的汉兵四方配合作战，打一场持久战来蚕食项羽，并最终消灭项羽。这一战略包括了对敌、我、友三方的历史与现实格局的分析，还运用了间敌与统战的策略，有四大战略要点和三个实施步骤，试分析如下。

先说四大战略要点。

（1）瓦解项氏集团，建立汉兵南翼战线。项羽伐齐，九江王黥布称病不出，彭城大战，决定项王生死命运，黥布坐山观虎斗，张良从中看出了黥布与项王已产生了裂痕。黥布是项王手下第一枭将，如果黥布反楚归汉，不仅削弱了项氏集团，而且在政治上、心理上对项王将是沉重打击。黥布所处地理位置，是楚国的大后方，又是汉兵的南翼。只要黥布按兵不出，项王就要分力，尤其是当前汉兵溃败，只要黥布拖住项王几个月时间，汉王就可重组力量，这是至关重要的一着，是成败的关键。汉王称是。他立即考虑派出最能干的使者去完成重任。汉王退逃至虞城（在下邑西，今河南虞城北），对谒者随何说："公能说九江王布使举兵畔楚，项王必留击之。得留数月，吾取天下必矣。"（《汉书·高帝纪上》）随何往说黥布，黥布果然叛楚。

（2）争取中间力量，乱楚后方。彭越是朝秦暮楚的中间力量，是汉军灭楚建立统一战线的首选人物。第一，彭越可独当一面，是一员勇将；第二，彭越恨项羽最深，项羽不仅没有分封彭越，反而夺取他的梁地；第三，彭越的基础在梁地，这是项羽的心脏地区，彭越反楚如同一把尖刀插在楚军的心脏上，乱其后方，断其粮道，破坏楚军的供应，项羽就不能深入，而且腹背受敌。成皋对峙，项羽疲于奔命，顾了前方顾不了后方。

（3）放手韩信，开辟北翼第二战场。韩信有独当一面之才，放手让其发挥才能建立奇功。韩信如果待在汉王手下做参谋，无法尽其才能，还要重蹈彭城之败，甚而背汉也未可知。韩信在汉中对策中对刘邦说："以天下城邑封功臣，何所不服！"韩信要功名，后来他的悲剧就因于此。汉王正当用人之际，不能不放手使用韩信，充分调动他的积极性。若不放手韩信去开辟北方战场，完成对项羽的战略包围，只在正面与项羽作战，楚汉两军势必只能硬拼，楚强汉弱，对汉不利。张良反问汉王："你不是要分封土地与功臣吗？那就分封给韩信、彭越、黥布三人好了，那么楚国是一定可以打破的。"韩信能为汉王打下半壁江山，多亏了张良的力谏与下邑画策方略。

（4）汉王正面拒敌，牵制项王。张良在回答中没有谈到汉王，因为韩信、彭越、黥布三人都能独当一面，正面拒敌者当然是汉王。汉王扼守荥阳、成皋，正面吸引项王，守险不战，消耗楚军，以待侧翼发展，积小胜为大胜，转弱为强。

以上是张良下邑画策的四大战略要点，它是放眼全局的一个总体作战方略，四个方面军全部发动起来，项羽将陷于前后左右四面受敌之中。汉王在正面，黥布在南翼，韩信在北方，彭越在项羽背后。要实现四个方面军的全面联动与完成对项羽的战略包围，需要时间，所以这个战略是一场人谋规划的持久战。

执行下邑画策的当务之急，是要打一场胜仗，阻止项羽西进，使汉军在荥阳、成皋一线站稳脚跟，这是第一步。第二步，就是汉王守险拒敌，全面实施下邑画策，乘势转入相持，吸引项羽于坚城之下。第三步，四个方面军全面联动合围之日，就是楚汉相争结束持久战之时。最后总攻，歼灭项羽。

下邑画策的提出是在汉二年（前205）四月汉军溃逃途中。有了正确的战略决策，汉军士气振作起来，峰回路转。汉王君臣、全军上下，全力投入对项羽的阻击作战，争取第一步的胜利。汉二年六月，汉军在京索阻击成功，楚汉对峙成皋，直到汉四年（前203）九月对峙结束，前后共二十九个月，史称成皋之战。接着垓下会战，一战歼灭项羽，战争进程完全按下邑画策预计的计划进行，显示了这一策略的正确性。

韩信汉中对策与张良下邑画策，共同构建了楚汉战争的人谋规划，早于诸葛亮隆中对策人谋规划三分天下四百余年。张良规划全国大统一，诸葛亮规划局部统一。历史条件不同，成功大小有异，而人谋规划历史转折与前途，是他们的共同之点，非命世之才，不能有此杰作。陈寿评诸葛亮称其为良平之亚，极为中肯。良平者，张良、陈平也。陈平归汉与张良同在汉王军中为画策臣。汉二年三月，汉王东进击降殷王司马卬时，陈平渡河归汉，随同进军彭城。下邑画策，亦当有陈平参与。

（二）项王亚父范增奇计

范增是秦末乱世涌现出的一个大谋士。他是秦居鄛县（今安徽桐城南）人。范增善奇计，投靠项梁为谋士。项梁死后，范增随项羽北上救赵，项羽尊为"亚父"。项羽心胸狭窄，有妇人之仁，用人唯亲，信人不专，当范增之计与项羽亲叔父项伯相左时，项羽不辨是非，总是倒在项伯一边。鸿门宴放走刘邦，是项伯破了范增之计，此时项伯不自觉成了项王的内奸。以后一步步堕落成了自觉的内奸。项羽分封十八王，原本分封汉王的土地只有巴蜀，这是范增之计。张良运动项伯加封汉王汉中地，在军事态势上就有了还定三秦的前沿阵地。项羽分封三个秦朝降将章邯、董翳、司马欣为三秦王，其实是构筑了封锁刘邦东出的一道防线。又是张良用计，让刘邦入汉中明烧栈道，麻痹项羽，韩信暗渡陈仓，灭了三秦王，打破了项羽的封锁。张良配合韩信还定三秦，致书项王说，汉王只是欲得关中而已，又一次麻痹项羽，诱使项王东征齐王田荣，丧失了西向救援三秦王的战机。

汉王兵破楚都彭城，把重兵布置在彭城的东面和南面。东面防守项羽回军，南面防守黥布北上。范增用奇计，使项羽率领三万轻骑兵绕出彭城之西，凌晨在萧县从背后发起对汉军的进攻，楚兵三万破汉兵五十六万，取得大胜，汉王败逃，诸侯转向，又回到了楚强汉弱的态势。项羽擅长攻坚，突击，以骑兵为军魂。范增奇计是充分发挥项羽用兵的特点，制定快速决战与奇袭的方略，打破汉王的持久战略。彭城大战后，楚汉对峙成皋，进入相持，范增制汉策略，要点也有四项：

第一，拒绝汉王提出的割荥阳以西归汉的要求和建议，加紧进攻，争取速决。

第二，派人前往淮南说服九江王黥布出兵武关、西击关中。

第三，联合齐、赵，阻击汉韩信军，共同打击汉王。

第四，由项羽亲率大军攻击荥阳，切断汉军运输粮道，再进取成皋，西入函谷关，与黥布会师关中。

双方战略的主战场在河南，刘邦与项羽直接对决。刘邦依托荥阳、成皋的丘陵地带，坚固防守，御敌项羽于洛阳之东。项羽攻坚，突破汉王的荥阳、成皋防线，长驱直入关中。双方都需要侧翼的配合。汉王派韩信在河北开辟第二战场，派随何出使淮南说降黥布归汉，迟滞了项羽的进攻，打破了范增的战略。更为严重的是，项羽用人不专，唯亲是从，范增奇计不仅受到项伯干扰，而且项羽中了汉王的反间计，在成皋之战进入难分难解的关键时刻，赶走了范增，范增气愤毒疮发背而死。范增走后，项羽被动挨打，走了下坡路，灭亡的命运不可避免。刘邦说他手下有张良、萧何、韩信三杰，"吾能用之，此吾所以取天下也。项羽有一范增而不能用，此其所以为我擒也"。刘邦帐下何止三杰，可以说是智士如云，猛将如雨。陈平、随何、郦食其、刘敬、陆贾等都是智士。刘邦集众智，项羽崇武单打独斗，逞匹夫之勇以对众智，哪有不败的道理？项羽帐下第一勇将黥布，也被刘邦挖了墙脚。忠心耿耿的钟离眛等大将被猜疑，不能充分发挥作用，项羽信用的诸项亲戚子弟，全都是饭桶。一个像样的叔父项伯，项羽言听计从，而项伯在鸿门宴上拉开楚汉相争的序幕之时就被汉王刘邦诱骗，两人拜为把兄弟，又结为儿女亲家，就沦落为内奸。一个缺少阅历的青年项羽，命运着实可悲。

（三）悲剧英雄项羽落幕

楚汉相争的相持阶段，即成皋对峙，通称成皋之战，此是楚汉相争的主战场和正面战场，汉王刘邦与楚王项羽直接对抗。刘邦一方用智，项羽一方用力，是典型的智与力的决战。前文指出，此役起于汉二年（前205）六月，讫于汉四年（前203）九月，历时两年零五个月（加一个闰月）。双方动员参战第一线的兵力达百万，是中国古代历史上继长平之战后，又一次投入兵力最多、历时最长的大战役。作战进程分为三个阶段。汉二年六月至后九月，为成皋序战，是第一阶段，凡五个月，以黥布反淮南为临界标识。汉三年十月至汉三年九月（汉承秦历，十月为岁首，故十月至次年九月为一年，且十月不改称一月或正月），为荥阳、成皋攻防大战，是第二阶段，凡十二个月。此阶段是楚汉双方争夺最激烈的阶段，也是楚军范增谋略用力的时期，汉军两度陷入危境，而最终以汉王的谋略居上，用反间计假项王之手逐除范增占有优势，双方强弱开始转换。汉四年十月至汉四年九月，双方对峙广武，为第三阶段，凡十二个月。由于韩信、彭越观战，刘邦、项羽智力俱困，相持不决。最后刘邦采用张良计，与项羽以鸿沟为界媾和，中分天下，诱项羽东归，然后顺势追击，才打破均势，转入战略反攻。汉五年十二月，当公元前202年元月，汉王刘邦会合韩信、彭越、黥布，诱降楚大司马周殷的刘贾等，五路汉军众五十余万，项羽之军只有十万，楚汉强弱易势，汉军处于绝对优势，项羽败走乌江自刎，悲剧英雄落幕。汉五年正月，当公元前202年二月，汉王即皇帝位，楚亡汉兴。

项羽失败，有多种原因，主要有四个方面：其一，兵法不精，以力斗智；其二，用人唯亲，贤才遭忌；其三，残暴不仁，失去民心；其四，政治幼稚，封王失计，这一原因是致命的。司马迁在《项羽本纪》的论赞中归纳为五个原因：第一，分裂天下，引起争斗；第二，背关怀楚，失去地利；第三，放逐义帝，诸侯叛乱；第四，自矜功伐，不行仁政；第五，专恃武力，失去民心。司马迁的批评，无疑是切合实际的，五条中多了一条失去关中地利，两者精神是一致的。在项羽失败的多种原因中，为什么分封十八王是最致命的？项羽把亲信将领封王善地，以为这样就可控制局面，殊不知诸将得地称王，就不听他的号令了，黥布封淮南王以后不听调遣就是一个典型例证。项羽封刘邦为汉中王，将三秦将章邯、董翳、司马欣封为三秦王来拒塞刘邦，实际上等于拱手将关中送与刘邦。一是关中三分而势弱；二是因项羽在新安坑杀了秦降卒二十余万，关中秦民恨透了三秦王。又，项羽封王，主观武断，未能处置好一些拥有实力的中间军事集团。山东田荣、河南彭越、河北陈余皆被排斥在封王之外。所以项羽回彭城，还没来得及坐下来休息，这几个军事巨头就联合起来反抗项羽。刘邦趁机明烧栈道，暗渡陈仓，占了关中，杀出函谷，直捣彭城，端了项羽的老窝，幸亏项羽及时回救，在彭城打了一个大胜仗，才避免了过早的覆亡。

项羽封王，争论最大，主要有两种观点。其一，论者或曰，项羽分封代表旧贵族的割据势力，开历史的倒车，必然失败。这种观点值得商榷。公元前210年，秦始皇出游天下，巡行浙江，当时项梁、项羽叔侄随众观看，项羽情不自禁地说："彼可取而代也。"可见他不是不想当皇帝，不是一心想分封。其二，项羽迫于各路诸侯都要称王的形势，那就更不符实际。巨鹿之战，诸侯折服，强捷有力者皆归项羽旗下，成了他的部将。最大的异己刘邦，欲与项羽争衡，心有余而力不足，他像踩钢丝一样，冒死入虎穴乞和。当时，谁敢和项羽对抗？迫于形势之说根本不成立。

那么，项羽为何分封十八王？追本溯源应是范增劝项梁立楚怀王这一政治失计，给入世未久的项羽套上了绳索。范增在秦末诸侯并起之时，建言立楚王后，以利号召民众。本来秦并六国，政治一统，废除分封，用郡县制取代了侯王林立，消除了兼并战乱，民众"莫不虚心而仰上"（《过秦论》）。可是由于秦施暴政，二世而亡，由于历史的局限，当时多数民众把大一统的集权政治与暴政二者等同起来，对秦政制度产生了惶惑，六国遗民纷纷乘势而起，分封制度的沉渣泛起，只不过是回光返照。项羽分封十八王，不自觉地走了回头路，并不是代表旧贵族势力开历史倒车。范增劝项羽急击刘邦，可见也是要争天下的。但刘项两人封王，形似而内核实质不同。刘邦封王，只是政治策略，刘邦是在被动局面下利用封王的策略树羽之敌，壮大自己争取主动；而项羽封王，恰恰是在主动的鼎盛局面下，为了一个"如约"而封王，给自己树敌，显然是政治失计。刘邦集团的谋臣郦食其也曾献策立六国后，被张良建言制止了。最后为了合击项羽，张良也建议刘邦封韩信、彭越为王，为了策反黥布也封了王。张良看清了历史大势，只把分封作为策略运用，坚持统一路线，最后胜利了。范增识见不远，逊于张良，他建言项梁立楚后在当时还有一些积极意义，而建言项羽封十八王则是误导，逆历史潮流而动，失败是必然的。于是又有一种观点认为，范增非善谋之士，他对项羽的失败应负主要责任，这也是不妥当的。范增只是一个谋臣，听不听还在项羽，何况智者千虑之一失并不足以导致项羽的失败。分封固然是馊主意，但设计鸿门除害、王刘巴蜀，这些主意并不坏。问题是，范增的馊主意，项羽采纳了；范增的好主意，项羽拒绝了，最后把范增赶走了，重瞳子以亲疏画界，虽有一范增而不能用，不亡何待！而那个改姓刘的项伯，却是项羽言听计从的一个笨伯和内奸！

项羽的致命弱点是政治幼稚。由于他少年逃难，在叔父项梁保护下成长，所以任人唯亲。设宴鸿门时的项羽，才是一个二十七岁的马背上的将军，他还不懂得用阴谋手段诛除异己，而且以形势论，项羽并不需要搞阴谋手段。本来，项羽用范增的计谋，封刘邦为蜀王，想把他困在巴蜀，又是张良运动项伯说情，改封刘邦为汉中王。项羽这一改动，既负背约之名，而又实授关中之实，为一大失策。他在鸿门宴上即使杀了刘邦，也担当不起靖乱安邦的历史重任。而刘邦多次出入险地，九死一生却安然无恙。鸿门宴上，项伯保了他；彭城战败了，丁公释放了他；荥阳出逃，有纪信替死；成皋逃出，项羽不察，这一切仿佛暗中有神灵保佑似的。怪不得司马迁发出了"岂非天哉，岂非天哉！"（《秦楚之际月表序》）的慨叹。以今天的观点来看，这"天"就是历史必然之中的偶然取得了胜利，实质是一个老谋深算的中年人战胜了一个鲁莽天真的青年，刘邦的胜利是必然的，项羽的失败是值得同情的。

三、汉匈大决战

汉匈大决战，起于汉武帝元光二年设谋马邑，拉开了汉匈大决战的序幕，到汉宣帝甘露元年，呼韩邪单于入朝臣服汉朝止，即公元前133年到前53年，汉匈大决战画上句号，前后历时八十一年，差不多可以称为世纪之战。汉匈大决战最精彩的段落是汉武帝伐匈奴，从元光二年到汉武帝征和三年下轮台诏休战止，即公元前133年到前90年，历时四十四年，是最为激烈的战争状态，可分为三个段落。三段时间大体各为十五年，前后两段均为汉匈大决战，中间一段是间隙备战。第一段从元光二年设谋马邑到元狩四年漠北大战，即公元前133年到前119年，这十五年是汉匈大决战最激烈的时期，结局汉胜匈败，漠南无王庭。从元狩五年到元封六年，即公元前118年到前105年，其间十四年，双方休息备战，匈奴不臣服，仍时常犯边。从太初元年到征和二年李广利兵败降匈奴，征和三年汉武帝下轮台诏宣布休战止，即公元前104年到前90年，其间十五年是汉匈第二阶段大决战，西汉扩张，断匈奴右臂，置河西四郡，切断羌胡交通，汉通西域。张骞凿空，开辟了丝绸之路。西汉获得完胜，匈奴远遁，衰落分裂，但仍未臣服，汉朝也付出了沉重的代价。昭宣中兴，西汉达于鼎盛，匈奴衰败分裂，呼韩邪单于来朝，汉匈大决战画上句号。汉武帝时期的三十年大决战，汉武帝的雄才大略，彻底打败了匈奴，这是汉匈大决战的闪光点。

将近一个世纪的汉匈大决战为何发生？汉朝付出了怎样的代价？如何评价其性质和意义？前人的论说多是负面的，认为汉武帝穷兵黩武，汉朝付出了"海内虚耗，户口减半"（《汉书·昭帝纪》）的代价，得不偿失，特别是李广利两次兵征大宛，天下骚动，汉军损失数十万，只获得三千匹汗血马，很不值当。汉武帝晚年，民不堪重负，农民起义此起彼伏，已出现秦末的衰败征兆，还说司马迁是反战的，对汉武帝是批判的。如何看待昔贤的评说？本题循着司马迁记载的史实，从人类社会发展文明冲突的视角予以评说，抛砖引玉，以待贤者。

（一）汉匈大决战的背景

汉匈战争为何发生？本质是一场人类文明冲突。亚洲北方气候寒冷，是大牧场，自然发展的是游牧文明。汉民族从宜于农耕的黄河流域的黄土高原与长江流域的江汉平原发祥成长，发展农耕文明也是自然的。两种文明的冲突早在春秋战国时期就开始了。从秦穆公的并国十二，辟地千里，到赵武灵王的胡服骑射，就是两种文明冲突的体现。万里长城的修筑，亦是两种文明冲突的标志，一道万里长城，说明在冷兵器时代，农耕民族处于守势，付出的代价也十分昂贵。

当历史指针指向秦汉之际，亚洲南方农耕民族以最先进文明的华夏民族统一黄河长江两大流域成为一个超级大国，国土面积大约四百万平方公里。北方匈奴游牧民族出了一个英武的冒顿单于，他把许多不统属的氏族、部落都统一起来，建立了强大的匈奴单于国，其地东起辽河，西至葱岭，北抵贝加尔湖，南到长城，东西万里，国土面积大约一千万平方公里以上，两倍于西汉的国土，是北方的超级大国。两个超级大国的碰撞，战争就要发生质的变化，形成两种文明的冲突，可以说是古代的一场世界大战，由于势均力敌，所以旷日持久。汉初汉匈两国发生的平城之战可以说就是大决战的一场预演。公元前200年，匈奴冒顿单于统领四十万骑兵，大败汉高祖率领的三十二万步骑，一次战役，双方动员用于第一线的兵力就达七十万，在当时可以说是双方倾全国之力的一场大决战。双方都是从长期的统一战争中走过来，双方兵强马壮，但都是国家初建，经济匮乏，不利于持久战争，又势均力敌，以和亲罢战收场，其实是双方的一种休养备战。

到了汉武帝登场，西汉经过半个多世纪的休养生息，文景时代养马备战，储粮于边，汉朝的人口与财富是匈奴本部人口与财富的十倍，这就是汉武帝敢于亮剑的资本。

（二）汉匈大决战的代价和结局

汉匈大决战是一场世纪大战，汉武帝伐匈奴的决胜阶段，历时三十年，故战役过程不必细说。只需说一说汉匈大决战的规模和双方付出的沉重代价，就足以透视这场大决战为何不可避免、战争性质，以及惨烈景象。汉武帝时的匈奴大决战，匈奴本部人口五百余万，加上兼并的各游牧部众，估计人口在一千万左右；汉朝人口约四千万，四倍于匈奴人口，十倍于匈奴本部人口。古代无战乱的承平时期，大约一百年间人口增长了一倍。汉武帝时期是西汉中期，汉匈大决战前承平七十余年，大决战后到汉末战乱承平八十余年，刚好两者在承平时期相当，人口增约一倍。汉初人口依范文澜《中国通史简编》的统计[1]，以战国时人口五人一兵计，秦统一六国，全国人口两千余万，到西汉汉武帝发动汉匈大决战时人口增至约四千万。《汉书·地理志》统计西汉末人口五千九百五十万，即约六千万，减半计是三千万。四千万减三千万，这一千万人口之差，就是汉匈大决战汉朝付出的人口代价。"户口减半"之说有些夸张，因战乱导致一些户口隐没未能登记，但减少三分之一则是可信的。即汉匈大决战，西汉人口减三分之一，损失一千二三百万。匈奴本部人口，以五人一兵计，平城之战一次投入骑兵四十万，人口则有二百多万，到汉匈大决战时匈奴本部人口五百余万，

1　范文澜：《中国通史简编》（修订本）第二编，北京：人民出版社，1964年，第18页。

损失二百万。汉匈大决战，双方损失人口总计一千四五百万，相当于第一次世界大战损失人口之半，毫无疑问是古代的一场世界大战。这是游牧民族与农耕民族两种文明发展到不可并存时必然要发生的大决战，也是整个人类发展史上古代空前绝后的历史大变局。何为决战？决战就是双方交战必须分出胜负，一方彻底打败另一方，不达目的，双方战斗决不会停止。从这个意义上，汉武帝是非常之人，他带领卫青、霍去病、张骞、李广等时代英雄建立了非常之功，是值得肯定的。汉匈大决战改变了人类文明的历史进程。欧亚大陆板块，农耕民族由守势转入反攻，并战胜了游牧民族，先进文化得以传承。假如匈奴胜利，汉朝溃败，中华五千年文明就此中断，则历史不知道要倒退多少年。东汉又一次打击匈奴，迫使其西迁，而在西晋末尚有五胡入主中原的动乱，这是北方游牧残余导致的变局，由此反推，汉匈大决战西汉的胜利，即使付出了"户口减半"的代价也是值得的，因为这一代价的付出保卫了农耕文明。

（三）张骞凿空建言断匈奴右臂，英雄创造时势

张骞，汉中城固（今陕西城固县）人，西汉杰出的外交家和大探险家，这是学术界公认的评价，张骞当之无愧。张骞还是一位大政治家和战略家。张骞约生于公元前159年，卒于公元前114年，享年四十六岁，是一位中青年才俊，可以说其英年早逝。

准确地评价历史人物地位，必须放在当时的历史背景中，全面掌握人物的活动事迹。公元前139年张骞二十一岁出仕为郎，到公元前114年死于大行令任上，任职二十六年。其中两次出使西域十七年，在宫廷为官九年，历郎官、太中大夫、卫尉、大行令，带兵出征为校尉、将军。郎官为皇帝侍从。太中大夫参决谋议，备顾问。卫尉、大行令位列九卿。卫尉，警卫宫殿。大行令，秦官为典客，掌蛮夷归义，相当于外交部部长。西汉大行兼理诸侯王事务，相当于内政部长。张骞的任职，表明了他是汉武帝的亲信大臣，处于决策中枢，参与军国大政谋议。

张骞出使西域，他的使命是联结大月氏抗击匈奴。由于大月氏在中亚已安居乐业，不想报复匈奴，张骞的使命未能完成，但他从西域的考察中提出了更高的战略。《大宛列传》记载张骞回答汉武帝的询问，可称为"西域对"。前文楚汉相争已述及韩信在汉中拜将，回答汉高祖询问，可称为"汉中对"。《三国志·诸葛亮传》记载刘备三顾茅庐，咨问天下大计，诸葛亮答以"隆中对"。这

"三大对"都是当世历史转折的英雄规划历史变局的谋略。"汉中对"规划了楚汉相争，以弱胜强的谋略。"隆中对"规划了三分天下，为刘备割据一方提出了胜利的人谋。"西域对"提升了汉武帝反击匈奴要放眼世界开拓进取断匈奴右臂的谋略。"三大对"标志张骞站到了韩信、诸葛亮的行列，可以说是一代人杰。

"西域对"影响汉匈大决战主要有三项决策：其一，提出断匈奴右臂，通使联结中亚的乌孙；其二，建言取大宛汗血马，改良中国马种，组建高质量骑兵，如同当今的现代化国防建设；其三，倡言通身毒国而重开经营西南夷。断匈奴右臂的胆识，只有张骞身临西域，了解大世界，才有头脑提出。以上几项，都是根本性的国策。张骞死后，西汉政府继续执行，平西南夷为郡县，兵征大宛，和亲乌孙，置河西四郡，既通西域，又切断羌胡交通，为日后青藏高原的归附奠立了万世之基。这些战略决策，直到宣帝之世，全部实现张骞的战略理想。从决策角度考察，张骞不只是一个杰出的外交家，他还是一个胆识过人的政治家和战略决策人物。他对于历史的贡献和对西汉政治的影响，要给予崇高的评价。

张骞出使，不是掠夺、占领，他没有带庞大武装，而是传播忠诚信义，带去东方的物产，以和平为宗旨交谊朋友，这是更值得永远发扬光大的精神。特别是第二次出使乌孙，当时匈奴势力已被逐出西域，东西交通畅通，张骞携带丝、缯、帛、金钱、货物等前往。张骞在西域活动，始终贯彻"以义属之"的和平外交路线，寻求友谊与合作。乌孙王昆弥倨傲无礼，张骞责以大义，讲求忠诚与信誉，受到西域各国的热情欢迎和接待。甚至张骞死后，汉使都要打博望侯张骞的旗号，才能赢得西域各国人民的信任。张骞结盟大月氏夹击匈奴以及招大月氏重回故地，这一具体计划因客观原因没有实现，但不是外交的失败。张骞从长远战略目标出发，以和平友好使者身份传达友谊，沟通中西文化交流，从此中西使者、商队络绎不绝，获得了外交的极大成功。在公元前一、二世纪，东西方文化各自达到了古代文明的高峰，西方有希腊、罗马文化，东方南亚有印度文化，东亚有中国秦汉文化。张骞通西域，在三大文化交流中做出了重要贡献，在世界文化史上写下了灿烂的一页。张骞无疑是一位世界文化名人，他的名字与丝绸之路是不可分割的。他是东西方文化的和平交流使者，有别于中世纪和近代那些以掠夺为目的的探险者、淘金者，这是中华民族的骄傲。

张骞通西域，《史记》《汉书》均称为"凿空"。苏林注："凿，开也。空，通也。骞始开通西域道也。"颜师古注："空，孔也。犹言始凿其空穴也。故此下言'当空道'，而《西域传》谓'孔道'也。"（《汉书·张骞传》颜师古注）

对阻路的大山，开凿通道，就叫凿空。张骞备受艰难险阻，首次由汉直通西域，故形象比喻为凿空，匈奴是阻挡汉朝走向世界的大山，打开这座大山，突围向前，"凿空"二字比喻极为形象生动，也是对张骞备尝艰险的描述与赞评。古代没有人工开凿的穿山通道，司马迁创立"凿空"这一概念，本身就是一个伟大的创造。司马迁慧眼识英雄，把张骞的通使行迹上升为放眼看世界，中国的发展要走向世界，内涵极为丰富。张骞凿空，汉通西域，汉武帝移七十万民众于河西走廊，这是地域政治的凿空，屏断羌胡交通，迫使匈奴远遁并臣服，为日后青藏高原并入中国版图奠定基础，这是张骞始料未及的又一贡献，也是汉匈大决战影响历史深远意义的外延，值得大书一笔。

四、结束语

综上所述，司马迁所写中国古代历史转折的三大战役，长平之战、楚汉相争、汉匈大决战，给人类文明积淀下厚重的历史思考，是一份珍贵的文化遗产。所谓历史思考，就是以往历史留给人们的经验、教训和借鉴。三大战役留下的历史借鉴，主要有四个方面。其一，大战役必将伴随历史转折而发生。长平之战转折了千年历史之变，楚汉相争转折产生了新王朝，汉匈大决策转折了处于守势的先进农耕文明战胜游牧文明。其二，历史转折的大战役，双方矛盾不可调和，也就是大战役不可避免。战争来临，要迎难而上，奉陪到底。长平之战，赵王意志不坚，心存侥幸，把一副合纵好牌打烂了，教训是深刻的。其三，历史转折大战役，必须决出输赢，双方都要拼尽全力，所以时间长、规模大，双方的投入都是全民总动员，使出浑身解数。其四，大战役取胜既是力敌，更要智取，往往是新生方以弱胜强，表现为智胜力。用智就要分清敌、我、友，孤立敌人、瓦解敌人；自我团结，上下一心，同仇敌忾；争取中间，广交朋友。楚汉相争，刘邦做得最好，以弱胜强。汉匈大决战，张骞凿空通西域，也是争取中间。任何强势一方，单打独斗，终将失败离场。长平之战，强势秦军不敌韩赵楚魏联军，就是一个生动的例证。试看今日之域，百年大变局，已见历史端倪，就要丢掉幻想，做大做强自己，准备战斗，迎难而上，敢战才能止战，或许才能不战而屈人之兵，留给历史来做结论。

第六堂

司马迁写雄主

评说"司马迁写雄主"这一话题，其核心意义是如何看待最伟大的历史人物这件事，反过来说，最伟大的历史人物的一生是怎样在做事？他的内心世界是什么特征？了解这些，对于一个平凡的人怎样做人做事，也是有参考价值的。首先，什么样的人是雄主？所谓雄主，顾名思义，即雄略之主。雄者，雄才大略；主者，一国之君，天下人之主，所以雄主专指掌握国家权力乾纲独断的政治人物，而且对历史做出重大影响的历史人物。司马迁在《史记》中写了三千年的历史演变，历经夏商周三代延及秦汉，共九十二个帝王。具体说：夏代从大禹王算起，传承十四代，十七王；商代从商汤王算起，传承十七代，三十一王；周代分西周、东周两段，西周自周武王起传承十一代，十二王，东周自平王起，传承二十代，二十五王；秦朝传承两代，两个皇帝；西汉自高祖至汉武帝，传承四代，五个皇帝。综上，夏商周三代，八十五王；秦汉两朝，七个皇帝，合计九十二个帝王，历时三千年，只有两个皇帝是雄主，即千古一帝秦始皇、雄才大略汉武帝。秦国后期在位五十六年的秦昭王可以称之为一位准雄主，因为他不是统一王朝的帝王，只是一位诸侯列国之王，掌握权力有限，卷起的历史浪花风高浪疾，尚未成波澜壮阔之势而已。雄主在位都很长，秦始皇在位三十七年，汉武帝在位五十四年。雄主总是伴随历史大变局的转折时期而产生，这是时势创造的英雄。雄主总要发动大战役，大战役催生历史转折，这是英雄造时势。秦始皇统一六国，汉武帝大败匈奴，这是雄主对历史做出的最大贡献。下面分三题评说秦皇、汉武。

一、千古一帝秦始皇

秦汉大一统时代，历史上产生了两位伟大的君主：秦始皇、汉武帝。在中国历史上，秦皇、汉武并提，两人都是秦汉大一统时代的骄子和标志性人物，他们共同创建了大一统中央集权制度，为中国历史的发展做出了重大贡献。

秦始皇的最大功绩是统一六国，创立了大一统的中央集权制度，史称千古一帝。

（一）秦始皇生父之谜

秦始皇父亲是秦国自秦孝公以来第六位国君——庄襄王。秦孝公变法，秦国迅速崛起，传了六世国君，到秦始皇继位，所以贾谊《过秦论》称秦始皇"奋六世之余烈"即指此。庄襄王是安国君即秦孝文王的庶子，名异人。异人的母亲夏姬，不受安国君的宠幸，因此异人作为人质出使赵国。安国君最宠幸的美姬称华阳夫人，立为正夫人。

华阳夫人没有生育，古代母以子贵，华阳夫人无子，年老色衰，就要失宠，这是她的隐忧。吕不韦是韩国阳翟大贾，往来于列国，了解了秦王室的这一情况。吕不韦不仅是善于经商的大商人，而且善于从政，是一个大政治家。吕不韦看到了秦国统一的大势，他决定弃商从政，用经商之道来经营他的政治。吕不韦见到异人是在公元前260年初，时值秦赵长平之战，赵国几次要杀死异人，由于异人是安国君的庶子，秦王室也不管他的死活，所以异人的生活处境十分狼狈。因其身份特殊，吕不韦认为"奇货可居"（《吕不韦列传》）。吕不韦的出现，使处于绝境的异人高兴万分，两人共同谋划了一桩政治交易。吕不韦送给异人千金，异人在外交场上立刻尊贵起来。吕不韦入秦，行贿华阳夫人的姐姐，托她游说华阳夫人收养异人为儿子，异人摇身一变成为嫡子。因华阳夫人是楚国人，异人为讨好华阳夫人改名为子楚，穿楚人服装，加重乡情。后来子楚当了国君，重用吕不韦，甚至要分国之半来回报吕不韦。

为了从根本上夯实政治基础，吕不韦挑选了一个能歌善舞、姿色绝美而风流的邯郸豪家女赵姬为妾，并使其有了自己的骨肉。随后，吕不韦宴请子楚，赵姬陪伴，子楚心动，当场向吕不韦祝酒，请求把赵姬送给他。于是赵姬成了子楚夫人，足月后生下了一个儿子，因在公元前259年正月出生在赵国，于是取名赵政，后来回到秦国，改名嬴政，这就是秦始皇。

秦始皇是否为吕不韦的儿子，学术界对此历来有争议，认为司马迁采录了民间故事，此处姑置不论。吕不韦达到了光大子楚之门，而后光大自己之门的目的，从一个商人转变为政客，当了秦国丞相。吕不韦执掌秦政十余年，大量引纳东方人士入秦，其中就有李斯。秦始皇执政初期，大权旁落吕不韦之手。不过吕不韦虽专权，却是致力于统一的政治路线，为秦国的统一事业立下大功。秦始皇因吕不韦得立为秦王，这是事实。秦始皇得益于生母赵姬，以及华阳夫人、华阳夫人姐姐的间接栽培，这也是铁的事实。司马迁如此不惜笔墨写下秦始皇的传奇身世，旨在说明雄主出身不凡。

（二）秦王的掌权之路

赢政年少即位，在亲政过程中经历了惊心动魄的斗争，最终以武力夺回了政权。

庄襄王即位后，兑现诺言，任用吕不韦为相，封十万户，号曰文信侯。庄襄王短命，公元前246年，秦庄襄王死，赢政继位，年仅十三岁，政权旁落在相国吕不韦和太后宠信的假宦官嫪毐手中。秦王赢政尊吕不韦为"仲父"。秦王赢政母赵姬，在庄襄王死时，还是一个三十余岁的中年妇女，她以王太后身份频频召吕不韦入宫，重温旧梦。赢政一天天长大，吕不韦害怕事情败露，遭灭顶之灾，遂访得一个大阴人嫪毐，拔掉嫪毐的胡须，让其冒充宦官入秦王宫侍奉王太后。太后绝爱之，封嫪毐为长信侯，把太原郡赐给嫪毐为封国。宫室车马衣服苑囿，凭嫪毐享用，事无大小也由嫪毐说了算。嫪毐养家僮死士数千人，发展为一个新兴政治集团。嫪毐与吕不韦联手控制秦国政权，秦王赢政此时只是一个傀儡。

秦王政九年（前238），赢政已经二十二岁，行加冠礼，正式亲政。古时男子二十岁加冠，赢政二十二岁加冠，已是迟来。吕不韦不愿交出政权，他支使嫪毐起兵作乱，假传太后诏令，还盗用秦王印玺，发动县卒、卫士、官军骑兵、宾客攻打秦王所住的蕲年宫。蕲年宫不在京师咸阳，在雍（今陕西凤翔）。秦王早有准备，故意卖个破绽引蛇出洞。昌平君、昌文君做好平叛安排，秦王逼令吕不韦以相国名义平叛，在咸阳与嫪毐展开大战，嫪毐败下阵来。卫尉竭、内史肆等二十八人参与叛乱，全部被斩首，嫪毐遭车裂。叛乱首领被灭族，参加叛变的附从，罪轻的判三年徒刑，罪重的有四千多家遭到流放。局势安定以后，第二年秦王追究吕不韦的责任，先是免官，回到封国，随即下令流放吕不韦到蜀地，吕不韦不愿受辱，自杀而亡。

秦王赢政后发制人，干净利落地平息了叛乱，夺回政权，表现了他的雄才大略。

（三）秦始皇的功过是非

评价伟大的历史人物，不能简单地用三七开或四六分的百分比率来评价。事实证明，说功大于过，过没了；说过大于功，功没了。三七开或四六分的百分比评价，只是粗浅的好或坏的评论，对于总结历史的经验与教训没有意义。正确的评价方法是纵横比较：纵的比较，是看被评人如何超越前人，如何影响后世；横的比较，是看被评人在同一代人中是什么地位，如此方能找出符合于被评人的历史坐标。功是功，过是过，各自的分量说清楚。具体化为五条标准：其一，功业大小；其二，口碑影响；其三，浩然正气；其四，创始影响；其五，警世取喻。依此来评价秦始皇与汉武帝，才能正确地吸取历史经验与教训。

秦始皇的功，主要有三：其一，统一六国；其二，建立中央集权制度；其三，统一文字、度量衡，以及修治长城、交通大道。秦始皇的过主要有四：其一，焚书坑儒；其二，政治暴虐；其三，迷信长生；其四，过度使用民力。秦始皇的功过，具体评说如下。

秦王嬴政二十六年（前221）统一中国，建立了统一的中央集权制国家。分全国为三十六郡，郡下设县。地方官由中央任免，结束了诸侯分封的政治。确定最高统治者的称号为皇帝，示意功盖五帝，地过三王，象征宏大的新气象的开端，并与旧时代彻底决裂。国家一切重大事务由皇帝亲自决裁，命为"制"，令为"诏"，自称曰"朕"，显示绝对权威。为了家天下的绝对巩固，嬴政自称始皇帝，后世继承人，称"二世"皇帝、称"三世"皇帝，至于万世，传之无穷。朝廷设三公、九卿辅佐皇帝执行政务。三公为丞相（掌丞天子助理万机）、太尉（掌军政）、御史大夫（副丞相，监察百官）。九卿分部治事，为奉常（掌宗庙礼仪）、郎中令（掌禁卫军）、卫尉（掌宫门卫兵）、太仆（掌皇帝车马）、廷尉（掌刑狱）、典客（掌民族事务）、宗正（掌皇族事务）、治粟内史（掌民政及财赋）、少府（掌山海池泽之税供皇室费用）。此外，中尉（掌京师治安）、内史（相当于首都的市长）等为列卿。

秦始皇确立土地私有，统一法律、文字、货币和度量衡。销毁天下兵器，拆除战国时各国的城郭及设防工事。修筑通向全国的交通大道，称驰道。他在京师西北修建一条通往边地的直道，在西南筑五尺道连接今四川、云南、贵州，加强对地方的控制。北筑长城，防御匈奴；南戍五岭，抚定百越。秦始皇不断巡行全国各地，途中刻石颂功，宣扬大一统思想。

秦始皇所完成的统一和建立的中央集权制度，对中国历史的发展做出了很大的贡献，有着深远的影响。是他领导的统一战争，结束了自春秋战国以来五百多年诸侯割据混战的局面，给社会带来了安定，当时天下黎民莫不虚心而仰上。是他建立的中央集权制度，完成了大统一，加强了各地区政治、经济、文化联系，为我国长期统一奠定了基础。尽管秦政暴虐，立国短暂，但他所创立的制度，在中国推行达两千二百年之久。

秦始皇又是一个典型的双重性人物，他功大过亦大，历代以来受到人民的唾骂。秦始皇极其残暴，烧毁诗书图籍，严重破坏文化；他又活埋议政的方士及儒生四百六十多人，钳制思想；严刑苛法，租役繁重；他大兴土木，建宫室，修陵墓；连年用兵，经常役使民力在两百万左右，占当时全国总人口的百分之十。广大人民痛苦不堪，他去世的当年就爆发了大规模的农民起义，不久，秦王朝就灭亡了。

二、雄才大略汉武帝

汉武帝刘彻，汉景帝刘启第十子，西汉第四代第五位皇帝，公元前140年至前87年在位，长达五十四年，是中国历史上屈指可数的在位超过半个世纪的帝王之一。汉武帝通过对外战争，建立了强大的西汉帝国，巩固了秦始皇建立的大一统中央集权制度，是中国历史上少有的雄主之一，与千古一帝秦始皇并称"秦皇汉武"。

（一）汉武夺嫡，其母曾梦日入怀

汉景帝有五位生皇子的夫人，为他生了十三个儿子。汉武帝刘彻排行第十。景帝薄皇后是祖母薄太后指婚的，景帝不喜欢，在宫中受冷落，没有生育。因此，景帝没有嫡长子，他在庶出中选立太子，产生了立贤的想法。古人认为嫡长子为太子的地位是上天认定的，是国本，不可动摇。如果更换太子，就会发生宫廷政变，往往是流血的斗争。西汉开国皇帝刘邦，认为嫡子汉惠帝仁弱，不如戚夫人所生的赵王刘如意贤能，要废太子立贤，遭到满朝文武的反对，汉高祖只好作罢，还给赵王母子带来杀身之祸。殷鉴不远，景帝废嫡立贤，不可不深思。

汉景帝四年（前153），立长子刘荣为太子，立诸子为王。十子刘彻立为胶东王，时年仅四岁。当时，汉景帝为了阻止窦太后逼迫自己传位弟弟梁王刘武，只好按宗法制度正常立嗣，册立自己并不满意的长子刘荣为太子，因景帝迟迟没有废除薄皇后，没有册立刘荣生母栗姬为皇后，于是留下变数。三年之后，汉景帝七年（前150），废太子刘荣，贬为临江王，两个月后改立刘彻为太子。

景帝更换太子，由宫闱斗争引发，波及宫外政治斗争。废太子刘荣两年后被逼杀，直接间接牵连的大臣有郅都、周亚夫、窦婴等三人，都被杀头。这三位大臣，都是西汉的名臣。郅都是审理刘荣修建王宫逾制案件的大臣，他秉承景帝之意逼死废太子，废太子祖母窦太后不依不饶，诛杀了郅都。前任丞相窦婴、现任丞相周亚夫两人都反对景帝废太子，周亚夫被景帝以他事下狱，绝食饿死。景帝为了新立太子顺利接班，预防废太子东山再起，不得不诛杀刘荣、周亚夫。前任丞相窦婴也因反对汉景帝废太子刘荣，在武帝即位后遭到汉武帝的母亲王太后报复被诛杀。刘荣、周亚夫、窦婴，他们都死于冤案。

围绕太子废立的宫闱斗争，有四个女人从不同侧面助成了刘彻笑到最后。

第一个女人是汉武帝母亲王娡，景帝的王皇后。她是有备而来的，怀有夺嫡野心。王皇后工于心计，贪于权势，性格泼辣，办事果决，敢于冒险，野心勃勃。王娡原本嫁给长陵人金王孙，一个平民家庭，生有一女。她听从母亲臧儿的煽动，说她和她的妹妹王儿姁都命相大贵，就坚决与金王孙离婚，抛夫弃子，自愿入宫侍奉太子汉景帝。前景未知，隐瞒婚史，冒天下之大不韪，敢于进宫，可以说是一场赌博。说来也巧，王娡姐妹都受到汉景帝的宠爱。景帝即位，册立王娡为美人。当年王美人给景帝生了一男，就是刘彻。王美人还给景帝生有三女。当王娡怀上刘彻的时候，她就向汉景帝编造了一个"梦日入怀"故事，示意自己怀有龙种，以讨取景帝的欢心，并为将来的夺嫡奠定了基础。

第二个女人是汉景帝姐姐长公主刘嫖，她不安本分，常在宫中活动。长公主逗得母亲窦太后欢喜，窦太后死时，遗命她的个人财物全部赐给长公主刘嫖。窦太后极有权势，因此长公主在宫中更为得势。长公主又示好汉景帝，时常给景帝选美，找新欢。这夺了栗姬的爱，姑嫂二人矛盾很深。当栗姬的儿子刘荣立为太子后，长公主立即改变态度，主动向栗姬示好，长公主的目的就是要把自己的女儿配给太子将来做皇后。栗姬脾气倔强，不识大体，她拒绝了长公主，还说了一些不三不四的话。长公主碰壁，非常气愤。王娡看在心里，趁机迎上，两个女人串通一起挤兑栗姬。长公主帮助立刘彻为太子，王娡就答应要儿子刘彻娶长公主的女儿阿娇为妻，将来刘彻当了皇帝立阿娇为皇后。当时汉武帝才七岁，年龄要比陈阿娇小得多，这些都顾不得了。汉武帝也十分聪明乖巧，配合得体。《汉武故事》记载，长公主把汉武帝抱坐在自己的大腿上，指着一百多个美女，让汉武帝挑一个媳妇，汉武帝全不中意。长公主指着自己的女儿问："阿娇好不好？"汉武帝回答说："表姐阿娇好，若得阿娇作妇，我用黄金盖一座房子给她住。""金屋藏娇"的典故就从这里得来的。

于是，长公主成天在汉景帝面前说栗姬的坏话，称誉胶东王刘彻多么贤能。说多了景帝听在耳里，记在心里，他仔细观察刘彻，确实觉得刘彻在诸皇子中最聪明能干。

第三个女人是栗姬。她很不自重。有一次景帝生了病，病情很严重，他觉得不行了，就找来栗姬，把诸皇子托付给栗姬，这表明景帝还没有废太子的意思。栗姬没有抓住这次机会表现自己，哪怕是说几句假心假意的话暖暖景帝的心也好。栗姬既不理智，又很蠢，她把平日的不满和怨恨全使出来，"怒，不肯应，言不逊"（《外戚世家》）。《汉武故事》记载说，栗姬骂汉景帝是"老狗"，这可能有些夸张。可是，栗姬的出言不逊，让汉景帝凉透了心，司马迁记载："景帝恚，心嗛之而未发也。"景帝城府很深，他虽然恼怒，却没有发作。

汉景帝的沉默，预示着他已下定了废太子的决心，栗姬的大限也就快到了。

不久景帝病愈，王娡抓住时机，趁热打铁，暗中示意大行礼官上奏景帝，请册立栗姬为皇后。景帝正在气头上，大行礼官不知宫中深浅，贸然上奏，拱起了景帝的无名火，景帝误认为是栗姬在背后唆使，于是下诏废了太子。

王美人的这一计十分毒辣。可怜栗姬不明就里，忧心如焚，却又无可奈何，很快就死了。

第四个女人是窦太后，她是汉景帝的母亲，在关键时起很大的作用。窦太后见景帝结发夫人薄皇后没有生儿子，就极力主张汉景帝兄终弟及，把皇位传给弟弟，窦太后的小儿子梁王刘武。汉景帝为了宽母亲的心，在一次梁王入朝的皇宫家宴上顺口而出："母亲放心，我千秋之后传位梁王。"景帝自感失言，但话已出口，只好迟迟不立太子，给王美人王娡争夺皇后之位留下空间。窦太后极宠爱长公主，王美人又善于逢迎拉拢，最后窦太后站到了王美人一边。

栗姬、太子刘荣都没有什么罪过，他们成了政治牺牲品，受到人们的同情。民间传说，刘荣死后，有几万只燕子在刘荣坟头上盘旋，衔泥叼草扔在刘荣的坟头上，一直把坟堆得很高很大。老百姓看到这奇景都忍不住落泪。司马迁这样写，是强烈地谴责王美人、长公主的恶毒，以及鞭挞汉景帝的残忍，他们丧失人性还不如小燕子。司马迁这般描写，是对被害的太子和栗姬表示深切的同情。

政治就是这样的残酷与无情。而王美人和汉武帝在复杂的斗争中胜出，在政治上得到了锻炼与成熟，确实是能者。

（二）汉武帝初即位，施行建元新政

公元前140年，汉景帝病逝，汉武帝即位，当年才十六岁。

汉武帝即位当年，就立即着手政治革新。建元元年（前140）岁首十月，发布诏令，举贤良对策，这是推行新政的一个切入点。

举贤良制度是汉文帝前元二年（前178）创立的，全称"举贤良方正能直言极谏者"。"贤良方正"是举士的名称，"能直言极谏"是入选条件。国家要推行新的大政方针，往往借日食、水旱等灾异出现下诏求言，由公卿大臣、郡国守相等二千石以上的高官按全国地区名额举荐贤良，到京师接受皇帝策问，这叫对策。对策内容是评议时政，建言新政措施，供皇帝采择，颇有点"议会制度"的风采。对策后，皇帝与大臣共同评定名次，授予职位，所以贤良对策又是求贤的选举制度。

建元元年举贤良对策的举首（即对策第一名）是董仲舒，西汉著名的大儒。汉武帝又特地给举首董仲舒下诏出了三题，董仲舒回答了三题，论证了天人关系，称"天人三策"。董仲舒在对策中，提出黜刑名，崇儒术，明教化，兴太学，令郡国尽心求贤。同时宣扬《公羊春秋》大一统学说，主张凡"诸不在六艺之科、孔子之术者，皆绝其道，勿使并进"（《汉书·董仲舒传》）。汉武帝系统地接受了董仲舒的治国思想，作为巩固政权的工具。这次所举贤良，只录用儒家，治申韩苏张之言的士人一律不用，史称"罢黜百家"。嗣后，建元五年（前136）立太学，始置五经博士，独尊儒术。两个事件，合称"罢黜百家，独尊儒术"。这是汉武帝初即位实行新政的大手笔。元光元年（前134），

初令郡国举孝廉各一人，皆用董仲舒之言。

举贤良之后，汉武帝调整班子，启用尊儒的一批人士为大臣。任命窦婴为丞相，田蚡为太尉，赵绾为御史大夫，王臧为郎中令。窦婴是窦太后的娘家侄儿，田蚡是王太后的同母异父弟。这样的安排，是汉武帝平衡他与两个太后之间的微妙关系，一箭双雕，显示了汉武帝的政治智慧。紧接着颁布了一系列新政，汉武帝发起了向窦太后夺权的举措，更化无为政治，转向以尊儒为旗帜的政治。窦太后则在伺机反扑。

建元二年（前139）岁首十月，御史大夫赵绾、郎中令王臧联名上奏，要汉武帝亲政，不要再奏事东宫窦太后。窦太后大怒，借口赵绾、王臧没办好景帝的丧事，治两人的罪，皆下狱死。丞相窦婴、太尉田蚡被免官。窦太后任用坚持黄老之术的许昌为丞相，庄青翟为御史大夫。

窦太后扼杀了建元新政。但汉武帝初试锋芒就大手笔，生动地展示了他的雄才大略。

（三）汉武帝的功过

汉武帝最伟大的建树是巩固和发展了秦始皇建立的封建中央集权制度，把中华民族悠久的物质文明和精神文明推向了一个新的高峰，对历史产生了深远的影响。如果说中国曾经有过奴隶制社会，西周是它的高峰，那么西汉，特别是汉武帝时代，则成就了封建社会第一个鼎盛时期，巩固和确立了新制度、新规范；如果说中国西周已进入封建领主制度，并创立了一个盛世，那么，汉武帝的建树则是完成了大一统的新世纪，他所造就的西汉盛世可以说有四个空前，即政治上空前统一、经济上空前繁荣、国力上空前强盛、文化上空前发展。可以说，汉武帝的文治武功，无论在当时还是对后世，都具有独特的历史意义。

汉武帝的文治。政治方面：元朔二年（前127），颁"推恩令"，使诸侯王分封诸子为侯，以削弱割据势力；元鼎五年（前112），利用酎金夺爵事件，一次削除一百零六个列侯，给西周以来行用千余年的封建立藩制度，画了一个句号；元封元年（前110）封禅泰山；元封五年（前106），置十三部刺史，以加强对地方的控制；太初元年（前104）改历，定官制，完善了国家制度。经济方面：采纳桑弘羊的建议，把冶铁、煮盐、铸钱收归官营；设置平准官、均输官，由官府经营运输和贸易；元狩四年（前119）初算缗钱，征收商人资产税；元鼎三年（前114），杨可主持"告缗"，没收中产以上商贾资财，沉重地打击了商人。这一系列经济政策，在当时筹措了巨额战费，支持了对外用兵，长远的利益则是为中央集权政治制度创立了经济基础，影响深远。消极方面，汉武帝的经济垄断政策遏制了自由工商业的发展，影响亦至为深远。此外，汉武帝运用国家政权大兴水利，加固黄河堤，大造人工渠，推广"代田法"，移民西北屯田，推进了农业的发展。文化方面：建元元年（前140），罢黜百家，独尊儒术；建元三年（前138），诏选天下文学材智之士，待以不次之位；元朔五年（前124），免除太学生徭役赋税，在全国范围推广了文化教育事业；又定音律，置乐府，采集民间诗歌。这一切都具有开创性的意义。

汉武帝的武功。汉武帝一生的主要精力用在外伐四夷。西汉彻底地打垮了匈奴，保卫了先进农耕文明的持续发展。汉帝国的疆域向北推进到了今内蒙古的大部，向西开拓了河西走廊，随后进军到西域，断匈奴右臂，其势力达于西域葱岭之巅。汉武帝发动的这场汉匈决战，保障了古代亚洲大陆黄河流域先进农业经济文化区的发展，从而确立了中华民族之称为汉人的历史地位，意义极为深远。汉武帝曾两次派张骞通西域，开辟了沟通中西经济文化交流的"丝绸之路"。又派唐蒙等人开发西南夷地区，并两越，拓境至南海。汉武帝大体奠定了中国今日之版图。

综上所述，汉武帝之功，主要有三：其一，消除割据势力，巩固了大一统；其二，外伐四夷，开拓疆土，基本奠定了今日中国之版图；其三，尊重知识，大力发展文化事业。

此外，汉武帝的人格魅力、智慧、胆略、才干，以及错误，都带给人们深深的启迪。

汉武帝的大过有三：第一，推行了酷吏政治，人民蒙受深重灾难；第二，迷信方术，追求长生不老，导致晚年巫蛊案，造成政治动乱，太子不保；第三，过度使用民力，外征内作以致"海内虚耗，户口减半"（《汉书·昭帝纪》）。有幸的是，汉武帝晚年悔悟，下轮台罪己之诏，转轨政治，用富民侯田千秋，为昭宣中兴奠定基础，西汉也避免了亡秦之辙。

三、雄主的晚景

雄主都是双重性人物，有许多共同性，有大功亦有大过。秦皇、汉武也不例外。两位雄主多次巡行全国，秦始皇还到处刻石颂功。两位雄主都曾泰山封禅，祭告天地称成功。两位雄主又都挑战死神，迷信方士，寻求长生，做出了许多荒唐的事。他们大权独揽，为所欲为，到头来成了孤家寡人，两位雄主的晚景都十分凄凉。

（一）秦始皇晚景凄凉

秦王亲政后任用李斯、尉缭、王翦等人，加紧进行统一。公元前230年首灭韩，次第灭魏、灭楚、灭赵、灭燕、灭齐，到公元前221年，十年之间兼并六国，建立了中国历史上第一个统一的中央集权封建国家，即秦王朝。秦王建号"皇帝"，自称"始皇帝"。秦始皇在咸阳筑宫室一百四十五处，藏美女万人，又在渭南上林苑造朝宫前殿，史称阿房宫，殿上可容万人。始皇帝还在骊山修皇陵，坟高五十余丈，周五里有余，掘地极深，灌入水银为百川江河大海。墓中宫殿及百官位次，珠玉珍宝，不计其数。

秦始皇大修宫室陵墓，以彰显其权力，却掩饰不住内心的悲凉。他求长生，无力征服大海，神仙不来，只好望洋兴叹。秦始皇的长子扶苏，仁慈贤明，受到秦始皇的器重，更得到大臣们的拥护。扶苏看不惯秦始皇大兴土木、焚书坑儒，提出劝谏，秦始皇气愤扶苏与自己不一条心，不立为太子，还把扶苏放逐出京，发配到北边去做蒙恬的监军。秦始皇晚年，全国人民不满秦的暴政，已从心中的诅咒转为明显的反抗。秦始皇三十六年，东郡落下一块陨石，当地人民在陨石上刻上"始皇帝死而地分"七个大字。这年秋天，秦始皇的使者从关东归来，夜过华阴平舒道，有一个人自称神灵，手中拿一块玉璧拦住使者说："替我送给滈池君。"接着又说："今年祖龙死。"使者回朝献上玉璧，奏明原委，秦始皇惊出了一身冷汗，沉默了很久才说："山鬼只知一年的事，哪有远见。"秦始皇退朝后却对左右的人说："祖龙是人的祖先。"龙是皇帝的象征，"祖龙"即"始龙"，始龙就是始皇。"今年祖龙死"，就是"今年始皇死"。查验玉璧，竟然是二十八年（前219）东巡时沉入泗水中祭祀河神的那块玉璧，更加使秦始皇郁闷。秦始皇召来太卜占卦，解说卦象出巡吉利。当时盛传东南有天子气。秦始皇决定十月出巡东南，以皇帝之尊去镇压东南的天子气，又可出巡避邪。这次秦始皇出巡，由于心事重重，精神不振，过钱塘江，遭到项羽小儿的蔑视，说"彼可取而代也"。秦始皇在回京途中，病逝沙丘宫，胡亥篡改秦始皇遗诏，赐死扶苏，夺了政权。二世亡国，更是秦始皇始料不及。

（二）汉武帝晚年悲剧

汉武帝希求长生不死，身边一大群方士骗子替汉武帝炼丹制药，下海求仙。一个叫李少君的方士，自称活了几百岁，能炼丹砂成黄金，再把黄金制成饮食用具，就可延年益寿。又一个方士叫少翁，汉武帝封他为文成将军，声称可以请来神仙，最后骗术败露被杀头。又一个方士栾大，牛皮吹得更大，说自己在海上见过安期、羡门等神仙，可以炼不死之药，汉武帝在一个月内连赐他四个将军印：五利将军、天士将军、地士将军、大通将军，又封为乐通侯，还把卫皇后所生长公主嫁给他，荒唐至极。

汉武帝重女色，皇后两人：陈皇后、卫皇后。宠妃有王美人、李夫人、尹夫人、邢夫人、钩弋夫人等。宫闱争宠，常用当时流行的一种叫巫蛊的巫术害人。照自己仇恨的人的样子刻成木偶，埋在地下进行诅咒，传说可以害死所仇恨之人。陈皇后用巫蛊害卫子夫，结果反把自己害了。奸臣江充与太子刘据有嫌隙，就诬陷卫皇后、太子用巫蛊诅咒汉武帝，汉武帝信以为真，成立专案调查太子、皇后，任用江充治巫蛊。江充指使人诬告丞相公孙贺父子及阳石公主，阳石公主是太子刘据的妹妹。公孙贺父子和阳石公主先被杀，接着江充诬告太子、皇后，并在太子宫中挖出了木偶。太子请求晋见汉武帝被拒绝，就诛杀了江充。江充同党告太子造反，汉武帝下诏丞相刘屈牦平叛。太子以皇后诏四处发兵，与丞相在长安城中大战。太子兵败逃出长安，被汉武帝派兵逼杀，皇后及大将军卫氏皆被诛灭。这一场京师城中的混战，死亡近十万，太子一党被诛杀的有上万人。汉武帝失了皇后，杀了太子，精神、声望都受到沉重打击。

后元元年（前88），宫中又发生莽何罗谋刺汉武帝的宫廷事变。汉武帝再次受到沉重的打击，第二年就病死了。

（三）秦皇汉武，千秋评说

秦始皇、汉武帝是中国历史上屈指可数的雄主，他们建立的盖世功勋有目共睹，但他们的过错也带给国人深重灾难。仁者见仁，智者见智，评说秦皇、汉武，是一个永无了期的话题。

秦皇、汉武建立和巩固的中央集权制度，保证举国一致完成事业，有利于建功。秦始皇统一六国，筑长城，修驰道，靠的是举国一致。汉武帝抗击匈奴，取得辉煌胜利，靠的是举国一致。但是，由于权力的过分集中，带来许多弊端。雄主的晚年多是悲剧，就是集权弊端带来的结果。主要有三个方面：

一是权力失衡。秦始皇过度集权，谁在皇帝身边，谁就能呼风唤雨。赵高在二世身边，他操控了宫廷政变，随意处置丞相李斯，到头来秦二世也受其害，秦朝之灭，毁于过度集权。汉初三公权重，制衡皇帝不至于过分骄纵，听得进劝谏。汉武帝一朝，前后十二个丞相，六个被杀。汉武帝用内朝决策，控制外朝，丞相权轻，成了摆设。大将军卫青奏事，汉武帝可以随意召入厕所谈话。朝臣唯唯诺诺，汉武帝为所欲为，行政效率必然怠惰。汉武帝多欲，挥霍无度，导致国家财政枯竭。征和四年（前89），国家在西域轮台设置一个数千人的屯田点，国库无钱，需要加征每户四十文助边，由此可见当时财政的衰竭程度。

二是法制苛暴。秦法严酷，造成赭衣满道，囹圄不空。陈胜等人就因秦法屯戍误期要斩首，才揭竿而起。汉武帝实行酷吏专政，使全国人民处于水深火热之中。司法官员丢开了法律条文，一心只看汉武帝脸色行事。汉武帝想宽大的人，即使罪大恶极，也不惩治。汉武帝厌恶的人，枉法惩治。有人质问杜周为何不按法律条文办事，杜周说："前任皇帝的旨意写在简上就是法律，新任皇帝说的话就是判决书，这就是法律。"地方酷吏，滥杀无辜，王温舒曾经一天就杀四百人，血流成河，汉武帝还赞许之为能。

三是大权旁落。国家政务，千头万绪，皇帝过度集权，必然旁落于群小。宦官、外戚、权臣干政，在中国历史上层出不穷，这是皇帝权力旁落的表现。集权体制不改，宦官之祸、外戚之祸、权臣之祸就不可避免。皇帝也是人，他的七情六欲，因为集权而放大，往往成为宦官与小人弄权的突破口。汉武帝生性有两大弱点：一是迷信鬼神，希求长生；二是风流成性，迷恋女色。方术骗子、奸佞小人如江充，利用汉武帝的这两个弱点，擅权弄势，导致武帝晚年悲剧。

第七堂

司马迁写谋略人物

司马迁在《史记》中写了许多智囊人物，擅长运筹帷幄。辅佐刘邦打天下的就有张良、陈平、随何、郦食其、陆贾等人。张良、陈平最为出色，两人齐名，史称良平。

一、张良智计

张良（？—前186），字子房，相传是城父（今安徽亳县东南）人。汉高祖刘邦的首席谋臣，汉初"三杰"之一，中国西汉初年著名的政治家、军事家，以智慧闻名于世。汉高祖刘邦尊张良以师礼，不呼其名，在满朝文武大臣中，独享此殊荣。张良有"帝王之师""明哲风高""机谏得宜""智勇深沉"等美誉。

（一）张良椎刺秦始皇

张良是历史上一位极具传奇色彩的人物，他原本姓姬，韩国公族，先人五世相韩。祖父姬开地，曾做过韩昭侯、韩宣惠王、韩襄王的相国。父亲姬平，是厘王、悼惠王的相国。张良从小过着锦衣玉食的生活，对韩国的感情较为深厚。悼惠王二十三年，姬平去世。此后二十年，在秦灭六国统一天下的过程中，韩国首遭其殃，秦军铁蹄踏过，韩国宗庙倒塌在滚滚尘埃中，张良弟弟也在此时死去。公元前230年，韩国灭亡，当时张良约二十二岁，血气方刚，他怀抱国仇家恨开始了浪迹天涯、伺机复仇的生活。他草草收葬了弟弟，变卖了家产和三百个家僮，倾尽全部家财，招求江湖侠客，立志谋刺秦始皇。

公元前227年，韩国灭亡的第四年，燕太子丹派荆轲刺秦王，刺杀失败，演成悲剧。而张良却别具只眼，看到了复仇的希望。荆轲刺秦王，虽然失败，却打破了秦王神圣的光环。荆轲的失败，反倒给张良一个启示，只要靠近秦王，一个力士就可了结秦王性命。于是张良效法荆轲，组织刺杀秦王，寻找机会，一等就是十年。张良椎刺秦始皇，发生在公元前 218 年，秦始皇第二次东巡之时。张良学礼淮阳，实际是国破家亡后流亡楚国。张良学礼，只是一个烟幕，他借此结交四方侠士，并通向楚国上层社会，谋求报秦之策。东方齐、楚两国当时为最大国。张良在楚都未得遇奇士，他东游齐国，访得隐者仓海君，在仓海君的引荐下，结交了一位能扔出一百二十斤大铁锤的力士，专门铸造了一把一百二十斤[1]重的大铁椎。趁秦始皇东游之机，张良与刺客在博浪沙（今河南原阳东南）狙击秦始皇。当始皇车驾驰过时，大力士急起身，猛地将铁椎砸向始皇御辇，但铁椎却擦着始皇的车辇飞过，砸中副车。巡行队伍顿时大乱，张良和刺客急忙逃走，刺杀秦始皇未遂。秦始皇大为震怒，下令在全国大肆搜捕刺客。张良为逃避追捕，更名换姓，逃匿到下邳（今江苏睢宁西北）。

公元前 218 年，秦王已经统一六国，号称秦始皇，其威势非昔日可比。张良身材娇小，状貌如妇女，但他有一身浩然正气，在大是大非的关键时刻，卓然奋发而为天下雄，表现出大智大勇，做出常人所不能及的事业来，令人肃然起敬。张良与荆轲不仅仅是英雄，而且是大英雄。

对张良刺秦始皇行为，近代有两位爱国的历史伟人，做了恰如其分的评价。一位是清代的民族英雄林则徐，他在留侯祠的题诗中说：

> 除秦便了复仇心，勇退非关虑患深。
> 博浪沙椎如早中，十年应已卧山林。

林则徐的诗寄寓很深，咏史以抒情。另一位是抗日民族英雄冯玉祥将军在留坝"汉张良祠"题写的一副对联，很有深意。其词曰：

> 侯封敝屣，汉家三杰，如公的是完人，明功成身退之义；
> 奋志击秦，博浪一椎，不中亦寒敌胆，以匹夫有责为心。

1　依据吴镇烽先生对秦半两钱等实物的测定，一斤约合今 0.5125 市斤。秦 120 斤，合今 61.5 市斤，即 30.75 公斤。参见吴镇烽：《半两钱及其相关的问题》，秦始皇兵马俑博物馆研究室编：《秦文化论丛》第一集，西安：西北大学出版社，1993 年，第 536 页。

　　冯玉祥评价张良椎击秦始皇，是"匹夫有责"的爱国行为。古代暴君夏桀自比太阳，人民诅咒："这太阳什么时候灭亡，宁愿和这太阳一起死亡。"暴君民贼，人人可得而诛之。总之，张良刺秦始皇，代表了当时广大人民的意志。

　　宋人苏轼在《留侯论》中对此提出了另一种看法。苏轼说：

　　　　古之所谓豪杰之士者，必有过人之节，人情有所不能忍者。匹夫见辱，拔剑而起，挺身而斗，此不足为勇也。天下有大勇者，卒然临之而不惊，无故加之而不怒，此其所挟持者甚大，而其志甚远也。

　　无过人之能，而逞匹夫之勇，不是真正的大勇。苏轼认为张良有"盖世之才"，却去效法荆轲的匹夫之勇，"而逞于一击之间"，是一种无补于事的冒险行为，张良得以遁逃纯属侥幸。即使刺杀成功，也只是丧了秦始皇的命，而不能结束秦朝的暴政。以暴制暴，用暴力推翻秦王朝，不能只是个人的孤立行为，而是要学项羽那样"万人敌"，像陈涉那样为天下倡，动员人民大众参与，才能使暴君独夫陷入灭顶之灾，结束一代暴政。张良年少任侠，一心只想报仇，当然不会有这种认识境界。但张良的椎刺秦始皇，并不是毫无意义的，而是大快人心，具有启迪民智的大勇精神，在动员人民反秦意识上是很有意义的。试问，如果没有荆轲、张良等人前赴后继一次又一次对秦始皇的权威挑战，就不可能在短时间内有陈胜、吴广的大泽乡起义。张良之一击，打破了"始皇帝"的神圣光环，消除了广大老百姓积于心头的巨大压力——不得对天子造反，冤死、屈死，只能认命。皇帝荒暴，就是独夫民贼，人人可得而诛之。张良向秦始皇的挑战，其作用远远大于椎刺秦始皇暴君这一行为本身，它成了催醒人民、动员反抗残暴的导引。唐李白有诗云："沧海得壮士，椎秦博浪沙。报韩虽不成，天地皆振动。"（《李太白全集》）说的就是这个道理。

（二）圯桥进履，得授兵书

　　张良椎击秦始皇，经过十余年的谋划，一旦失败，对个人意志与信念都是一场严峻的考验。张良内心的沮丧与痛苦，可想而知。秦始皇震怒，全国戒严，大索十日，不知株连了多少无辜。残酷的现实，逼使张良猛省。个人单枪匹马的任侠行为，在向掌握了国家机器的皇帝挑战时，无异于以卵击石，如同飞蛾扑火，自取灭亡。

张良获得了顿悟，达到了苏轼所批评与陈述的那种境界，经历十年修炼，动心忍性，脱胎换骨，从一个任侠成长为一个智士。张良这一人生转折的契机，就是下邳圯桥进履，得授兵书。

下邳是古代下邳国的都城，战国时属楚边邑，紧邻齐国，秦统一后置县，在今江苏邳县南古邳镇东。这里交通四达，人物殷阜，地当南北冲要，自古是兵家必争之地，所以县城垣高墙厚，城郊河道纵横。顾祖禹《读史方舆纪要》卷二十二称下邳形胜曰："北控齐鲁，南蔽江淮。水陆交通，实为冲要。"县城十分牢固，有城墙"三重"（《水经注·泗水注》），沂、泗两水会流于此。沂水至下邳城分为两流，一条从城北的西南处注入泗水，为沂水主流，另一条从城东绕行南边汇入泗水，称为小沂水（参见《水经注·沂水注》），其上有桥，就是张良漫步的圯桥。泗水径其南。楚汉相争时，这里是楚大后方的军事重镇，汉将彭越、灌婴，带领精锐骑兵，突袭项王后方，多次袭扰下邳，并歼灭楚大将薛公于此。正由于下邳地处冲要，这里的人迁徙频繁，南来北往流动人口聚集，构成了复杂的社会环境。张良逃匿于此，既有利于藏身，又有利于与四方豪俊交游，表明张良复仇之心未泯，他还要图谋东山再起。

张良谋刺秦始皇，经由多年的积劳，而谋刺失败的打击，遁逃之困苦，使其身体垮了下来，从此多疾病，也影响到张良的行侠行动。他藏匿下邳，改了姬姓，更名为张良，一边养病，一边检讨，思谋反秦良策。张良痛定思痛，体验到一个人的单打独斗，是无法奈何秦帝国的。他改弦易辙，熬过了苦闷、彷徨，学习黄老，修炼起道家的"导引辟谷"来，既养身，又养性。所谓"导引"如同佛家的打坐参禅，是道家的一种延年健体的气功，又称"行气"。修炼时要全身心地投入，摒除一切杂念，神出躯壳化为混元，与天人合一，达到形神统一、物我两忘的"智慧极高"的一种境界，其实质，是一种保健医疗方法。至于"辟谷"，又叫"却谷"，帛书里叫作"去谷"，是食气导引升华的一种境界，即不食人间烟火。秦以前的养生家，曾有人幻想过不吃五谷就可长生，有的寻找谷物代用品，服用药物，有的则除喝水以外，什么都不吃，全靠呼吸空气来维持生命，这当然只是一种主观幻想，不吃东西是不行的。有学者研究，"导引"与"辟谷"，作为道家的养生术，既引导人们健身，又引导人们养性，静思反省，达到物我两忘的境界，这可以说是在佛教传入中国以前，失意者的一个避风港。导引辟谷，对于张良来说，就好似遁入空门。张良虽学道黄老，但远未达到物我两忘的境界，反秦报国的大志还在鼓舞着他振作起来，只是残酷的现实迫使他逃遁而已。因此，张良经常到城南小沂水上的圯桥漫步，观日出日落，沉思、检讨。

有一天，张良独立桥头，这时有一个穿短袍的老翁，步履蹒跚地来到张良跟前，故意把鞋子掉到桥下，回过头来对张良说："小伙子，下桥去给我拾鞋。"老头的唐突语言使张良一愣，心想，这老头莫非倚老卖老在要笑我吗？张良心一横想伸拳揍老头一顿，但转念一想，自己正在遭通缉，不要惹是生非，况且面前的老翁，偌大年纪，给他拾鞋也不丢份儿，正如孟子说的，为长者折枝，这是后辈应该做的事。真是退一步天宽地阔，张良压下了怒气，下桥拾了鞋，交给了老人。可是这老头也不言谢，还以命令的口吻说："给我穿上。"张良想，既然拾了鞋，就把好事做到底，于是跪在地上俯身替老人穿上鞋。老人满意地笑着离开了。老人诡谲的行动使张良百思不得其解，他呆呆地目送老人离去，头脑盘旋，隐隐悟出点什么，老人似乎专门到桥头来让张良拾鞋，要试探他什么。张良目送老人走了一里地之远，渐渐看不到人影，忽然老人又折了回来，对张良说："孺子可教矣。后五日平明，与我会此。"张良困惑不解，感到离奇，对老人已生出无限敬意，张良欠身拜跪在地，答应了老人的约会。五天之后，张良一早就到了桥头，老人已先到达，生气地责备张良说："与老人期，后何也？"老人不由分说地离开了，又甩出一句话："后五日早会。"又过了五天，张良在天未亮鸡未鸣时就去了桥头，想不到老人又先到了，这一次，老人声色俱厉地责备张良说："为何又落在后面？"老人离开了，又说了一句："后五日复早来。"又一个五天过了，张良不到半夜就去了桥头，不一会儿老人也来了。老人十分高兴，对张良说："当如是。"于是从怀中取出一编竹简赠送张良，说："读此则为王者师矣，后十年兴。十三年孺子见我，济北谷城山下黄石即我矣。"说完，老人离去，没有再说别的话，从此再也没有出现。十三年后，张良果然在济北谷城山下找到了一块黄石，并把它供奉在家中。于是史称张良所遇老人为黄石公。

这个传奇故事，载于《留侯世家》，它神化张良得到仙人指教。故事中只有张良与黄石老人两个当事者，谁见，谁知，谁传，已无从查考。三次夜半往，十三年后化为黄石，离奇而神秘。但故事又平易动人，情节简易，入情入理，是民间故事的常套，流传极广。司马迁认真记载，细节刻画，一丝不苟。

古人兴众起事，往往借助神怪做宣传，民间也津津乐道，本不足怪。高祖斩蛇起义，黥布受刑当王，皆此类也。陈涉起义，吴广学狐鸣："大楚兴，陈胜王。"又鱼腹丹书，这些都是人为制造。张良所得黄石老人授书，原本是《太公兵法》。太公是周初的开国功臣吕望，又称姜太公，他隐居渭滨垂钓，七十而得遇周文王。文王死，武王立，用为军师，尊为尚父。吕望佐武王灭纣，创建了周朝八百年的天下。张良隐居下邳，痛切反思，以姜太公为榜样，立志佐贤主，灭暴秦，取天下，可以说这才是张良脱胎换骨的十年修炼。奇遇的故事可以是人为，也可以是受老人的指点。"圯桥进履"故事中的这位"圯上老人"可能就是一位从事反秦活动而隐于乡下的有心人。张良在博浪沙一击，天下震惊，必然引起民间反秦志士的注意，觉得张良资质不凡，胆识过人，只是年少气盛，忍耐不足，以致易于轻举妄动，如欲成就大事，自需一番磨炼，特别要在忍耐力上痛下功夫。待老人一再考验张良的忍耐力之后，认为系可造之才，便对他进一步指导，授予兵书，要张良苦心修炼成长为帝王师。具体事实，无须细考，要旨在正确地理解太史公记载圯上老人授书的精神，它说明张良在下邳，以道家"导引辟谷"的养生作掩护，而刻骨铭心地反省，蓄志待时，如同诸葛亮之卧隆中，仰观天象，俯察地理，修学养性，以待贤主，志清天下。张良的这一志节境界高于任侠不知几千里，血气之勇已为伟大胸怀所代替。张良成熟了，他不再是一个逞匹夫之勇的莽夫，而是一个善谋的智多星。他在下邳交纳豪杰，共襄覆秦大业。项羽的堂伯父项伯，是秦朝悬赏捉拿的要犯，他既是楚国的显贵遗臣，又犯杀人之罪，是张良收容了他。张良与项伯，遭遇相同，命运相同，仇恨一体，志趣一致，两人成了莫逆之交。想不到这一因缘，成了日后挽救沛公刘邦于灭顶之灾的机缘，演绎出了一幕鸿门宴的活剧。张良与项伯的交游，生动地说明了张良藏匿下邳，志念没有须臾忘记。《留侯世家》作了意味深长的记载：张良"居下邳，为任侠。项伯常杀人，从良匿。后十年，陈涉等起兵，良亦聚少年百余人"。其时，公元前209年，张良四十三岁。

（三）张良十大奇计

1. 计破峣关，抢先入关

公元前206年九月，沛公刘邦从武关入秦，破峣关及兰田，用张良策，不战而降秦军。刘邦有兵二万，少于秦军，强攻不能取胜。张良声言做五万人的饭菜，在野外大张旗帜为疑兵，造成汉军强大的假象。峣关守将是商贾出身，贪钱财。张良派使者进关游说秦将背叛，投降刘邦，同时派兵西向咸阳。秦军守将同意投降，放松戒备，张良劝刘邦趁机攻关，秦军大败，乘胜向前，兰田不战而降。于是刘邦抢先入关，在楚汉相争中占得了政治制高点。

2. 鸿门斗智，计挫范增

沛公破咸阳，入居秦宫室，又派兵把守函谷关，阻止项羽入关。当时项羽为诸侯盟主，称上将军，有兵四十万，刘邦只有十万兵，显然不敌项羽。张良劝说刘邦："秦皇帝暴虐无道，所以沛公才有今天，如果刚刚取胜就效法秦皇帝深居宫中享乐，好比助纣为虐，即将有大祸。"刘邦警醒，立即退出秦宫，封藏府库，还把军队撤出长安，驻扎在咸阳东郊霸上。一个多月后，项羽果然领兵攻破函谷关要击杀刘邦。张良拉拢项羽叔父项伯与刘邦约为兄弟和儿女亲家，由项伯向项羽说情，称刘邦有大功，先入关破秦，封藏府库，等待项羽；派兵守函谷关，是防止别人入秦，小人挑拨闹了一场误会。张良还教导刘邦及樊哙等人，到鸿门赴宴，谦恭低调，吹捧项羽，座席在下首，称项羽为大王，以臣礼相见。其时项羽尚未称王。张良设谋刘邦低调奉承的方法，挫败了范增欲借宴会取汉王刘邦人头的毒计，解除了刘邦的杀身之祸，使强势的项羽在鸿门宴上败下阵来。

3. 火烧栈道，麻痹项伯

范增设谋，封王刘邦于巴蜀，刘邦欲与项羽拼命。张良策动项伯，刘邦得封于汉中，又劝刘邦就国时明烧栈道，为后来韩信暗度陈仓奠定基础。刘邦还定三秦，张良致书项羽，说山东诸齐乃项王大患，刘邦只不过是如楚怀王之约得关中而止，为刘邦东出，直捣彭城，赢得时间。

4. 下邑画策，张良献灭楚大计

汉王兵败彭城，败退到下邑，召开紧急军事会议，张良推荐韩信、彭越、黥布三杰于汉王，规划灭楚战略大计，三年间楚亡汉兴。

5. 阻封六王，避免重蹈项羽覆辙

刘邦与项羽在成皋相持的紧要关头，郦食其献计刘邦封六国之后，多树项羽之敌，张良与陈平得知立即阻止刘邦分封。张良说："谁替大王出此下策？如果封王六国，那么大事就完了。"这是步项羽分封之后辙，张良列举了足够

的理由点醒了刘邦，刘邦立即销毁了封王印章。

6. 分土韩彭，会兵垓下

公元前203年，韩信破齐欲自立为王，刘邦大怒，张良劝汉王忍耐，顺水推舟封王韩信，以收其力，接着刘邦与项羽订立中分天下和约，诱使项王东归，刘邦乘势追击。韩信不派兵与会。张良劝说刘邦实授齐王韩信、梁王彭越土地，刘邦用其计，诸侯皆会，垓下之战，项羽败亡，汉朝得以兴起。

7. 穷追项羽，迫使自刎乌江

公元前202年，楚汉相争，刘邦用智，项羽用力，双方对峙广武经年，势均力敌，谁也吃不掉谁，这一形势，先退者士气低落。刘邦用计与项羽和解，以鸿沟为界，鸿沟以东为楚，鸿沟以西为汉，引诱项羽撤兵先退。这一关键时机，张良献计刘邦背约，穷追项羽，迫使项王自刎乌江，楚灭汉兴。

8. 封侯雍齿，平息争功

汉朝建立，刘邦大封功臣，诸将争功，萧何与曹参都产生了裂痕，有众叛亲离之势。张良劝刘邦尽快封其仇雍齿，平息了诸将争功，稳定了政治局势。

9. 安邦定国，建都关中

追随刘邦打天下的西汉开国功臣，大多数是楚人，不愿远离家乡，主张定都洛阳。山东人娄敬劝说刘邦，洛阳四战之地，无险可守，不利安邦定国，建言定都关中。刘邦犹豫不决，问计张良，张良娄敬说服刘邦迁都关中，奠定了汉家稳固的基业。刘邦为此破格任用娄敬为大臣，赐姓刘，于是娄敬改名刘敬。成全刘敬之功者，张良也。

10. 荐商山四皓，计安太子

刘邦欲废太子，即后来的惠帝刘盈，诸大臣强谏，刘邦不听。张良献计太子结交商山四皓，得以保全太子位，稳固了国本。

司马迁说，张良在高帝身边，有充分的条件时常讨论天下大事，所献奇计非常之多，不能具载，只择要地将关系天下兴亡的大事粗略记载下来。上述十大奇计，条条都是关系汉朝建立和国家安危的大事。

二、陈平奇计

陈平，阳武户牖乡（今河南原阳县东南）人。陈平是汉高帝刘邦的重要谋臣。地位仅次于张良，两人齐名，人称良平。在楚汉相争时，他屡出奇计，为刘邦夺取天下立下大功。吕后执政时，他机智地与之周旋，和诸大臣协力消灭了诸吕，重建刘氏的基业。

（一）少立壮志，终遇明主

陈平少年时家境不是太好，有数十亩田地，与哥嫂同居。陈平其人长得漂亮，一表人才，喜好读书不事农业，多次引起嫂子的不满。成人后，到了娶亲的年龄，富者攀不上，穷者又看不上。正好有当地大富张负的孙女，连嫁五夫，连丧五夫，无人敢娶。陈平便显示自己的才能，引得张负将孙女嫁于陈平，并拿出钱财资助陈平四处交游，名声渐起。

陈平在故里曾经主持里社的祭祀活动。每当活动完毕，陈平就操刀分配祭祀用过的牺牲，且分肉十分公平，乡里父老称赞曰："善，陈孺子之为宰！"陈平回答说："嗟乎，使平得宰天下，亦如是肉矣。"（《陈丞相世家》）

后来，陈平果然为惠帝、文帝两朝丞相，主宰天下。

秦二世元年（前209）陈胜在大泽乡举起反秦大旗，天下响应。陈平也是一个热血青年，投奔魏王魏咎帐下，后因受人谗言，便离去归服项羽。陈平归项羽后一直在其身边，他随项羽破秦入关中，被封爵而不治事，任都尉之职，相当于侍卫长。在一般人的眼中，都尉之职很荣耀，对于陈平却是大材小用。鸿门宴中陈平的具体任务是看住刘邦，不让其逃走。但是陈平通过刘邦在鸿门宴上的上乘表现，认定刘邦是必成大业的人物，于是随着项羽态度的转变，放走了刘邦，未归汉时便立下大功一件。

陈平随项羽，得知其为人。项羽喜听亲信之言，所用非诸项则为妻之昆弟，虽有奇士而不能用。项羽礼敬陈平而不重用，陈平抑郁不平。汉二年三月，汉王东出，陈平归汉。陈平通过刘邦部属魏无知的引荐晋谒刘邦。汉王问："子居楚何官？"平曰："为都尉。"汉王即日拜陈平为都尉，使参乘，典护军。参乘，即警卫副官。典护军，职掌诸将督察，颇有权力。成皋对峙初期，汉王拜陈平为亚将，与韩王信驻广武。

陈平得到刘邦的宠信，地位迅速上升，引起周勃、灌婴等人的不满，向刘邦进谗言说："平虽美丈夫，如冠玉耳，其中未必有也。臣闻平居家时，盗其嫂；事魏不容，亡归楚；归楚不中，又亡归汉。今日大王尊官之，令护军。臣闻平受诸将金，金多者得善处，金少者得恶处。平，反覆乱臣也，愿王察之。"（《陈丞相世家》）

刘邦听了周勃、灌婴等人的谗言，有所怀疑，便召来魏无知责问。魏无知深信陈平有真才实学，就辩解说："我推荐的是才能，大王您问的是德行。假如现有古代尾生、孝己那种德行而对战争胜负无作用的人，大王您愿意用吗？"刘邦听了魏无知的回答，心中疑惑已解开大半，便召问陈平说："你先事魏后事楚，今又事我，难道这是一个忠诚之士的作为吗？"陈平坦然回答说："臣事魏王，魏王不能用臣说，故去事项王。项王不能信人，其所任爱，非诸项即妻之昆弟，虽有奇士不能用，平乃去楚。闻汉王之能用人，故归大王。臣裸身来，不受金无以为资。诚臣计画有可采者，愿大王用之；使无可用者，金具在，请封输官，得请骸骨。"刘邦听后，认识到陈平是个难得的人才，于是"乃谢，厚赐，拜为护军中尉，尽护诸将。诸将乃不敢复言"。刘邦不愧是刘邦，显示出创业帝王的大度，当他分清是非曲直后立即改正过失，升迁陈平为中护军，留在身边参决谋议，诸将不敢再进谗言。

（二）离间楚君臣

离间，又称反间，就是派出间谍，或收买敌方人员，在对方阵营散布流言，制造混乱，刺探情报，挖人墙脚，做策反工作。离间之计，由来已久。《孙子兵法》中就有专章《用间》详加论述。陈平奇计，以离间楚君臣兴汉灭楚，意义最为重大，当做专题来说。

作为克敌制胜的手段之一，离间可以起到独特效果。楚汉之际，运用反间计最为成功者，就是陈平。

公元前204年，楚王项羽截断汉军粮道，困汉王于荥阳（今属河南）。刘邦在兵弱粮乏的情况下，愿割荥阳以东求和。项王主要谋士范增老谋深算，竭力主张项羽拒绝和约，急攻荥阳。刘邦得知十分着急。陈平曾任楚军都尉，熟悉项王只有范增等少数几个忠臣，而项王用人最爱猜疑，就献计说："大王如能给我数万金离间其君臣，使其内部不和，那时再兴兵攻之，必能败楚。"刘邦深以为是，马上拨出四万金任陈平支配。

陈平即刻收买人在楚军中散布谣言，说钟离眜、范增等为项王屡立战功，至今未得厚报，他们正拟归汉，希望封王得地。项羽闻此大疑，便不很信任范增、钟离眜等，特派使臣去汉军营探听虚实。刘邦按陈平计，先备下丰盛酒菜，待使臣入内后佯惊说："我以为是亚父的人，原来是项王使者。"立即下令撤换，改以粗食相待。使臣返营后，将一切报告项王，项王大怒，怀疑范增有二心。范增知项王中了反间计，一气之下，自请归家养老，竟病死途中。钟离眜也被项王削弱了兵权。陈平略施小计，就使项羽自毁长城。

陈平的反间计并不高明。《通鉴辑览》说："陈平此计，乃欺三尺童子未可保其必信者，史乃以为奇，而世传之，可发一笑。"明李卓吾评曰："此计易识。"（《史纲评要》）尽管此计只可作为笑料的雕虫小技，而陈平用之，项羽信之，何也？这正是陈平深知项羽为人，信用庸劣群小，喜听亲信之言。项羽派出的使者，多是庸劣之才，又为项羽所信，故陈平之计得伸。项羽之失，可悲也！

范增出走，是楚军的一大损失。项羽逼走范增，替刘邦消除了心头大患。项羽失了范增，没了谋士，从此被动挨打，楚军士气低落，一天天削弱。所以刘邦说："项羽有一范增而不能用，此其所以为我擒也。"

陈平善应变，能处险不惊、临危不乱。他在去楚归汉途中，要渡黄河，遇上一群强人。摇船的人看到陈平身高帅气，穿着整齐，且是一人独行，怀疑他是楚国逃亡的将领，身中一定带有贵重的珍宝珠玉，老是用眼睛盯着陈平，想要杀人越货。陈平发觉，虽心惊，但立刻镇定下来，机智地脱下衣服，光着膀子与艄公一起摇船，让船上的人看到他身无余物，打消了杀他的念头。陈平的智慧非一般人所能及。

（三）陈平的六出奇计

陈平是紧随汉王刘邦征战的谋臣。《陈丞相世家》说陈平六出奇计，得到六次封赏。陈平所出的奇计不止六次，由于十分隐秘，记载下来的有五次。

1. 离间楚君臣

此是楚汉相争最紧要的奇计，使项羽自毁长城，逐走范增，耳目闭塞，削弱大将钟离眜等人兵权，爪牙不利，楚兵战斗力削弱，见前述。

2. 解困刘邦

汉三年（前204）五月，项羽猛攻荥阳，危在旦夕。陈平施李代桃僵之计，让纪信扮演刘邦，把荥阳城中两千女子假扮成汉兵，在一天夜里，开了东城门杀出。可怜两千女兵，霎时被楚军消灭。这时由纪信扮演的汉王刘邦乘着插有牦牛尾装饰大旗的"黄屋左纛"，在随从簇拥下驶出东门。左右的人大喊："食尽，汉王降楚。"楚兵大出意外，高呼"太平万岁"，争先恐后围上来一睹汉王风采。此时，刘邦却从西门逃走。

陈平此计，保了刘邦，两千女子却死于非命，全都成了替死鬼。

3. 计安韩信

即前文所说汉四年（前203），韩信自立齐王事件，此计陈平本谋，张良助成，刘邦感悟。陈平劝刘邦优厚地招待韩信使者，麻痹了韩信。

4. 献策高祖伪游云梦擒韩信

汉六年（前201）十二月，有人上书告楚王韩信谋反，其实是莫须有的人为策划，是刘邦消灭异姓王的组成部分。诸将争相带兵出击，刘邦咨询陈平。陈平向刘邦连提四个问题：

第一，陈平问："韩信谋反，除告状人外，还有人知道吗？"刘邦说："没有别人知道。"

第二，陈平再问："韩信本人知道有人告发吗？"刘邦说："不知道。"

第三，陈平又问："陛下之兵与韩信之兵相比，哪一支兵战斗力强？"刘邦说："韩信之兵战斗力强。"

第四，陈平最后问道："陛下之将，能力有超过韩信的没有？"刘邦说："朝廷将官没人赶得上韩信。"

于是陈平总结说："陛下之兵不如楚精，陛下之将才能不及韩信，发兵征讨，有什么胜算？这不过是逼迫韩信造反罢了。"陈平委婉地戳穿刘邦的阴谋，就是要逼反韩信诛杀他。战火引燃，人民遭殃。陈平警告说："这样下棋十分危险。"言下之意，即使韩信不反而被逼上梁山，韩信将士一定会死命反击。刘邦问陈平："那该怎么办呢？"陈平说："古代天子巡察四方，召会诸侯。陛下出巡云梦，在陈县（今河南淮阳）召会诸侯，既然韩信不知情，他一定会来朝拜皇上。那时就把韩信抓了，哪里用得着打仗。"刘邦依计，果然就把韩信逮捕了。

5. 白登脱险

汉六年（前201），匈奴冒顿单于大举侵边，刘邦亲率三十二万大军征讨，在平城白登山被匈奴四十万骑兵包围。冒顿单于兵分四面：东面纯用青马，即面白青色之马；南面纯用骓马，即红黄色马；西面纯用白色马；北面纯用乌骊马，即黑色马。四面分别用纯一色的马，便于识别，阵形整齐不乱，冒顿单于志在一举全歼汉军。汉军被围困七天七夜，内外不通，粮食断绝，危在旦夕。陈平施计，派出汉朝使者，暗中与匈奴阏氏联系，送厚重的礼物，诡称汉家皇帝送一批美女给冒顿和解，挑起阏氏之妒意，教阏氏说辞，称汉皇神异，匈奴得地不能居，不如与汉和解，放汉皇一条生路。适逢天降大雾，冒顿解围一角，留一个通道让汉军逃出。这一计比较下作，走匈奴王后的后门，有失大雅，刘邦回朝封锁消息，只说用了秘计。《史记》记载说是厚赂阏氏。东汉学者谭桓和应劭推度陈平所用诡计，称汉朝皇帝献美女诱使阏氏上当，汉军才得以突围成功。

陈平用计，多是阴招，陈平也自称是阴谋家。不过政治斗争，用兵打仗，都是诡道，目的是夺取胜利。陈平辅助的是汉王刘邦，其后与周勃合谋诛杀诸吕，再造汉室，使新兴王朝得以建立和巩固，陈平奇计，应予肯定。

三、"帝王师"张良的谏说艺术

谋略人物是帝王的助手，好的谋略还要伴随关于表达的艺术，古代称为纵横捭阖。战国时期，连横合纵两大派策士，游说战国七雄国君，对外采取的策略，六国联合抗秦叫合纵，秦国为了打破合纵，游说六国与秦订立双边盟约，各个击破六国，称为连横。苏秦是合纵谋略的代表人物，张仪是连横策略的代表人物。苏秦先是以连横游说秦王，没有被采纳，改为合纵说六国；相反，张仪先以合纵说六国，晚于苏秦找不到市场，改为西入秦说连横。所以纵横捭阖泛指策士们的游说艺术，立场与说辞随形势摇摆，以取胜为目的。

后世谋臣游说帝王，不是列国之君，而是一统天下，改变了纵横捭阖的游说艺术，立志坚定，效忠其主，一个善谋之士，首先要择主而来事，为解救天下苍生贡献智慧。楚汉相争，范增奇士，错选了以项伯为主，他的奇谋善计，大多不被采用，最后被项羽赶走，疽发背而死，以悲剧告终。张良、陈平等智士，选择汉王刘邦为主，奇谋善策，均被采用，成就了汉家事业，也成就了个人功名。所以生于乱世，君择臣，臣亦择君。君明择贤臣，贤臣事明主。陈平原在项羽帐下效力，后来转仕汉王刘邦，是臣择君的一个典型；张良原为韩王效力，后事刘邦，也是一个臣择君的典型。由于国君手握极权，依人性的惯性，喜听美言，憎恶逆耳之言，所以谋臣的进言艺术必须高明，才能既安天下，又安其身。张良以筹谋划策辅佐刘邦定天下，封留侯，成为"帝王师"，他的进言艺术无人可及，试评说如次。

《留侯世家》曰："（张良）所与上从容言天下事甚众，非天下所以存亡，故不著。"这段话有两个重心，一是说，张良恪尽职守，关心国家大事，献策多多；二是说，张良进策技巧"从容言"，使领导乐于采纳，此点极为重要。古代的首席谋臣，相当于现今的首席顾问兼大秘书，让领导言听计从，才能发挥作用。什么叫"从容言"？表面是指对话技巧，两人对话十分和谐，宽松，进言人没有负担，尽情把理说透，听言者愉快接受，并付诸实现。"从容言"的实质是指进言者的品德修养，尽职尽忠，没有丝毫个人杂念。凡有私心杂念者，总是察言观色，投其所好，卖弄聪明，自己不知不觉堕落成为谄媚小人，进而成为弄柄奸臣，没有好下场。张良进言，从不抢先，不图功名，诚心诚意对事，成为进言者的典范，赢得刘邦敬重，尊张良为师长，从不称张良之名而称字，左一个"子房如何如何"，右一个"子房如何如何"。子房，就是张良的字。刘邦对其他大臣，乃至包括萧何，都是呼来唤去，如使奴仆，唯有对张良师事之，对张良的建言，从不打折扣。张良是怎么做到的呢？细说端详：

其一，张良进言，从不争功，不出风头，不抢先发言，看准时机，向刘邦进言，功归首先建言者，或说理透彻的建言人。例如，张良随刘邦入关，攻下咸阳，曾建言刘邦出秦宫室，封府库，还军霸上。先是樊哙直谏，刘邦左右大臣也多有劝说。张良最后总结分析，指出刘邦若不出秦宫室，项羽入关将有灭顶之灾，刘邦彻底心服。又如第九计，议迁都，众大臣争论得一塌糊涂，众将皆楚人，不愿西迁。等到刘敬从西戎戍守归来，进言刘邦以暴力取天下的人不可效法西周文王、武王以德取天下，要占有地利。刘邦动心，才去问张良，张良借机详细分析利弊，功归刘敬，说："刘敬说是也。"刘邦当天就决策迁都。

　　其二，棘手大事，进言者要承担责任，主动唱黑脸，留给决策人唱红脸。张良进言刘邦的第一计，用兵法诡道计破秦峣下军，第七计进言刘邦穷追项羽，这两计均为定盟背约行为。以纯道德论，背约非君子，乃小人，这个锅不能让称帝的刘邦来背负。此时张良主动强谏，承担负约之名，唱黑脸，把胜利果实和唱红脸留给刘邦，那刘邦的激动之情，不必言表。

　　其三，重大决策，务必稳重，留在决策人问计时再进言，才能收到奇效。张良进言第四计，下邑之谋献灭楚大计，是刘邦在彭城败北，退逃途中问计时，张良奉献的。刘邦五十六万大军在彭城被项羽三万轻骑打败，使刘邦产生了极大的恐惧与震撼。所以在败北途中急于召开军事会议，刘邦说谁能助我灭项羽，分天下之半。张良认为时机已到，他建言刘邦先打一个胜仗，阻击项羽于成皋以东，汉军建立成皋防线，利用地理形势，刘邦亲自坐镇，吸引项羽屯兵于坚城之下；然后派韩信在北方开辟第二战场，灭魏、赵、代、燕，进兵齐国；再派彭越深入楚后方，扰乱楚军后勤；再派一位辩士到南方说降九江王黥布归汉，也就是张两翼包围项羽，当韩信深入齐国之时就是项羽灭亡之日。这一计划，史称下邑之谋，正面战场在成皋，史称成皋之战。整个楚汉相争的进程，就是下邑之谋的执行过程。如此重大战争决策，张良十分沉稳地放在决策人刘邦急于问计时和盘托出，收到整个汉军集团坚决执行之效，创造了历史。

　　其四，进言人要善于讽谏，启发决策人醒悟，改变其固执己见，是一种艺术。张良献策第八计，进言刘邦封雍齿为侯，抚平功臣争功，稳定了初建的西汉政权。刘邦豁达大度是他性格的优点，善于团结人。但刘邦又心胸狭隘，固执己见，记恨报仇。论功封侯，只讲亲疏，大臣寒心。有的感到身危，已有叛变发生，如项羽降将利几就叛变了。讲大道理刘邦听不进去，张良陪伴刘邦出游，故意危言耸听，说诸将三三两两交头接耳在谋叛。刘邦心惊，忙问怎么办？张良故意说，陛下最恨的最想杀的人是谁？刘邦说是雍齿，张良说："赶快封雍齿为侯，诸将就安定了。"这其实是张良劝谏高祖不要以意为法，论功不要亲疏有别。又，张良建言吕后保太子的第十计，处人骨肉之间不是口舌能争的，让太子以四皓为友，其计妙绝。东汉末，诸葛亮计保荆州牧长子刘琦就是效法张良的妙计。

　　其五，不涉及人际关系地进言，畅所欲言。张良十计中多数奇策均如此，兹不赘。涉及人事关系而事关重大者，进言要充分说理。张良进言的第五计，劝阻刘邦分封六国后，此计乃刘邦心腹郦食其所献，张良得知极为震惊。因为刘邦已刻好印，郦食其马上就要出发，事情紧迫。张良立即进言，用八条道理层层深入，力谏刘邦不可分封，否则大势将去矣。楚汉相争的实质就是大一统政治与分封政治的博弈，刘邦若封六国后，岂不是步项羽后尘！后来形势变化，张良建言封韩信、黥布、彭越为王，乃是权变。用今之语言叫灵活性，张良也是运用精熟。

综上所述，张良的"从容言"，表面看是进言技巧，实质是品德修养，只有一心为公的人才能把握好进言的尺度。没有私心杂念，才能做到尽职尽责。刘邦师事张良，一半是敬重张良的智慧，一半是敬重张良的品德。萧何、曹参两人是同乡，同僚，又是好友，可是在论功行赏时，两人互不相让，差点水火不容。张良却是功成身退，拒绝受封大县。德行高下，一经比较，不言而喻。高祖品评大臣，特别将张良、萧何、韩信三人并提，称为人杰。汉初三杰，由此而生。张良居三杰之首，高祖给予了最高评价，曰："夫运筹策帷帐之中，决胜于千里之外，吾不如子房"。张良确实是实至名归，当之无愧。

第八堂

司马迁写傲傥英杰

《太史公自序》："扶义俶傥，不令己失时，立功名于天下，作七十列传。"司马迁说，他手中的笔，要为那些仗义而行，倜傥不羁，不使自己失却时机，树立功名的人作传。俗话说："人过留名，雁过留声。"人生在世，要体现自身价值，莫过于青史留名。第八堂课选择《史记》四篇传记的英杰人物，即《滑稽列传》《廉颇蔺相如列传》《吕不韦列传》《李将军列传》，以资谈说。

一、滑稽人物的诙谐艺术

《滑稽列传》写的是艺术小丑。这些市井小人物，服务于宫廷，利用他们的一技之长，插科打诨，擅长诙谐幽默的说辞，讽谏人主，也可以办大事。司马迁说："天道广大无边，谈笑之间，含蓄微妙地说中至理，也是可以排难解纷的。"司马迁不仅给这些小人物立传，还把他们的艺术语言与六经相提并论，提到了治国的高度。淳于髡等人就是这类人物的一个代表。下面把《史记》原文语译过来，稍加点染，就可以看出它的精彩绝伦。

（一）淳于髡讽谏齐威王

淳于髡是齐国一个上门女婿。身高不到七尺，诙谐善辩，多次出使诸侯，没有辱没使命。齐威王在位时，喜欢说谜语，好荒淫作乐，通宵宴饮，沉迷于酒，不问政事，把政事委托给卿大夫。文武百官放荡荒淫，诸侯国都来侵犯，国家危亡，身边近臣没人敢劝谏。淳于髡用谜语去讽谏齐威王，说："都城里有一只大鸟，停落在王宫院里，三年不飞不鸣，大王知道这是什么原因吗？"齐威王说："这只鸟不飞罢了，一飞冲天；不鸣叫罢了，一鸣惊人。"于是马上接见县令县长七十二人，奖励一人，杀了一人，并整顿军队迎击来犯的敌人。诸侯各国大为吃惊，都退还了侵占的齐国土地。齐国的声威保持了三十六年。

齐威王八年，楚国出动大军攻打齐国。齐威王派淳于髡出使赵国求救兵，让他携带礼物——黄金一百斤，驷马拉的车子十辆。淳于髡仰天大笑，连系帽子的带子都笑断了。齐威王说："先生嫌礼物少吗？"淳于髡说："哪敢嫌少。"齐威王说："为什么笑得死去活来，难道有说法吗？"淳于髡："今天我从东面来的时候，看见路旁有一个向田神祷告的人，拿着一个猪蹄，一杯酒，祷告说：'田神保佑，高地的收获满篓，低地的收获满车，五谷丰登，多多的粮食满屋满仓。'我见他拿着那么一点点东西，而要求却那么多，所以禁不住要笑。"于是齐威王把礼物增加到金一千镒，白璧十双，驷马拉的车出动一百辆。淳于髡告辞起行，到了赵国，赵王发动了十万精兵，战车千辆，楚国听到消息，连夜退兵而去。

齐威王非常高兴，在后宫设宴，召见淳于髡，赐给他酒食。齐威王问："先生能饮多少酒才醉？"淳于髡回答说："我喝一斗酒也能醉，喝一石酒也能醉。"齐威王说："先生喝一斗酒就醉了，哪能喝一石酒呢？这道理能说出来听听吗？"淳于髡说："在大王面前承蒙赏酒，执法司礼官就在旁边，记事御史还在身后，我胆战心惊，趴在地上喝酒，不过一斗就醉了。如果父亲有贵客来家，我卷起衣袖，躬身跪着，在席上陪客，不时赏我喝酒，我得举杯敬酒，连连起身应酬，喝酒不过二斗就醉了。若是与朋友交游，好久没有会面，忽然相见，高兴地述说往事，倾吐衷肠，大约能喝五六斗才醉。至于乡里聚会，男女混坐，慢慢地相互敬酒，玩博棋，赛投壶，呼朋唤友，三五成群，握手说笑也不受处罚，傻着眼看人也没忌讳，前面地上有落下的耳环，后面地上有失掉的发簪，我内心里喜欢这样，喝上八斗差不多只有二分醉。天黑了，酒残了，把剩下的酒盛在一起，大家促膝而坐，男女同席，鞋子木屐错乱了，杯子盘子乱糟糟，堂屋里的蜡烛又已熄灭，主人单独留下我，送走了其他的客人，女人解开了衣襟，隐约闻到香气。这时我心中最快乐，能喝一石酒。所以说，酒喝多了容易出乱子，欢乐到极点就会有悲哀。万事都是这个道理。这就是说，一切事情都不可过分，过分了就要衰败。"淳于髡婉转地劝谏齐威王。齐威王说："说得好！"就停止了通宵的宴饮。后任命淳于髡做接待外宾的司礼官。齐王宗室饮酒宴会，淳于髡也经常在座。

（二）优孟、优旃谈笑间动容君王

在淳于髡之前二百多年，楚国有个优孟；在淳于髡二百多年后，秦国有个优旃。优孟、优旃也是两个滑稽艺人，擅长说笑话，总是蕴涵大道理。优孟在说笑中讽谏楚庄王，优旃在谈笑之中让秦始皇和秦二世做了一些好事，两人事迹可与淳于髡媲美。

1. 优孟谈笑谏说楚庄王

优孟，原来是楚国的艺人，名叫孟。身高八尺，富有辩才，经常用诙谐的谈笑进行劝谏。楚庄王在位时，有一匹极喜欢的马，给它穿上锦缎衣，安置在雕梁画栋的大屋子里，还配备了设有帷帐的卧床，用蜜渍的枣脯喂养，结果这匹马反而患肥胖病死了。楚庄王下令君臣为死马办丧，想用葬大夫的规格葬马，有内棺外椁。亲近大臣苦苦劝谏，认为不能这样办。楚庄王下令说："还有对葬马说三道四的，就处以死刑。"优孟听说以后，进入宫殿大门，仰天大哭。楚庄王吃惊地问是什么缘故，优孟说："这匹马是大王极喜欢的，凭着堂堂的大楚国，有什么办不到的，仅仅按大夫礼来葬马，太菲薄了，我请求按最高的国君葬礼来葬马。"楚庄王说："那是什么样的规格呢？"优孟说："我建议用雕花的美玉做棺材，昂贵漂亮的梓木做外椁，用楩、枫、豫、樟各色上等木料做护棺的题凑，派遣士兵挖掘墓穴，老人和孩子背土垒坟，齐、赵等国的使者在前面陪祭，韩、魏等国的使者在后面护卫，还要给马建祠庙，用猪、牛、羊三牲齐备的太牢礼来祭祀，并且安置一万户的大邑来守坟供奉。诸侯各国听了这消息，都知道大王把马看得比人还贵重，一定能达到这个效果。"楚庄王说："我的过错竟到了这一步，该怎么挽回呢？"优孟说："我替大王出个主意，按普通的六畜礼来安葬。用土灶做外椁，用铜锅做棺材，放点姜枣做调味品，再加些木兰，用稻米做祭品，火光做衣服，把它安葬在人的肚子里。"于是楚庄王就派人把马交给主管膳食的太官，不让天下的人长久地传扬这件事。

楚国宰相孙叔敖知道优孟是一个贤人，对他非常友善。孙叔敖病重临死的时候，嘱咐自己的儿子说："我死了以后，你一定会贫困。你就去找优孟，说'我是孙叔敖的儿子'。"孙叔敖死后过了几年，孙叔敖的儿子贫困到靠打柴过日子，遇见了优孟，对他说："我是孙叔敖的儿子。父亲临终时嘱咐我贫困时来找你。"优孟说:"你不要走远了。"随后,优孟制作并穿戴上了孙叔敖生前的衣帽,学着孙叔敖行动举止和说话。一年多后,优孟活像孙叔敖,楚庄王和他的左右大臣们都分辨不出来。庄王举行酒宴,优孟上前敬酒,庄王大吃一惊,以为孙叔敖复活了,要任命他为宰相。优孟说:"请允许我回家与妻子商量看她怎么说,三天以后来就任宰相。"庄王同意了。三天后,优孟又来了。庄王说:"你妻子说了些什么?"优孟说:"我妻子说千万不可做宰相,尤其不能做楚国的宰相。像孙叔敖做了楚国的宰相,竭尽忠诚和廉洁来治理楚国,使楚王称霸。如今孙叔敖死了,他的儿子没有立身之地,贫困到靠打柴为生。如果一定要像孙叔敖那样,还不如自杀。"接着优孟唱起了歌。歌词说:"居住山野耕田苦,起早摸黑难温饱。奋起做官,贪赃卑鄙大把捞钱,不顾脸面没廉耻。为了死后妻儿富,贪赃枉法触刑律,一旦败露身家灭。哦哦哦,贪官污吏不可做。前思后想做清官,尽职终身不为非。做个清官怎么样,楚相孙叔是榜样。可怜死后妻儿穷,打柴为生真凄凉。哦哦哦,清官也不值得做。"于是楚庄王向优孟表示歉意,召见了孙叔敖的儿子,把寝丘四百户封给他,用以供奉孙叔敖,后来传了十几代。优孟的智慧,可以说善于抓时机。

2. 优旃戏说,暴君从善

众所周知,秦始皇、秦二世是两代暴君,秦二世更是一个昏君。优旃戏说,使两代暴君从善,做了一些好事。如果秦朝的众多大臣都有优旃的智慧,敢于劝谏,也许秦王朝不会二世而亡。

先说秦始皇。有一次举行酒宴而天下着大雨,殿阶下的执盾卫士一个个淋雨受冻。优旃见了很同情,就对他们说:"你们想休息吗?"殿阶下的执盾卫士异口同声回答:"那太好了"。优旃说:"我如果喊你们,你们要立即回答说'有'。"过了一会儿,宫殿上的人们向秦始皇敬酒祝寿,高呼万岁。优旃这时走到栏杆边,大声喊道:"殿阶下的卫士们在哪?"卫士们回答说:"有。"优旃调侃着说:"你们虽然身材高大,但有什么好处呢?便宜你们雨中立。我虽然生得矮,倒有福气在殿上休息。"于是秦始皇让卫士减半值班,轮番执勤。

秦始皇曾经想要扩大皇家园林,东边划界到函谷关,西边划界到雍县和陈仓。优旃说:"好。多养些禽兽在那里,东方的盗寇来侵犯,就让麋鹿用角去顶撞盗寇就足够了。"秦始皇因而中止了扩苑计划。

秦二世即位,想用漆来涂饰城墙。优旃说:"好得很。皇上即使不说,我也要建议这么做。漆城墙虽然耗费大，给老百姓带来一点愁苦，可是很漂亮。城墙漆得光光亮，盗寇来了也爬不上来。若要做成这件事，漆城倒是很容易，只是遮阴城墙的大房子不好造。"秦二世皇帝笑了起来，打消了漆城的计划。没过多久，秦二世被杀死，优旃归顺了汉朝。

二、吕不韦从政，奇货可居

吕不韦是韩国阳翟（今河南禹县）人，战国后期大商人。他在赵国结识秦国质子异人，进行政治投机，当上了秦国相国，历仕秦庄襄王、秦始皇两朝，效法战国四公子养士，有食客三千人。吕不韦下令门客撰写《吕氏春秋》，为秦统一六国做舆论准备。在统一事业中，吕不韦是有贡献的。

（一）投机政治奇货可居

世间每一种行业都有自己的规则，大贾人吕不韦遵循着"贩贱卖贵"的规则而致"家累千金"。也许是多年的商贾经历磨炼出吕不韦一种特殊的直觉，又或是多年的商贾生涯使吕不韦目光所及皆为可以生利之物，他对利益的权衡形成了自己的独特见识。《战国策·秦策》就有一段记载："吕不韦……贾于邯郸，见秦质子异人。归而谓父曰：'耕田之利几倍？'曰：'十倍。''珠玉之赢几倍？'曰：'百倍。''立国家之主赢几倍？'曰：'无数。'"总之，当吕不韦在邯郸闹市一眼瞥见"车乘进用不饶，居处困，不得意"的秦国落魄公子异人，他作出的第一反应就非常契合一个商人的思维逻辑："此奇货可居。"其实是吕不韦看到了天下大势，秦并六国，商人没有地位，转而从政，这正是吕不韦的奇伟之处。事实证明，吕不韦不仅是一个善于经营的大商人，而且还是一个识时务的大政治家。

异人，庶出，他是秦昭王次子安国君的中男，母夏姬，色衰爱弛，在安国君诸夫人中没有地位，异人就被秦昭王作为质子出使在赵国。由于秦国多次出兵攻打赵国，赵人不礼遇异人，吕不韦见到异人时，正值秦赵长平之战，异人时有生命危险，其生活困迫可想而知。异人之父安国君有宠姬名叫华阳夫人，被立为正夫人，但华阳夫人不能生育，没有儿子。又由于秦昭王太子早死，安国君顺次成为嫡子，秦昭王死后将成为秦王。吕不韦了解了这一情报后，认为秦质子异人是"奇货可居"，决定在政治上作一次赌博。由于华阳夫人是楚人，喜欢楚服。吕不韦就游说异人穿楚服，更名为子楚，以此讨好华阳夫人。吕不韦给子楚提供金钱车马，在赵国广交诸侯朋友，又雇一批人吹捧子楚，大造子楚贤能。然后，吕不韦带了大宗珍宝到秦国，打通关节见到华阳夫人，劝说华阳夫人收养子楚为子，母以子贵，给自己留后路。这样，子楚成了安国君的嗣子。

吕不韦在赵国娶了一位天姿国色、出身豪门的邯郸歌女为妾，并使其怀有自己的子嗣。在一次宴请子楚的酒席上，这位歌女为招待，她的美色引得子楚神魂颠倒。子楚向吕不韦讨要，吕不韦就把歌女送给了子楚。这是公元前260年的事。子楚十分宠爱这位赵国歌女，赐名赵姬。公元前259年正月，赵姬在赵国邯郸生子，因正月生于赵国，所以取名赵政，回秦国后，改叫嬴政。

公元前250年，秦昭王死，安国君继位，只做了三天秦王就死了，于是子楚继位，这就是庄襄王。

秦庄襄王当政，十分感激吕不韦，就让他做了秦国的相国。庄襄王做了三年秦王也死了，把秦王政托给吕不韦，这样吕不韦做了首席辅政大臣，大权独揽。

吕不韦的政治投机成功了。作为商人登上中国最高的政治舞台，掌管全国政权，吕不韦是第一人，也是整个中国封建社会的最后一人。也就是说，吕不韦以商人身份投机政治，取得的成功是空前绝后的。

（二）荐嫪毐，乱王宫，把持国政

庄襄王英年早逝，嬴政年幼，十三岁即王位，政事落入吕不韦之手。嬴政母庄襄王太后还非常年轻，她是歌女出身，哪能空守闺房，在寂寞难忍之时，就召吕不韦进宫，两人私通。本来他们就是老相好，自然亲密无比。吕不韦看着嬴政一天天长大，害怕丑事暴露，就多方寻找代理人。后来找到一个人，名叫嫪毐，将他冒充阉人入宫，日夜陪在太后左右，天长日久，生了两个儿子。太后把这两个私生子藏在咸阳西边二百公里远的雍地蕲年宫，这是秦国早期的京都。庄襄王太后与嫪毐也长年居住在这里。

　　由于裙带关系，庄襄王太后、吕不韦、嫪毐勾结成为一个政治集团，吕不韦控制外朝，嫪毐控制内朝。吕不韦封文信侯，嫪毐封长信侯。这样满朝文武都倒在相国一边。人人都知的事情，只把秦王嬴政蒙在鼓里。

（三）秦王亲政斩除奸凶

　　秦王嬴政雄才大略，他岂能容忍吕不韦、嫪毐集团长期把持政权。秦王十分聪明，他知道吕、嫪联盟，在宫内宫外盘根错节，不是轻而易举就能够斩除的。他冥思苦想，决定分步打击，先收拾嫪毐，然后顺藤摸瓜除掉吕不韦。按封建宗法制度，男子年二十行加冠礼，还可以提早到十八岁进行。可是秦王过了二十岁也没有举行加冠礼。加冠就意味着秦王成人，吕不韦要还政于秦王。吕不韦当然不乐意，千方百计推迟秦王的加冠礼，加紧扶植嫪毐势力的发展来分权，竟至于大小事皆决于嫪毐。嫪毐有家僮千人，宾客求宦为嫪毐舍人的也有千人。嫪毐甚至公开扬言是秦王的"假父"。这一下纸包不住火了，秦王知道了太后私通，以及嫪毐、吕不韦政治集团的底细，但不动声色。表面上，秦王更加尊敬相国吕不韦，称他为"仲父"。

　　双方都在紧锣密鼓地准备着，秦王决定后发制人。公元前238年，秦王政九年，秦王已经二十二岁，再不实行加冠礼已经说不过去了。太后指令吕不韦给秦王举办加冠礼，计划发动一场政变。庄襄王太后的算盘是：行完加冠礼，还政于秦王，自己住在雍县蕲年宫，秦王加冠后必然到雍县蕲年宫晋见太后。这时嫪毐发兵攻击，在蕲年宫杀死秦王，夺取政权，由太后与嫪毐所生的儿子来做秦王，由于私生子还是小孩，这样太后、嫪毐、吕不韦集团又可大权独揽了。长信侯嫪毐假传秦王命令，又传下太后命令，发动雍县县兵、蕲年宫卫士、官骑以及舍人数千人戒严，只等秦王到来。

　　秦王已有戒备，知道嫪毐的行动。他暗中令副相昌平君、昌文君调集精锐部队，做好攻击准备。嫪毐在咸阳的府第被监视起来。嫪毐作为宫廷总管，要在咸阳亲临加冠礼，然后陪同秦王到蕲年宫。秦王的部署做得很周密，嫪毐与吕不韦事前一点也不知道。嫪毐等骄狂自大，没把秦王看在眼里，疏于防范，这一点正好被秦王利用了。

　　秦王政九年（前238）四月己酉日，这是中国历史上一个不平凡的日子。秦国向何处去，历史要在这一天作裁决。双方磨刀霍霍，决战在这一天进行。

清晨，风和日丽，是一个好日子。双方的心都提到嗓子眼儿，但表面一切平静。秦王自认为稳操胜券，步履十分从容。嫪毐心怀鬼胎，忐忑不安。吕不韦心事重重，表面平和，但显然不像平日颐指气使的模样，今日秦王行加冠礼，他要交还政权，一定要显示出雍容大度来。不知将要发生事变的群臣百官，熙熙攘攘，这是难得的庆典，自然兴高采烈。在礼官导引下，秦王庄重肃穆地举行完加冠礼并礼拜完了太庙祖宗，俨然是一国之君了，全体百官都要听从秦王的诏令。这时嫪毐上前，恭请秦王前去雍县蕲年宫晋见太后。秦王一改常态，庄严地发出命令，回宫先上朝理政事，改日上雍县晋见太后。

嫪毐请不动秦王，警觉事情有变，他自然不肯上朝，托故回府。秦王冷笑一声，允许嫪毐回府。秦王知道嫪毐回府发动叛乱，有意让他先动手。嫪毐一走，秦王立刻下令咸阳戒严，四门紧闭，不得放走任何一人出城。

秦王在殿上召集群臣会议，公布嫪毐的罪行，有意不提吕不韦一个字，秦王还要利用吕不韦的声望，用吕不韦之手铲除嫪毐集团，然后顺藤摸瓜牵连吕不韦进行打击。秦王发布讨伐嫪毐的宫廷诏令，由吕不韦挂帅征讨。昌平君、昌文君已经做好了攻击准备，吕不韦已经是赤手空拳，不能不听命于秦王。

秦王军队包围长信侯府第，长信侯嫪毐一伙已经动员起来，两军在咸阳发生大战。秦王发布命令说："无论士兵还是宦臣，都有讨灭叛臣的义务，只要杀叛兵一人，拜爵一级，任何人，只要活捉嫪毐，赏钱一百万，杀死嫪毐，赏钱五十万！"好一阵厮杀，只觉得天昏地暗，血流成河。最后秦王的军队取得胜利。

嫪毐兵败咸阳，被乱兵杀死。其重要成员卫尉竭、内史肆、佐弋竭、中大夫令齐等二十余人都被活捉。卫尉竭是宫廷警卫长，内史肆是京都首长，他们成为叛乱集团的骨干，这说明嫪毐集团卷得多么深，这场宫廷政变是多么的令人心惊。由于嫪毐被杀，蕲年宫的叛乱没发动起来就被扑灭了。

（四）不韦迁蜀，世传《吕览》

秦王政十年（前237）十月，吕不韦因嫪毐事株连被免相国，回到封国河南。又过了一年，诸侯使者交通吕不韦，络绎不绝。秦王害怕吕不韦造反，于是赐书曰："君何功于秦，秦封君河南，食十万户。君何亲于秦，号称仲父。其与家属徙处蜀。"吕不韦看出，秦王害怕自己的影响，已动了杀机，不愿受诛，于是饮鸩自杀。一个执掌十三年秦国政权的一代名相，就这样心有不甘地离开了人世。

吕不韦是一个很有政治才干的人。他执政期间，为秦国的统一做出了贡献。秦王政初年的军事行动，都是吕不韦指挥的。史载：

元年：全部攻占韩的上党郡。蒙骜平定晋阳，重建太原郡。蒙骜是吕不韦重用的秦国大将。

二年：再度攻取魏的卷。

三年：攻魏有诡。

四年：拔取魏有诡。

五年：攻取魏的酸枣、燕、虚、桃人等二十城，建立东郡。

六年：攻取魏的朝歌。迁卫君角于野王，作为秦的附庸。

七年：攻取赵的龙、孤、庆都。攻取魏的汲。

八年：长安君（盛桥）攻赵，在屯留叛降赵国。

九年：攻取魏的长垣、蒲、衍氏。

吕不韦能识人用人，完成秦朝统一的开国丞相李斯就是吕不韦发现并推荐给秦王的。为完成统一，吕不韦还做了集思想大成的工作，就是前文提到的《吕氏春秋》，又称《吕览》。据说这部书完成以后，吕不韦用重金悬赏，有客人能增删一字者赏千金，由此可以看出吕不韦的自信。这是一部统一百家思想的书，流传后世。

在秦并六国，建立统一的中央集权制事业中，吕不韦做出了重大贡献，是和李斯并称的两位秦国大臣。

三、李广难封

飞将军李广是西汉反击匈奴侵扰战争中涌现出来的一位英雄。

秦时明月汉时关，万里长征人未还。
但使龙城飞将在，不教胡马度阴山。

这首名为《出塞》的诗，是唐代边塞诗人王昌龄的经典作品。历代人民每当国家有敌警之时就会想起李广，由此可见李广在历史上的地位和影响。李广是一位神箭手，百步穿杨；李广用兵神出鬼没，善于奇袭敌人，敢于打近战，短兵相接，拼死战斗，全军团结如一人，个个神勇。匈奴将士畏之如神，于是给他起了一个绰号叫"汉朝的飞将军"。

然而，这样一个不可多得的将领，在仕途上却得不到公平的待遇，后半生始终是"官不过九卿"，"无尺寸之功以得封邑"。特别是最后一次与匈奴决战，统治集团出于偏见与私心，竟把李广调出主力部队，使他难以施展自己；加之行军迷路，贻误军机，在上司的威逼下，不得不含恨自刎。

李广的悲剧暴露了封建社会摧残人才的本质。汉武帝是想干一番事业的，他曾破格提拔了一批人才，而他的迷信、偏私又压抑了某些人才。李广的命运在封建时代具有普遍性的意义。

单从战功来看，李广一生戎马，败多胜少。从汉匈战争的大背景来看，李广带兵四五千，最多一万骑，不是汉军主力，常常是作为配合主战场的支路战术部队来使用的。像李广那样的战将很多，如与李广齐名并称的程不识将军，也是当时名将。此外，公孙贺、公孙敖、赵信、李息、张次公、苏建等一大批封侯的将军有几十位，司马迁何不为他们立传，却单单给李广作传？李广是因司马迁垂名青史，受到万人景仰。司马迁既有对李广的遭遇的不平及同情，也有对统治集团最高统治者处事不公的愤慨，但又没有直接表露，而是"寓论断于序事中"，把悲愤之情藏于字里行间，写得辞采斐然，是一篇情、理、事绝佳的人物传记。司马迁是怎样塑造李广的典型形象的呢？下面试作分析，分三个层次来谈。

（一）《李将军列传》的内容

汉武帝时的汉匈大决战，几次大战役都投入了数十万的兵力，李广作为二千石级的将军，虽然独立作战，只是支军策应，由于带兵少，遇上匈奴主力因寡不敌众，总是遭到重创，甚至全军覆灭，乃至一次被俘逃脱。司马迁与李广是同时代人，他目睹李将军其人风采，熟悉他的为人，访得李广的事迹一定不少。但作者没有记流水账，泛泛记述其人，而是选取了若干典型事例，仅用三千多字，就把李广一生的精神风采和人格魅力再现了出来。

全文有五个段落。

第一段，简要写出李广的家世和他青年时期仕文景时的际遇与战功。可以说李广出场就与众不同。李广是陇西成纪人。关西是将军频出的地区，秦汉时有"山东出相，山西出将"的民谚。春秋战国至秦汉之际，今陕甘一带是汉人与胡人争战之地，生活在那里的人们对打仗是十分熟悉的，男女都能走马射箭。而李广又身为将门之后，其先人就是秦朝著名大将李信，受着"世世受射"的家庭熏陶，更具有当军事指挥员的优越条件。因此，从军之初，便很快显露出他的才干。李广侍卫皇帝，"冲陷折关"，搏斗猛兽；李广与吴楚军作战，"取旗，显功名昌邑下"。李广担任的职务凭着战功迅速提升，从中郎到武骑常侍，从骁骑都尉到边郡太守。论年龄，当时李广仅三十多岁，已经以勇猛善战著称于世了。难怪汉文帝对他说："惜乎，子不遇时！如令子当高帝时，万户侯岂足道哉！"李广生不逢时吗？历史的答案是否定的。在文景时，李广就在平叛吴楚之战以及在边郡与匈奴的战斗中崭露头角，可是未得封侯，在武帝时赶上大规模反击匈奴的战争，而阴差阳错，仍未封侯。司马迁引用汉文帝的话对李广的杰出才干作了高度评价，也是后来李广没有得到公平待遇的例证，其用意深刻，并透出一股悲凉。

第二段，写李广与匈奴作战的事迹，以及凸显李广善射的遗事"射虎没矢"等内容，展示了李广胆略超群，治军简易。同时写了李广也有心胸狭隘的一面，枉杀了霸陵尉。本段内容是全传的精髓，而对敢打硬仗的作风的描写是重中之重。作者用精细的笔触，绘声绘色地描述了三个故事。

第一个是追捕射雕人，突然遇敌，在众寡悬殊的情况下，他从容自若，指挥战士佯装"诱骑"，使对方上当受骗，化险为夷，最终脱险而归。

第二个是受伤被俘，在押送途中，他乘敌不备，飞身夺马，且战且退，最后脱险而归。

第三个是被十倍于己的左贤王军队包围，他率领全军将士浴血奋战，即使在伤亡过半的情况下，仍能鼓舞士气，沉着应敌。一直战斗到援军赶来，迫使敌人退去。

三个故事集中表现了李广作为指挥员的三个侧面：第一个表现他临危不惧，沉着机智；第二个表现他善抓时机，勇脱困境；第三个表现他身先士卒，顽强坚定。看过故事，没有读者不为李广超人的胆略和勇猛善战所感动。

李广在战场上对敌人猛打猛冲，冷酷无情；平时和战士相处又是那样平易近人，对士卒关怀备至。他得到皇帝的赏赐，从不独占，总是分给部下。队伍饮食供应不足，一向是"士卒不尽饮，广不近水；士卒不尽食，广不尝食"。他的生活十分简朴，为二千石四十余年，而"家无余财"，他也从不把治家产的事放在心上，"终不言家产事"。

在治军方面，他也有独特的风格。行军没有严格的编制和行阵，幕府中的文书簿籍事务一律"省约"，甚至夜间连刁斗都"不击"。是不是李广太随便、太麻痹大意了呢？当然不是这样。他只是不讲究烦琐的形式，在关键的地方他是丝毫也不放松的。作者明明白白地告诉我们"然亦远斥候"，这句话很有分量，尤其是那个"远"字，对表现李广治军粗中有细的特点，颇有画龙点睛的作用。

第三段，写李广一生血战不得封侯的苦闷，以及晚年出征，遭受排斥，含恨自刎的悲剧。李广青年从军，为二千石四十余年，却始终未能封侯，相反"为人在下中，名声出广下甚远"的李蔡，不但封侯，还做了丞相，位至三公，甚至连"才能不及中人"的李广部下，封侯者也多达数十，这是什么缘故呢？李广心情十分苦闷，找望气者王朔解答。望气者王朔是专以观测星象云气预卜吉凶的，这种人算命的诀窍就是先引诱人说出自己一生中最内疚的事，然后接过话题作为占卜的依据，以便自圆其说。所以当李广说出"杀已降"的事件之后，他便煞有介事地告诉李广"祸莫大于杀已降，此乃将军所以不得侯者也"。倘若李广说出别的内疚的事，他也会接过来说，"啊！祸莫大于如此如此"。这等人，说话总是左右逢源，不足为训。那么李广何以难封？下文将继续探讨。

第四段，写李广门第的衰落，加重了悲剧气氛。传末写李陵降匈奴事，因与李广个人事迹较远，这里不对李陵作评论。

第五段，作者评论。称赞李广是活在人们心中的英雄。

（二）李广难封的原因

李广未能封侯，当时军民为之抱不平，故李广死时，一军皆哭，天下知与不知的平民百姓也为之动容。历代以来，人们也为李广鸣不平，以至于"李广难封"成为一个讨论的课题，至今还争论不已。有人说，李广难封，因其祖上李信是秦朝大将，汉朝承秦，对秦人遗民子孙有歧视。这种观点毫无根据，把现代的阶级观念搬到了古代，不符历史，姑置不论。有人说，李广不善言辞，不会公关，不拍马屁。也有人赞同司马迁提出的观点，李广数奇，即命运不好。李广数奇，是一般世俗之见，是当时人的历史局限，也是给予李广不平待遇的汉武帝、卫青等人的观点，而且还是李广本人无可奈何而叹息的观点。这一观点，在今天当然站不住脚。李广难封，有主客观的原因。客观原因是当时人们观念凝固，立法不健全，主观原因是李广受到不公平的待遇。

秦汉时奖励战功，以斩敌首级来论功，杀敌首级，爵位升等，所以封爵为级。卫青、霍去病，他们打了大胜仗，且不用说，而跟随卫、霍主力作战的那些偏将军，才能不及中人，在李广之下的人，乃至李广部属因李广调离后不久也得了封侯，因为他们都立了战功，杀敌若干，俘获若干，自己未败。李广呢？却总是与敌死战硬拼，杀得匈奴人胆寒，畏李将军如虎。李广杀敌不少，可是却没有战功。原因是，李广为支军诱敌，总是以少击众，如元狩二年（前121），李广出右北平，以四千骑之众迎战匈奴左贤王四万骑，虽然血战杀敌，而自己也差点全军覆没，于是功过相抵，无赏。这种封赏的法律本身是不公平的。李广打的是阻击战、攻坚战，策应主力，本军作出重大牺牲是对全局付出的代价，应为首功。现代战争，受命打阻击战的作战部队差不多也要全军覆没，他们是当之无愧的英雄。特别是李广死心眼打仗，吃亏不小。元光六年（前129），卫青、公孙贺、公孙敖、李广等四将军，各率万骑分路出击匈奴。李广等三路掩护卫青主力深入匈奴龙城，卫青如入无人之境，长驱直入龙城，立了战功，而李广出雁门恰遇匈奴主力，血战而全军覆没，自身被匈奴生俘，半道拼死逃脱回来，不但无功，按汉律还有死罪。由于李广勇猛杀敌，允许用钱赎罪，免官为平民。司马迁为之愤愤不平，字里行间批评李广为什么这样死心眼打仗？司马迁是以贬为褒，就像写《屈原列传》，埋怨屈原为什么不离开楚国到别的国家去谋发展，可是读了《离骚》后深受屈原爱国的精神感动，认为自己的想法是错的，不觉出了一身冷汗。司马迁埋怨李广死心眼打仗，很可能也出了一身冷汗，所以才倾其全力用心用血写出《李将军列传》，表彰李广的爱国主义情怀，作者司马迁的命意就在于此。千百年来，世世代代人产生对李广的同情、怀念，李广难封在人们的心中，李广及其作者司马迁可以欣然长眠于地下了。

李广难封的主观原因当然是受到统治集团的不公平待遇。

李广最后一次出征，正是汉朝大规模反击匈奴的漠北战役。汉朝投入骑兵十万，步兵（包括辎重部队）数十万，卫青、霍去病各率一军，兵分两路，双管齐下，这对李广来说是最难得的杀敌立功的好机会。他不顾年迈，"数自请行"。汉武帝本应该给他创造条件，发挥这位老将的作用，特别是发挥他百发百中的射技。不料，汉武帝表现却很冷淡，"弗许"。经过再三请求，"良久乃许之"，以李广为前将军。前将军本应为先锋，正面当敌，李广的愿望眼看就要实现，不料，出军之时别生枝节。原来卫青是个外戚将军，他为郎时，其友公孙敖救过他的命。这次出征，卫青早有计算，他要公孙敖为先锋立功封侯，于是从中作梗。果然汉武帝嘱咐卫青"李广老，数奇，毋令当单于，恐不得所欲"。这样，卫青有恃无恐，强令李广改出东路。东路迂远，又失向导。结果，李广非但未能杀敌立功，亲捉单于，而且还贻误了军机，按军法当受审。他毅然"引刀自刭"，演出了一幕千古悲剧。

李广死后，李氏的不幸并未结束。作者在第四段落又告诉我们，李广的儿子李敢因替父报仇击伤了大将军卫青，结果又被霍去病趁打猎的机会用暗箭"射杀"。当时霍去病正威名显赫，汉武帝为了袒护他这个姨侄，竟声称"鹿触杀之"，一桩人命就这样不了了之。

李广的一生大部分时间都是在战场上度过的，他为保卫汉朝边境的安全立下了汗马功劳，但最后并没有死在战场上，反而死在自己的刀剑之下，这个历史悲剧是令人深思的。它告诉我们，封建社会统治阶级对人才的培养选拔除了要符合本阶级利益的需要外，还有一层亲疏关系、恩怨关系，以及个人偏爱或成见等人为的罗网笼罩着。即使像雄才大略的汉武帝和功劳显赫的卫青、霍去病也不例外。何况李广又是个"讷口少言""自负其能"的人，遇到不顺心的时候还敢和顶头上司发脾气，不辞而别，这样一个有"个性"的人才，要想取得统治者的重用显然是很困难的。

一生血战的李广虽得不到统治者的喜欢，在人民群众中却享有崇高的威望。他死以后，"广军士大夫一军皆哭"，"天下知与不知，皆为尽哀"，可以肯定在这个悼念的行列里一定也有司马迁。司马迁是怀着深深的敬意与同情来追述李广的事迹的。在第五段赞语中司马迁引用了一句古语和一则谚语，高度赞扬李广那种以身作则的精神和朴实无华的品质，说明他和李广在感情上已经产生了强烈的共鸣，爱其所爱，憎其所憎。这篇传记之所以感人至深，根本原因也就在这里。

（三）《李将军列传》的艺术特色

本传作为千百年来传颂的名篇，不但内容丰富，思想厚重，而且书艺绝伦。举其大端有以下几个特点。

其一，司马迁塑造典型人物，善于立一主题编织故事，人物情节故事化，本传就是一个典型。从故事性来看，《李将军列传》重点记述李广追杀匈奴射雕者、佯死脱险、斩霸陵尉、右北平射虎没矢、破左贤王之围、不对簿自刎等一系列故事，用以展现李广一生"数奇"而怀才不遇的悲情故事，故事突出，所以读来兴味无穷，氛围悲壮，发人深省。从主题看，明人陈仁锡说："子长作一传，必有一主宰，如《李广传》以'不遇时'三字为主。"（《陈评史记》）李广一生屡立奇功而受到不公平待遇，这是一个突出的矛盾。全篇故事围绕这一主题矛盾进行组织和展开，因此寓意深刻，非大手笔不能为此。

其二，把握人物特征，突显李广"善射"与"忠实宽厚"，写出个性。先说"善射"。凡名将各有特长，李广"善射"，乃是受"世世受射"的家庭熏陶，在李广身上发扬光大。李广"与人居则画地为军陈，射阔狭以饮，专以射为戏，竟死"。这里的"竟死"，指李广一辈子，终其身以善射为乐。匈奴是引弓之民，为汉边患，李广以"善射"对匈奴，征服射雕者，其武艺精彩绝伦，乃至于射虎、射石没矢。艺高人胆大，如比"善射"，敢与引弓之民族匈奴比高低，所以李广敢打近仗、硬仗。李广凭"善射"判断敌情，伤中贵人者乃匈奴射雕者。李广还凭"善射"脱险，凭"善射"在打遭遇战中稳住阵脚，阻敌前进。射石没矢，则是"善射"的传奇。李广有如此绝世之才艺，运用于生逢其时的抗匈战争中，却以悲剧结局，更加耐人寻味。因此司马迁写李广"善射"，不是孤立地写才艺，而是写人的际遇与命运，韵调高昂，不同凡响。

其三，把握人物性格特征，展示人格魅力。李广的"忠实宽厚"也是古代名将中最突出的。李广外貌"悛悛如鄙人"，长得像一个庄稼汉。李广不善言辞，司马迁说他"口不能道辞"，一句假话都不会说，一点假也装不出，可以说貌如其心。李广作风宽缓不苛，让士卒人人自便，尊重人格，又廉洁奉公，把赏赐都分给了部下。李广行动上热爱士兵，"乏绝之处，见水，士卒不尽饮，广不近水；士卒不尽食，广不尝食"。李广做到了"其身正，不令而行"的圣人之教。司马迁许之以"忠实心"，说李广"忠实心诚信于士大夫"。这些是李广的人格美、心灵美，赢得了全军的拥护。李广死心眼打仗，与他的人格是分不开的。

其四，善用对比手法。在《李将军列传》中，司马迁将李广的"善射"与匈奴射雕者对比，将李广的治军与程不识对比，将业绩与李蔡对比，突出了李广的才艺、品格与际遇。《史记》用互现法将《李将军列传》与《卫青霍去病列传》对比，突出李广死心眼打仗，虽受不平待遇而爱国精神不减，这正是中华民族的可贵民族精神，牺牲小我，一切为国为家。《李将军列传》与《韩安国列传》对比，韩安国是忠厚长者，善待曾侮辱过他的人，而李广却杀了霸陵尉，这是对李广心胸狭隘的批评，也恰与一个粗犷猛将的生性合拍。

其五，语言朴素精练，生动传神。作者往往用三言两语就能把人物栩栩如生地刻画出来。如李广夜行霸陵，李广、随从、霸陵尉三人的不同情态就跃然纸上。三人对话场面非常精彩：霸陵尉喝醉了酒，一开口便"呵止广"。听了随从的介绍，他非但不收敛，反而借酒意挖苦人——"今将军尚不得夜行，何乃故也"，地地道道是一副酒醉失态的下级军官的模样。李广的随从话语不多，只有一句"故李将军"，但说得不卑不亢，十分得体。试想，在这种场合还能让李广出面介绍说"我是从前的李将军"吗？显然不能，再加上霸陵尉是乘酒兴执法，争吵不得，所以四个字看来简单，其实不多不少，正切合人物身份。那么此时此刻站在旁边的李广心情如何，不言而喻，肯定是感到蒙受了莫大的侮辱，他难受，他气愤，恨不得猛击对方一拳，方能吐出这口窝囊气。但他终究还是把怒火强压下来。他心里明白，自己毕竟是"故李将军"啊。

短短三十几个字，刻画了三个人物的形象。霸陵尉与随从当面对话，是明写；李广默不作声，是暗写。明写者，形象鲜明，惟妙惟肖；暗写者，虽不著一字，但读者从作者叙述的矛盾冲突中，完全可以想象得出他的心理、神态、面貌的变化。多么精彩，多么耐人寻味！

司马迁写雪耻故事

雪耻，就是洗掉耻辱。一般来说，受害方采用报复手段，讨回公道，平复伤害，称为雪耻。雪耻的本质是对个人、团体，乃至国家神圣不可侵犯的权利的捍卫。在法制社会，对个人权利的捍卫，正当的方法是通过诉讼，讨回公道。在古代，如果无法通过诉讼，或者通过诉讼达不到讨回公道的目的，受害方采用非法手段，报仇雪恨，这就是常见的雪耻方式。如果是暴君压迫臣民，或者是政治迫害，国与国之间的斗争，受害方雪耻，往往要经过多年储聚力量，甚至几代人的努力才能达到雪耻的目的。这样的雪耻行为，基本是暴力对暴力。一个真正的男子汉、大丈夫，顶天立地于人世间，既能伟岸特立，又能委曲求全，留得青山。在受到伤害的时候经受得起，能够低下身份蓄积力量，此特称为屈。当有了足够的力量，敢于果断地爆发，一举击败敌人，报复成功，此特称为伸。能屈能伸才是大丈夫。只屈不能伸是奴才，只伸不能屈是逞匹夫之勇，这两种都没有出息，是凡庸之辈。其实雪耻的完成，就是一个能屈能伸的过程，因此，能雪耻的人，必然是大丈夫。

《史记》中的雪耻故事，就是歌颂能屈能伸的大丈夫。本堂课选取了四则雪耻故事：赵氏孤儿兴家灭仇（见《赵世家》）；句践卧薪尝胆报国仇（见《越王句践世家》）；范雎雪耻，须贾马食（见《范雎蔡泽列传》）；伍子胥掘墓鞭尸（见《伍子胥列传》）。赵氏孤儿兴家灭仇，写的是春秋时晋国六卿之一的赵氏遭受政治迫害，也可称为赵氏在政治斗争中失败，因保存了一个孤儿，得以兴家灭仇。句践卧薪尝胆报国仇，写的是国与国之间的斗争，失败的一方复国的故事。范雎雪耻，须贾马食，写的是蒙冤报仇的故事。伍子胥掘墓鞭尸，在当时人看来是一种倒行逆施的报仇行为，因为是以臣犯君。司马迁为什么要写这样一个典型故事，他要给人以什么样的启迪，本堂课在故事完结时，再作评析。

一、赵氏孤儿兴家灭仇

赵氏孤儿即赵武，他是将军赵朔之子，晋卿赵盾的孙子。赵武兴家灭仇，是发生在春秋中期晋国史上的一次大政变。赵氏衰而复兴，成为晋六卿中最显赫的家族。一百余年后，三家分晋，赵为谋首。在赵孤事件中，韩厥帮助赵氏，韩赵二氏从此携手。因此赵孤事件影响及于三家分晋。

赵氏在晋国的兴起，始于赵衰辅佐晋文公，始为晋卿。赵衰之子赵盾仕晋襄公、晋灵公、晋成公、晋景公四朝，权势显赫，为晋正卿。赵盾廉直，晋灵公暴虐，赵盾强谏，晋灵公欲诛杀赵盾，赵盾出逃，其族弟赵穿弑灵公，立成公。赵盾子赵朔娶成公姊为夫人，巩固与公室的同盟。春秋时晋为公国，故称公室，相当于后世的王室、皇室。

政治斗争是残酷的。赵盾虽与公室同盟，仍不能免祸。赵穿弑灵公的阴影一直笼罩在公室与赵氏政敌的头上，他们处心积虑要抹去这道阴影，念念不忘为晋灵公报仇，诛杀赵氏。成公死后，其子姬据继位，是为晋景公。晋景公重用屠岸贾为司寇，掌管司法。屠岸贾是晋灵公宠幸的大臣，对赵氏怀恨最深，背后更有栾氏、郤氏的支持，他要寻机灭赵氏。

晋景公三年（前597），楚攻郑。晋景公命赵朔为下军主将，率师救郑。赵朔领兵外出，屠岸贾认为时机已到，于是贾提起旧案，追究弑灵公的责任。屠岸贾通告诸将说："赵盾是弑灵公的后台，就是贼首。臣子弑君，子孙在朝，这是放纵罪人。为严肃法纪，请各位诛灭赵氏。"将军韩厥反对说："事情过了许多年，先君都没有惩治赵盾，现在反而追究他的后代，这不是先君的意志，而是随意滥杀，是作乱。再说，这事也要请示当朝国君，否则就是目无君主。"屠岸贾不听。韩厥就传递消息给赵朔，让他逃亡，不要回来。赵朔一派正气凛然，他对韩厥说："只要你保护我的后代，我死而无恨，父债子还，我就为过去的事，偿了这条命吧。"赵朔没有逃走，他平静地对待屠岸贾发起的变乱。

屠岸贾包藏祸心，他借机会肆意扩大打击面，排挤政敌，对赵氏各族，不分长幼，全部诛灭，掀起了大案，诛杀了许多无辜。

赵朔妻子是晋景公的姑姑，当时怀有身孕，为了避难，躲进了公宫。不久生了孩子，是个男婴。屠岸贾搜查公宫，要杀害这个婴儿。赵夫人情急生智，把婴儿藏在裤子里，躲过了搜查。赵夫人为了保护这根独苗，就把婴儿偷送出宫,交给赵朔的友人程婴。程婴与赵朔的门客公孙杵臼商量,将赵氏孤儿留给程婴,由公孙杵臼取了一个别人的婴儿带着逃入山中,然后由程婴出来告发公孙杵臼,屠岸贾派人杀死了公孙杵臼和婴儿,造成赵孤已灭的错觉。程婴终于把赵氏孤儿养大了。民间传说,公孙杵臼带的婴儿,就是程婴的婴儿。程婴调包,保全赵孤,牺牲自己的骨肉,更是义重于天。十五年以后,赵氏孤儿长大,取名赵武,意思让他发扬武德,消灭仇敌,重振赵氏门风。

有一天,晋景公生了病,韩厥等人借机制造舆论,说是赵氏的冤魂在作祟,要求晋景公为赵氏平反。晋景公问:"赵氏还有后吗?"韩厥把实情告诉了晋景公,晋景公命韩厥与诸将合力支持赵武发难,诛灭了屠岸贾,恢复了赵氏的爵邑。

又过了几年,赵武过了二十岁生日,行了加冠礼,独掌门户。程婴向赵武告辞说:"我程婴活下来是为了救赵孤,所以让公孙杵臼和那个替死的孩子先走了一步,现在你成人了,我该去追随公孙杵臼,向他报告你的成长。"赵武哭泣不肯。程婴不听,自杀。赵武以人子之礼尽孝三年,以后年年祭祀,如同生父。

人们把程婴、公孙杵臼和那个替死孩子三人埋在一起,称三义冢(在今陕西韩城市芝川镇),人称程婴等人为三义士。

二、句践卧薪尝胆报国仇

春秋末期,当中原各国的争霸接近尾声之时,东南的吴越两国之间的杀伐却拉开了序幕。

公元前494年,夫差为报国耻家仇,起大军攻打越国,两军相遇于夫椒(今太湖椒山)。越军大败,夫差率军乘胜追击,攻下越国的都城。句践只得率领残军五千人退守会稽山上。夫差父亲吴王阖庐是在与越王句践作战中受伤而死,这一战是夫差报仇。

面临灭国之危的句践,不得不紧急地向诸将士谋求退吴之计,甚至宣布:"谁能助我退吴者,我将与他共享越国之政。"这时从楚国来越的大夫文种提出了"卑辞厚礼"向吴请和臣服的建议。无奈之中的句践接受了这一建议,立即派遣文种带厚礼到吴军中去卑辞求和。文种来到吴军帐中，向吴王允诺说："只要大王赦免了越国，句践愿臣服请罪，并送金银玉器、珠宝和美女慰劳您的军队。越国所有的宝器全献给大王，越王和夫人为大王奴妾。"

这时吴国大臣伍子胥立即上前力谏说："天以越赐吴，勿许也。"夫差一听，颇觉有理，顿时犹豫起来。

正当吴国君臣争议未决之际，文种又向句践献计，贿赂贪财好色的执掌吴王内外事务、权力极大的太宰伯嚭。于是文种便将美女八人和一些金银财宝送给伯嚭，请他说服吴王讲和。并声称："只要你能说服吴王赦免了越国，又将有大批美女金银进献。"接着又进一步说："如果越国得不到吴王的宽恕，句践将会烧焚宗庙、杀死妻子儿女、销毁金银宝器，带领五千甲士奋起抗争。到时吴王就算征服了越国，也会损失惨重，一无所获。"

伯嚭接受了贿赂，就立即对夫差劝道："臣听说，一国攻打他国，无非是使他国臣服而已，现在大王父仇已报，越国请降，愿纳贡称臣，我们还有什么要求呢？"并将文种的话转告给夫差。已经开始骄奢自满的夫差认为很有道理，对兵败的越国不屑一顾，就答应了越国的求和。大臣伍子胥流泪感叹道："今不灭越，后必悔之。勾践贤君，种、蠡良臣，若反国，将为乱。"

屈辱求和的句践，为了不忘国耻，没去吃上好的饭食，没去睡舒适的床铺，而是苦其心志，劳其筋骨，饿其体肤。他将猪苦胆吊在座位前，每日坐卧都能仰见，每顿饭食之前都要尝尝胆汁。甚至将苦胆吊在门口处，每次出入也要尝尝。尝胆之时，都要反问自己："句践，你忘了会稽山上的亡国之耻吗？"此外句践每天还亲自与百姓一起耕种，其妻子亲自纺纱织布；每顿饭食从不吃肉，从不穿华丽的衣服。而且冬天也用冷水洗脚，每晚睡在稻草上，不断反省自己。这就是著名的典故"卧薪尝胆"。

为了早日报国仇，句践对内采取了一系列复国建设措施。（以下内容兼采自《越绝书》《国语·越语》等）

安抚人民，获取民心。一回国句践就向越国百姓道歉，亲自葬死问伤，吊忧贺喜，送往迎来，废旧立新，深得百姓拥护。

繁殖人口，发展生产。宣布男女适龄婚嫁，壮年男子不得娶老年妇女，老年男子不得娶年轻女子，奖励多生多育。要求广大君臣百姓亲自耕种，非自己种的粮食不吃，非自己夫人织的衣不穿。越国十年不向百姓多征收赋税，百姓皆贮藏有三年的粮食。

礼贤下士，唯才是用。不但重用文种、范蠡等一班良臣，而且对贤士折节躬请，厚遇宾客。安排他们在越国住最好的房子，穿华丽的衣服，吃美味的饭食。并因才用人，如让文种治内政，范蠡治军事、外交等。

扩充军队，巩固国防。句践在全国悄悄征集兵源，凡青年男子都应征入伍。暗地铸造强弓利剑，并分水陆两军，日夜操练。在训练中，句践积极灌输复仇思想，要求士兵为报国耻家仇而苦苦训练，用重赏严惩来教育士兵勇于听命，乐于立功，做到"进则思赏，退则思刑"。

对吴外交上，积极消耗吴国的民力、财力。

为结吴王欢心，句践经常送去玉帛、珍玩；从越国伐取大木，运到吴国姑苏为吴王增修姑苏台，吴王立即派大量人力投入修建，历时很长。一座金碧辉煌的姑苏台落成后，夫差十分高兴，对句践更加放心。接着句践又派范蠡在全国选美女送给吴王。夫差终日沉迷女色，不理朝政，吴国政治更加腐败。

十年的准备，使越国具备了复仇的条件。

公元前482年，趁夫差北上争霸，会晋于黄池时，句践便小试牛刀，进攻吴国。很快越军便攻占了吴都姑苏，夺取了吴国的许多船只。夫差也只得草草结束会盟，撤兵回救，并同越国讲和。

公元前478年，吴国大闹饥荒，都城无粮，国库空虚，百姓四处逃生。加上几年来的北上伐齐抗晋等争霸战役，使吴军疲惫不堪。句践认为灭吴的大好时机已到，便兴起三路大军向吴国发起了全面进攻。句践亲率中军，迅速攻进吴国腹地，所到之处，吴军纷纷投降，越军直逼姑苏城下。经过几年的长期围困，至公元前473年，吴国终因粮尽援绝，城门被攻破。无力回天的夫差想效仿二十多年前的句践"卑辞求和"，可是却没得到句践的赦免，只好流涕自刎而死。夫差一死，剩余的吴军全部投降，句践拥有整个吴越三江之地。

经过二十二年的苦心经营，句践终于灭吴雪了昔日会稽之耻。伍子胥的话在二十年后得到了历史的回音。句践为报国仇而"卧薪尝胆"，也成了千古佳话。

三、范雎雪耻，须贾马食

范雎原是魏国人，在魏丞相魏齐府里当宾客。有一年范雎陪同大夫须贾出使齐国。范雎一表人才，谈吐不凡，受到齐王的重赏。须贾疑其出卖了情报，向魏齐打了小报告。魏齐审判范雎，打断了范雎的肋骨，把范雎丢弃在厕中。范雎哀求看守救他。看守谎称范雎已死，将尸首丢了出去，救了范雎，于是范雎改名换姓叫张禄。秦国使臣王稽早听说范雎之名，认为是个人才，在王稽的帮助下，范雎逃到秦国，又在秦人郑安平的推荐下，范雎游说秦昭王，终于当上秦相，排挤了魏冉，执掌了秦国政权，仍然称张禄，人称张禄丞相。

范雎仍用假名，他要出其不意报复须贾和魏齐。他先放出话来，扬言伐魏，魏国恐慌起来。听说张禄丞相是魏国人，于是魏昭王主动派出使者须贾入秦打探虚实，联络感情，范雎等的就是他。

须贾到了秦都咸阳，住进了客馆。范雎打扮成一个佣工，衣衫单薄，求见须贾。须贾见了范雎，大吃一惊，说："范叔在秦国好吗，怎么在这里相见？"范雎说："那次我没被打死，好不容易逃出来，在秦国一户大姓人家做佣工。"须贾见范雎穿得单薄，送了他一件绨袍，又招待了一顿饭。须贾对范雎的处境不免心酸，因此动了恻隐之心。饭后须贾对范雎说："你在秦日久，人又聪明，了解秦国的张禄丞相吗？来了几天也见不上。"范雎假装说："我家主人与张禄丞相恰好是好朋友，这个忙我还帮得上，可以给你带路。"须贾非常高兴。他又对范雎说："我的马这两天有病，我是魏国使臣，必须坐高车驷马，你能帮忙吗？"范雎说："这好办，我向主人家借。"

范雎赶来高车驷马，亲自执鞭，载着须贾赶到了丞相府。车未到府门，丞相府的人赶紧避向两旁，须贾感到很奇怪。他正纳闷，车到了丞相府门。范雎对须贾说："大夫在门外等着，我进门去通报丞相。"须贾等了半天，左等不见范雎，右等不见范雎，怎么范雎进了丞相府不出来了？须贾等急了，向守门人打问："先前进到丞相府的范叔，怎么老半天不出来？"守门人回答："这里没有范叔，先前进门的人就是张禄丞相。"须贾一听，吓得灵魂出窍，他这才知道受了范雎的愚弄。

须贾肉袒负荆，托看门人带他进丞相府谢罪。但见范雎高高在上，陪侍的人很多。须贾跪地谢罪，口称万死。范雎对须贾说："你有三大罪：诬我有外心于齐，罪一；魏齐辱我于厕中，不劝止，罪二；用尿来浇我，罪三。念你赠我绨袍，有故人之恋，现在我免你死罪。"说完喝令须贾退下。

过了几天，须贾辞行，范雎宴请六国使者，广聚宾客，在堂上会餐，而令须贾独坐堂下，放置马料，派两个力士左右挟持，强令须贾吞食。范雎对须贾说："回到魏国替我转告魏王，赶快把魏齐的人头送来，不然我要发兵攻破大梁。"

须贾回国向魏齐报告了出使秦国的情况，吓得魏齐丢了相印逃到赵国，躲到平原君家。范雎得知，请平原君入秦访问，然后把平原君拘留，派人出使赵国，告知赵王用魏齐的人头换平原君。赵相虞卿丢了相印，保护魏齐逃出赵国，回到魏国去投靠信陵君。信陵君见事关重大，没敢收留。魏齐走投无路，自杀身死。赵王取了魏齐的人头，派人送给了范雎，平原君才回到赵国。

范雎相秦，有仇必报，有恩必赏。他不忘郑安平和王稽的搭救、推荐之恩，向秦昭王推荐二人，王稽从一个外交小官升为河东太守，郑安平做了将军。

四、伍子胥掘墓鞭尸

伍子胥，名员，楚大夫伍奢之次子，春秋时著名的政治家。他辅佐吴王阖庐、夫差称霸，后被奸臣伯嚭陷害而死，是一个悲剧人物。伍子胥由楚仕吴，为的是替父报君仇，这在古代是骇人听闻的。伍子胥是中国历史上第一个不信命运，不信天，敢于反抗压迫，为自身人权而斗争的勇士。在上古时期，夏、商、周三代，天命史观占统治地位，国君是天子，臣民要无条件服从国君，有所谓"君让臣死，臣不得不死""君要臣三更死，臣不得五更亡"的君臣观。春秋时代，这种伦常关系已经产生了动摇，周天子权威扫地，诸侯相互征伐，楚国、吴国、越国等国君都称王。臣弑君、子弑父的事件也屡有发生。尽管如此，臣绝对服从君这一伦理观念，基本没有动摇。伍子胥的父亲伍奢和哥哥伍尚，都是在顺从君权的淫威下屈死的。伍子胥发誓要向这一传统的伦常观念挑战，他要替父报仇，诛杀楚王，颠覆楚国。他历经磨难，实践了誓言，借吴兵攻破楚国。这时杀害伍子胥父兄的楚平王已死，伍子胥就掘墓鞭尸。时人认为这是大逆不道，司马迁却称赞伍子胥是一个真正的男子汉，因此为伍子胥写了一篇精彩绝伦的大传。

故事从头说起。

楚平王的太子名建。伍奢为太傅，费无忌为少傅。伍奢为人正派，有才学，受到太子建的尊敬。费无忌为人奸诈，他嫉妒伍奢的才干，不满处于太子少傅这样的副手地位。楚平王为太子建娶秦国之女为妇，派费无忌迎亲。秦女很美丽，楚平王好色。费无忌打起了主意，他认为排挤伍奢、离间太子的机会已到。他擅离迎亲岗位，飞马赶在前头报告楚平王，眉飞色舞地述说秦女漂亮，劝楚平王自娶，另给太子建娶妇。如此荒唐的主意，竟然被楚平王采纳。费无忌奸计得逞，从此以后，太子建和伍奢的命运就发生了改变。

费无忌害怕太子建掌权，天天进谗言。太子建害怕了，逃到了宋国。费无忌劝楚平王诛杀伍奢及其两个儿子伍尚和伍员，伍员即是伍子胥。

楚平王逮捕了伍奢，对伍奢说："你写信召两个儿子来就释放你，不然就杀死你。"伍奢说："我两个儿子，老大伍尚柔顺，有孝心，知道我受难，他一定不辞死来看我；但老二伍员，一向桀骜不驯，他不会听话来送死。你们斩草除根的算盘要落空。"但伍奢还是写了信。

楚平王派公差带着伍奢的信去召伍尚、伍员。伍员对哥哥说："楚王召我们，是要斩草除根，我们赶快逃走，替父报仇才是正经大事，不要去送死。"伍尚对弟弟说："父亲受难，儿子逃走，这是不孝，会留下骂名。我去陪同父亲一块死，尽儿子的孝，你有本领报仇，赶快逃走。"就这样，伍尚跟着公差走了，伍员逃出了楚国。

楚平王杀害了伍奢、伍尚，通缉伍员。

伍员到了宋国找到太子建，又赶上宋国内乱，伍员与太子建就逃到郑国。太子建在郑国受到很好的接待，但他却替晋国当间谍，被郑国发觉，处了死刑。伍员就带着太子建的儿子（名胜）历经九死一生，终于逃到了吴国。

伍员在吴国，看到了吴国政局不稳。公子光是吴王僚的堂兄，吴王诸樊的儿子。诸樊是吴王寿梦的长子。吴王寿梦有四个儿子，依次为诸樊、馀祭、馀眜、季札。寿梦认为少子季札最贤，要传位给季札。季札不肯，他坚持宗法制度，要哥哥诸樊继位。寿梦临死遗嘱，兄终弟及，依次传位到季札。于是诸樊死传位馀祭，馀祭死传位馀眜，馀眜死传位季札，季札不接受，逃离国都。吴国大臣拥立馀眜的儿子姬僚继位。公子光反对，他认为季札让位，吴王位应回到宗子继承，应当是自己继位，他处心积虑要杀害吴王僚夺取政权。伍员认为公子光有魄力，可以实现自己报仇雪恨的计划，就大力支持公子光。伍员替公子光出谋划策刺杀了吴王僚，公子光夺得了政权，即后来的吴王阖庐。

伍员推荐当时最负盛名的军事家孙武做了吴国的将军。

　　吴王阖庐为了答谢伍员，经过长期准备，大举进攻楚国。公元前506年，孙武、伍员率领三万精锐吴兵，避开楚国正面防御，从淮北长途迂回奔袭楚国，出其不意连败楚军五次，破敌二十余万，行军两千余里攻破楚都郢，即今湖北江陵市。这时，楚平王已死。继位的楚昭王就是楚平王与秦女所生的儿子。楚昭王出逃，伍子胥就挖开楚平王墓，暴露楚平王的尸体，打了三百鞭子。

　　秦兵救楚，吴国后方又发生了内乱，吴王阖庐撤兵，楚昭王复位。吴国当时只是个小国，吞不掉楚国，但吴兵却攻破了楚国，这要归功于孙武的计策，创造了古代以少胜多、以弱克强、长途奔袭的光辉战例，孙武大军事家的地位从此确立，《孙子兵法》从此扬名。这些都源于伍员报仇雪恨。伍员的复仇心态与执着，发挥了人的最大主观能动性，演出了两国交兵小国胜大国的奇迹。司马迁评论说："办事不要太刻毒，不要结仇恨，楚王结仇一个臣子，楚国就遭了如此大难，教训深刻啊！"伍员克服重重险阻的雪耻精神是古代反暴精神的发扬，带有民主意识与人权抗争精神，更受到了史家的高度赞扬。

　　中国古代，报仇雪恨，使用暴力，在伦理上有它的依据。春秋时齐襄公灭了纪国，《春秋》书为"纪侯大去（大去，就是一去不复返，指纪国灭亡）其国"。谁灭亡了纪国？齐襄公灭了纪国。为什么不写齐襄公灭了纪国，因为齐襄公是复仇。是什么样的仇呢？原来齐襄公九世祖齐哀公，被纪侯的远祖在周天子面前说坏话，被周天子杀了。难道九世之仇还要报吗？《公羊传·庄公四年》："虽百世可也。"汉武帝太初四年（前104），贰师将军远征大宛得胜，汉朝威震国外，断了匈奴右臂。汉武帝发布诏令表彰汉军的丰功伟绩，说："高皇帝遗朕平城之忧，高后时单于书绝悖逆。昔齐襄公复九世之仇，《春秋》大之。"（汉武帝发布复仇诏，见《匈奴列传》）《礼记·曲礼》说得更为明确："父之仇，弗与共戴天。"疏曰："父者，子之天。杀己之天，与共戴天非孝子也。行，求杀之乃止。"意思是说：父亲是当儿子的天，杀父亲的人就是杀了自己的天，与这个人不能共戴一个天，容忍仇人就是不孝。雪耻的办法就是把仇人找到杀死，追到天涯海角也要做到，这才是孝子。也就是说，只要是报父之仇，即使杀人也是天经地义的。赵氏孤儿赵武灭屠岸贾，报杀父之仇，没得说的。伍子胥雪耻，引纳敌国之兵乱父母之国，以臣犯君，在君臣伦理上是倒行逆施，因为君是臣之天，天是不可犯的。吴军破郢，楚昭王逃难，到了云中宿于郧公斗辛之家。斗辛的弟弟斗怀说："楚平王杀了我们的父亲，如今我杀楚平王的儿子，可以报仇雪恨了。"斗辛不同意，说："君讨臣，谁敢仇之？君命，天也。若死天命，将谁仇？"（郧公斗辛保护楚昭王事，见《楚世家》）郧公斗辛保护了楚昭王。

　　司马迁赞同伍子胥的行为，称赞他是一个真正的男子汉。一个臣民反抗一个国君，要冒多大的风险，会有多大的成算？伍子胥九死一生，曲线报仇，达到了目的。正是这一大无畏的精神，受到司马迁的高度赞扬。伍子胥的行为对不对呢？司马迁有一个理论，他在《太史公自序》中说："贬天子，退诸侯，讨大夫。"班固写《司马迁传》改为"贬诸侯，讨大夫"。班固认为天子是不可贬的。司马迁继承了儒家孟子的开明思想。孟子曾说："民为贵，社稷次之，君为轻。"齐宣王说"汤放桀，武王伐纣"，是"臣弑君"。孟子批驳说："贼仁者谓之'贼'，贼义者谓之'残'。残贼之人谓之'一夫'。闻诛一夫纣矣，未闻弑君也。"（《孟子·梁惠王下》）意思是说："破坏仁爱的人叫作'贼'，破坏道义的人叫作'残'。这样的人应叫作'独夫'，我只听说周武王诛了一个独夫殷纣，没听说什么以臣弑君。"司马迁称汤武的行为是"革命"，即革天命，不合理的天命是可以改变的。所以司马迁把陈涉起义与汤武并提。伍子胥所逆的是乱命之天的楚平王，是反暴精神的极致，带有民主意识与人权抗争的精神。司马迁还写了豫让因智伯待以国士之恩而誓死为之报仇，所捍卫的是自尊精神。司马迁所写的雪耻故事，不是颂扬以暴易暴，而是颂扬人权尊严的精神，得到人们的认可。

第十堂

司马迁写冤案

　　冤案，指人世间人际交往中，由于世态炎凉、权力斗争，无端被卷入的飞来横祸，蒙受冤屈。个人、团体乃至国家都可能蒙受冤案，一个国家无端被侵略，被灭亡，本质就是冤案。我们常说的冤案，一般指个人蒙受的冤屈。在一个腐败黑暗的社会，民众蒙受的冤案层出不穷。本堂课评说的都是在一个升平社会，国家手握大权的重臣蒙受冤案，这是权力斗争造成的冤案，它具有深层的意义，如何杜绝，是一个深层研讨的重大课题，本堂课只讲具体的冤案过程，深层意义只是提出的一个课题。

　　司马迁处于西汉盛世汉武帝时代，他所写的冤案有三大件，当时是惊动朝野的大事件，而且恰恰发生在景帝和武帝初年，正当文景之治的鼎盛阶段。这时政治稳定，经济繁荣，社会一片升平，皇帝圣明，臣工守职，史称"人人自爱而重犯法，先行义而后绌耻辱焉"（《平准书》）。恰恰就在这一朗朗乾坤中，西汉有三大忠臣蒙冤，尽瘁国事而死于非命。

　　这三大忠臣就是晁错、周亚夫、窦婴。晁错、周亚夫景帝朝蒙冤，窦婴枉死于武帝初年。三人都不是当朝皇帝要杀的人，而是复杂激烈的政治斗争中逼迫圣明皇帝做出违心之事而被屠杀的忠臣，其事令人深思。晁错，颍川人，西汉著名政论家，主张削减诸侯王封地，吴楚七国借机联兵反汉，晁错被诛杀弃市，满门抄斩。周亚夫是西汉开国功臣周勃之子，传见《绛侯周勃世家》。周亚夫平定吴楚七国之乱，再造西汉，因直言顶撞了汉景帝，被下狱活活饿死。窦婴是外戚，汉文帝窦皇后的堂侄。另一外戚田蚡是景帝王皇后的同母异父弟。窦婴和田蚡两人都是汉武帝的亲戚，窦婴是奶奶外家，田蚡是母亲外家。武帝初即位，奶奶窦太皇太后和母亲王太后都健在，两姓外戚同时贵盛，窦婴为丞相，田蚡为太尉。一个年少气盛的皇帝，两个太后，两个国舅外戚，关系微妙。两宫皇太后干预朝政，表现在朝中就是窦、田相争。起初权力平衡，窦婴与田蚡尚能和平相处，等到窦太皇太后死去，窦婴失势，田蚡贵盛，权力平衡被打破，窦、田矛盾激化，窦婴联合失势的将军灌夫对抗田蚡。王太后庇护田蚡，使自己的权势膨胀，汉武帝要抑制外戚田蚡势力，却又不愿与母亲交恶，在母子妥协中窦婴与灌夫成了牺牲品。窦婴在景帝三年平吴楚之乱立有功勋，封魏其侯，田蚡全凭王太后的裙带关系封武安侯。司马迁以这两个外戚合传来揭露西汉盛世下的宫廷斗争，题名《魏其武安侯列传》。窦婴之死，是失势贵族在权力斗争中的牺牲品，最具典型意义的悲剧色彩。

由上所述，晁错、周亚夫、窦婴三大忠臣蒙冤，通过他们的历史悲剧，司马迁深刻揭露了专制政体上层统治集团的互相倾轧和权力斗争的黑暗，表现了作者敏锐的洞察力和对专制政治的批判与谴责。三大忠臣的命运人生，动人心魄，司马迁将其写得精彩淋漓。三个人物的列传，也是《史记》中的名篇。

一、晁错削藩身弃市

晁错，生活于文帝、景帝时期，是对"文景之治"起到重要作用的历史人物。

（一）太子智囊

晁错，颍川（今河南禹县）人，自幼受到良好教育，师从精通申商之学的张恢，学习刑名之学，这为他日后从政打下了良好的基础。

晁错步入政界的第一任官职是以文学征为太常掌故，很快迁职为太子舍人、门大夫、家令。迁职如此之迅速，是因为晁错博闻强记，对《尚书》的复兴做出了重大贡献。汉文帝时，天下无人研究《尚书》，只有一个齐人秦博士伏生精通《尚书》，年九十余，手不能写，而记忆尚可，汉文帝诏太常派人往齐地抢救国宝，晁错接受任务，到伏生那里记录整理《尚书》，伏生口授，晁错用当时通行的汉隶记录，称《今文尚书》。晁错不仅记录，还解说其文意。晁错出色地完成了任务，汉文帝很高兴，认为晁错是一个人才，故令其入东宫服侍太子，即后来的汉景帝刘启。

晁错入东宫，发现太子读书很多，又有过人的骑射技术，但缺少心机，不懂得驾驭臣下的权术，晁错上书汉文帝用权术指导太子，汉文帝很高兴。为了把太子培养成能御臣使民的君主，汉文帝拜晁错为太子家令，辅佐太子。太子十分器重晁错，言听计从，晁错成了心腹。太子送给晁错一个雅号，称他为"智囊"。

（二）献策治边

晁错是西汉著名的政论家，热衷于政治改革，关心时事，在汉文帝时就不断上疏言事，与贾谊齐名，并称"贾晁"。西汉"文景之治"的出现，贾晁的政论，发挥了重要作用。

晁错献策治边，为文景时期备战匈奴奠定了理论与政策的基础。晁错建言，有以下几个方面：

第一，选择良将。晁错认为匈奴之所以出入陇西如入无人之境，"非陇西之民有勇怯，乃将吏之制巧拙异也"。他引用兵法说"有必胜之将，无必胜之民"，因此"安边境，立功名，在于良将，不可不择也"（《言兵事疏》）。

第二，扬我之长，击匈奴之短。晁错说，匈奴的长处有三：其一，匈奴马力善走，中国之马不敌；其二，匈奴之民，在马背上生活，能且骑且射，中国骑兵，难以抵御；其三，匈奴游牧为业，逐水草而居，长期的迁徙生活，养成了匈奴之民不怕风雨、抗饥渴的体质，中国之民所不敌。但中国军队长处有五：其一，中国有战车，平原作战，车骑结合，既能构筑坚固的阵地，又可迅猛突击，冲乱匈奴的阵形。其二，中国兵器精良，强弓、长戟，刺得宽，射得远，匈奴的弓箭抵不了。其三，中国军队，训练有素，长短兵器配合，弓弩游动射击，军队列阵冲杀，匈奴军队抵挡不住。其四，中国军队步骑结合，万箭齐发，射向同一目标，匈奴的皮甲、木盾招架不住。其五，下马在地面搏斗，短兵相接，中国军队灵活，步履轻捷，匈奴之兵不如。匈奴之兵长技有三，利于马背山间作战，中国之兵长技有五，加之人数众多，利于平原作战。若以我之长，击敌之短，以数十万之众，对付数万匈奴之兵，以十击一，必胜无疑。

第三，全副武装归附的匈奴人，以中国之兵器，再加上边地的良马，以夷制夷，一旦遇到险阻，则用这支军队出战，抵消匈奴的长技，再加上汉军的配合，互为表里，此为万全。

第四，募民实边，储粮塞下，加固边防。

第五，大规模养马，充实战备。

匈奴扰边，西汉王朝统治集团内部主和与主战两派存在着激烈的斗争。汉初，主和派占上风，以和亲策略延缓匈奴的进攻。但匈奴百约百叛，汉朝随着国力增强，主战派一天天抬头。晁错是文景时期主战派的杰出代表。晁错写了《言兵事疏》《守边劝农疏》《募民实塞疏》《论贵粟疏》等一系列政论，从长远的战略高度，提出了守边备塞的方针政策和一整套完整的战胜匈奴的战略战术，为巩固边塞、备战反击匈奴奠定了军事理论基础，为西汉的强盛做出了重大贡献。

（三）建议削藩

景帝即位，任命晁错为内史，不久升任为御史大夫，把削藩的实际操作提上议事日程。晁错建议从削藩的支郡入手，压缩诸侯王势力。晁错又修改了法令，以便限制诸侯王的权力。削藩令出，诸侯哗然。吴王刘濞联合楚、赵、胶东、胶西、济南、淄川等六国，打出"请诛晁错，以清君侧"的口号，发动叛乱，事发于汉景帝三年（前154），史称"七国之乱"。晁错倡言削藩，在汉文帝时已经提出。汉文帝是一个沉稳的政治家，他认为削藩不应急于求成，没有采纳。但汉文帝非常欣赏晁错的才能和忠心，特地任晁错为太子家令，留给景帝来使用。晁错上疏汉文帝，谦称"狂夫之言，明主择焉"。汉文帝批示："今则不然，言者不狂，而择者不明，国之大患，故在于此。"汉文帝以明君的心态，高度评价晁错的上疏，认为晁错言之有理，并明确表示言者无罪，对与错责在君主，"择者不明"则"错"，"择者有明"，即使言论错了，也不会导致错误发生。这段对话，载于《汉书·晁错传》，说明晁错生逢盛世，得遇明主，是何等的幸事。汉景帝没有汉文帝的雅量，性情急躁而刻薄寡恩。景帝采纳了晁错之策而削藩，七国兵起，景帝却借晁错的人头来平息叛乱。袁盎进言景帝："方今计，独有斩错，发使赦吴、楚七国，复其故地，则兵可毋血刃而俱罢。"汉景帝沉默了一阵，说："顾诚何如，吾不爱一人以谢天下。"（《吴王濞列传》）汉景帝竟拜袁盎为太常，让袁盎秘密出京，劝说吴王罢兵。晁错未经审判，以皇帝宣召名义被召来，穿着上朝的衣服，被行刑队直接带到闹市上腰斩，晁错满门被诛杀，无论少长，一个不留。

（四）晁错之死的原因

晁错冤死，是一桩大惨案。景帝违心诛晁错。司马迁在《太史公自序》中高度评价晁错是"为国家树长画"。《袁盎晁错列传》记载了晁错与父亲的一段对话，生动地表达了晁错的一片忠心。晁错父亲从老家颍川赶到京师对晁错说："当今皇帝即位不久，信任你执掌大权，你为什么要去削弱诸侯，挑起皇室自家人的纷争，不少人说你的闲话，干吗这么做！"晁错说："我早就料到了，不这么干，天子不尊贵，国家不安定。"晁错父亲说："刘家天下安定了，而晁家却危险了。我要先走一步了。"晁错父亲服毒自杀，临死时说："我不愿活着看到晁氏灾祸。"晁错父亲死后十多天，晁错被诛。汉景帝和满朝文武都知道杀晁错是一桩冤案，但还是一定要杀，因为当时的君臣要借晁错的人头来揭露吴楚谋反"清君侧"的谎言，用以激励士气。用汉景帝的话说："顾诚何如，吾不爱一人以谢天下。"意思是："我顾不了那么多了，晁错这颗人头借定了。"晁错死后，谒者仆射邓公为校尉，从前线回朝奏事。汉景帝问邓公说："晁错已被诛杀，吴楚罢兵了没有？"邓公说："吴王反叛准备了几十年，诛晁错只是一个借口，臣担心，从今以后，天下的人都要闭起嘴巴不说话了。"汉景帝说："为什么呢？"邓公说："晁错削藩，是为了尊贵朝廷，国家的万世之利，计划刚刚实行，晁错遭了大祸，在内堵塞了忠臣的嘴巴，在外替诸侯报仇。臣认为皇上这件事做得并不好。"汉景帝沉默了好一阵，说："卿说得好，朕也很后悔。"于是任命邓公做城阳中尉。

晁错之死，不仅仅是政治斗争的牺牲品，也有许许多多自身的原因，主要有三：

其一，晁错急于求成，得意忘形，犯了众怒，乃取死之道。晁错为御史大夫，削藩政策推行，其他改革法令，短短一个多月，连续下了三十多道。这种假借皇权雷厉风行的做法，犯了专制政体之大忌。因为他犯了众怒，元老丞相申屠嘉为之气愤而死，像袁盎这样略带保守思想的朝臣与晁错水火不容。所以当吴楚七国反叛，打出"杀晁错，清君侧"的口号时，满朝文武一片声都说"晁错该杀"。丞相庄青翟、中尉嘉、廷尉张欧（三人分别相当于现代的国务院总理、北京卫戍区司令、最高法院院长）联合报告，请诛晁错。袁盎上言请间，是大将军窦婴的引荐，所以袁盎建议诛晁错，不仅是言个人之私，也是代表朝中大臣和皇帝外戚的一致意见。晁错人缘如此之不好，并不只是政见的冲突，他个人的趾高气扬，目中无人，也不受大家欢迎。

其二，晁错虽然满腹经纶，但他仅仅是一个政论家，而不是政治家。恰如三国时的马谡，当参谋还可以，当将帅就要翻船。晁错急于削藩，他没有顾及后果，也没有想到后果，所以吴楚七国反叛，晁错拿不出应急预案，晁错建议景帝亲征，自己留守京师。闯了祸让皇帝去挡头阵，自己躲在后面，也亏晁错说得出口。也许晁错认为皇帝亲征可以激发士气，但他没有想一想是谁闯的祸，由此可见晁错只是一介书生。晁错用权术去教导汉景帝，而自己对权术只是纸上谈兵。晁错对汉景帝推心置腹，他做梦都没有想到政治老道的汉景帝可以翻手为云，覆手为雨，自己稀里糊涂就上了刑场，临死还不知道是怎么一回事，到头来，自己成了弟子皇帝玩弄权术的牺牲品，确实可悲。

其三，晁错假公济私，要借吴楚反叛来诛袁盎，连御史府的人都反对，得不到执行，激起了袁盎的报复。司马迁在《袁盎晁错列传》的赞语中鲜明地批评晁错说："诸侯发难，不急匡救，欲报私雠，反以亡躯。"

二、周亚夫平乱饿死狱中

（一）周亚夫军细柳

汉文帝后元六年（前158），北方匈奴大举入侵，直指长安。汉文帝加强京师戒备，调用三位将军驻军长安城郊。宗正刘礼驻军长安东南方霸上。祝兹侯徐厉驻军长安西北的棘门。河内太守周亚夫驻军长安西北的细柳。细柳在棘门西南。

汉文帝亲自劳军，鼓励士气。汉文帝到霸上与棘门两支军营的时候，都是营门大开，将军率领全营将士列队拜迎皇帝，汉文帝带领百官、侍从长驱直入军营。当汉文帝劳军细柳时，情况发生了变化。皇帝的"先驱"到达细柳，整座军营庄严肃穆，营门守卫全副武装，弓上弦，刀出鞘，处于戒严状态，毫无迎接皇帝的欢快气氛。"先驱"传达皇帝劳军的命令，守卫营门的都尉说："军中只闻将军令，不闻天子诏。"居然把"先驱"阻挡在营门之外。不一会儿，汉文帝驾到，他只好先下诏周亚夫，通知皇帝劳军。周亚夫传令卫士打开营门，并发出警告说："将军规定，军中不得驱驰。"于是，汉文帝也遵命按辔徐行。到达中军正门，周亚夫才等在那里，也是全副武装，手持兵器，只是拱手行军礼说："军人甲胄在身，不能行叩拜大礼，只能行军礼。"汉文帝很受感动，也在车上做了一个敬礼的姿势表示回答。汉文帝传令："皇帝向将军致以亲切的问候。"劳军仪式结束，汉文帝率领百官出了军营，群臣侍从才从惊吓中回过神来。汉文帝评价说："啊，这才是真正的将军。霸上、棘门两座军营，像是做游戏，那里的将军，可以偷袭活捉。至于周亚夫，谁敢去进犯呢！"汉文帝升任周亚夫为中尉，即首都的城管司令，负责京师治安。汉文帝临终，慎重地向儿子汉景帝推荐周亚夫说："将来国家出现紧急情况，周亚夫绝对是一个可用的人才。"

（二）周亚夫平定吴楚七国之乱

汉景帝前元三年（前154），吴楚七国叛乱，来势汹汹，吴楚联军是叛军的主力，他们由东向西进攻。吴王刘濞正月起兵，从广陵西渡淮水，与楚兵会合，受阻于梁。梁王刘武，汉景帝之弟，拼死抵抗，既是捍卫自己，也是拱卫朝廷，吴楚军不得过。其他五个叛国，赵国被围困自保，另外四国胶东、胶西、淄川、济南，都在山东境内，四国联兵攻打齐国，还没攻下，朝廷征讨军就来到了，反叛的四国之王都自杀，因此，这四个叛国之军根本就没跨出山东境。

汉景帝讨伐吴楚七国的军事部署，任用两位大将。一是升任中尉周亚夫为太尉，率领主力讨伐军，东击吴楚；二是任用赋闲在家的外戚窦婴为大将军，率领总预备队守在荥阳，监齐赵兵。又派曲周侯郦寄击赵，将军栾布击齐。齐国原先反叛朝廷，中途变卦，吸引胶东、胶西、淄川、济南四个叛国的围攻。栾布击齐，实际是与齐国夹攻四个叛国，因此很快结束了战斗。

周亚夫会师荥阳，其时吴楚之兵受阻梁国，十分危急。周亚夫听取门客之计，不去救梁，而是北出屯兵于昌邑，派出奇兵深入吴楚后方，在淮河、泗水的汇合口一带骚扰，切断吴楚兵后方的粮道。周亚夫坚壁不出，以逸待劳，坐观梁王与吴楚兵死战。周亚夫用兵，是在贯彻汉景帝的意图，一箭双雕，既要灭吴楚，又要借吴楚之兵极大地削弱梁国。梁王上书向汉景帝告周亚夫的状，说他坐视不救梁国。汉景帝装模作样下诏周亚夫救梁，周亚夫以"将在外，君命有所不受"为由，拒不奉诏。景帝催促再三，周亚夫才率军南下，行军至梁国东边的下邑县又驻屯下来，仍坚壁不出。到了二月中旬，吴楚军已疲惫不堪，粮草断绝，深恐后路被切断，吴王率领大军攻打下邑。周亚夫发起猛烈的反击，一举击败吴楚军。吴王刘濞弃军逃走，率领残兵到东越寻求避难。东越人倒戈，杀了吴王，首级传送官军。楚王刘戊兵败逃回楚国彭城，自杀身死。赵王刘遂坚持到最后，也自杀而亡。吴楚七国反叛，不到三个月就被平息。汉景帝下令官兵要"以深入多杀为功"，凡三百石以上的叛军小官吏统统杀死。这场西汉皇室贵族的内乱，剿杀无辜的、被裹挟的民众，有十余万人之多，由此可见汉景帝的苛酷。论功行赏，窦婴被封为魏其侯，周亚夫已为条侯，深得景帝宠信，后升任为丞相，位在窦婴之上。

吴楚七国反叛，声势浩大，很快被平定，主要有以下几个原因：

第一，天下承平，诸侯反叛，不得人心。诸吕事变，汉文帝登基，夺了长子齐王刘肥的宗子地位，汉文帝于是大封刘肥诸子为王，但众诸侯仍然心怀不满。吴王为祸首，他与汉景帝有个人仇怨。汉景帝为太子时，吴王派儿子到京师朝见汉文帝，吴王儿子与尚为太子的汉景帝是堂兄弟，两人下棋争道，皇太子一怒之下，举起棋盘，砸死了吴王儿子，从此吴王不再入朝。景帝即位，推行削藩，于是众诸侯联合反叛。正因为这场叛乱是皇室贵族权力之争的内讧，汉文帝恩泽又深入人心，反叛者败亡是必然的。

第二，周亚夫用兵有方，策略得当，以梁委吴，以逸待劳，加速了胜利的进程。但从此，周亚夫结怨梁王，也为自己的命运埋下了隐忧。

第三，吴王刘濞平庸，不能用人，战略失计。吴王初起兵，吴臣大将军田禄伯建言分兵两路西进，由吴王率主力指向洛阳入关中，田禄伯率五万之众循江淮西进，收淮南、长沙，入武关，会师京城，遭到吴王太子的反对而作罢。吴王少将桓将军提出吴王集中兵力迅速推进，绕过城邑，西据洛阳武库，夺取敖仓的粮食，依托险阻，可以占据半壁江山。如果吴楚屯兵在坚城之下，等到朝廷车骑之兵到来，吴楚的步兵不能抵挡，必然要失败。吴王也没有采纳。事态的发展，恰如吴王少将桓将军之言，很快吴王兵败。

吴楚七国之乱的平定，是朝廷对地方割据势力的沉重打击，其意义重大。首先，大大改变了朝廷与诸侯王力量的对比。原来，诸侯王的地盘占天下三分之二，朝廷直接控制的只有十几个郡。七国之乱平定后，改变了诸侯王国的建制，规格大为降低，地盘大大缩小，诸侯王之间连片的地方被朝廷分割，一个个诸侯王变成了孤主，再也没有力量反叛了。其次，朝廷的权威大大增强，诸侯王对王国官员的任免权被朝廷收回，诸侯王从此只能享受一定数额的租税，成为贵族地主，不再是称霸一方的割据王国。汉景帝当政十六年，最辉煌的事业莫过于平定七国之乱，作为平定七国之乱主将的周亚夫建立了盖世之功。

（三）周亚夫蒙冤，饿死狱中

周亚夫任河内太守时，一位面相师许负对周亚夫说："你有贵人之相，但不得善终。你三年后得封侯，封侯八年后出将入相，掌大权，达到尊贵的顶峰。为将相九年后，将会饿死。"周亚夫笑着说："我上有兄长，将代父为侯，嫡长子继承，我怎么能得侯呢？如果我真得侯，富贵已极，又怎么会饿死呢？请给我说清楚。"面相师许负端详了周亚夫的嘴，然后说："你嘴上的纹理有饿死相。"过了三年，汉文帝后元二年（前162），周亚夫长兄周胜之有罪，汉文帝挑选周勃其他的儿子来继承侯位，众兄弟都推举周亚夫，汉文帝于是册封周亚夫为条侯。八年后，汉景帝前元三年（前154年），七国之乱，周亚夫为将，后入朝为相。周亚夫为将后第九年，汉景帝中元五年（前145），周亚夫以谋反罪被捕下狱，绝食五日而死，——应验了许负相面的预言。周亚夫之死，果真是命运的摆布吗？

汉景帝前元七年（前150），周亚夫拜相，他的人生达到了辉煌的顶峰。俗话说物极必反，周亚夫的耿直性格如同其父周勃一样，不能长久做相。周亚夫为将，不救梁王，是策略的需要，客观上符合汉景帝的心意，受到皇帝宠信，同时也得罪了梁王，间接地得罪了窦太后。梁王和窦太后，恨不得置周亚夫于死地，经常在汉景帝面前说周亚夫的坏话，只是汉景帝不听罢了。但周亚夫为相，却与汉景帝发生了直接冲突。司马迁记叙了三件事：第一件，周亚夫反对汉景帝废太子刘荣，既得罪了汉景帝，又得罪了王皇后。汉景帝废太子刘荣，要改立王夫人的儿子刘彻为太子。王夫人母以子贵，刘彻立为太子，王夫人为皇后，于是怀恨而报复周亚夫。第二件，周亚夫反对汉景帝立王皇后的兄长王信为侯。这件事是窦太后向汉景帝提出的，目的是改善自己与儿媳王皇后之间的关系，周亚夫反对，引用高皇帝刘邦与大臣的约定，不是皇室子孙，外姓无功不得封侯，谁违背了这一规矩，天下共诛之。王信虽是王皇后兄长，无功也不得封侯。汉景帝沉默不语，容忍了周亚夫，王皇后与王信对其恨之入骨。第三件，有五个匈奴贵族叛变投降汉朝，汉景帝要封他们为侯爵，用以鼓励其他匈奴贵族来投降。这是分化瓦解敌人的统战策略，无可非议。周亚夫认为，这是在奖励投降变节，违背了忠贞的节义，不同意封侯。汉景帝动了怒，斥责丞相的话不可用，强行给五个匈奴人封了侯。不久汉景帝以生病为由，罢了周亚夫丞相的官。

过了一年多，汉景帝试探周亚夫的态度。有一天汉景帝在宫中召见周亚夫，赐饮食，给了一大块肉，既没刀子，也没筷子。周亚夫明知汉景帝是在故意刁难，他仍按不住性子，回头对礼仪官说："给我拿筷子。"汉景帝冷笑着说："一大块肉难道还不能让你满意吗？"周亚夫赶紧摘帽道歉，汉景帝起身离去，周亚夫也匆匆退出。汉景帝目送周亚夫的身影，想到了当年汉文帝劳军，周亚夫传令"军中只闻将军令，不闻天子诏"的话，恨恨地说："一个如此桀骜不驯的东西，不可留下他侍候日后的小皇帝！"汉景帝动了杀心。

不久，周亚夫的儿子背着父亲向工官尚方买了五百套殉葬用的甲胄盾牌，被汉景帝抓住了把柄，周亚夫以谋反罪被逮捕下狱。廷尉王恬开秉承汉景帝旨意审问周亚夫，说："你购买兵器，是想造反吗？"周亚夫说："我买的是殉葬品，不是兵器。"王恬开说："你活着不在地上造反，死后也会在地下造反。"就这样，周亚夫谋反罪成立。明人查慎行评论道：说周亚夫在地下造反，与宋高宗用"莫须有"罪名杀害岳飞，异曲同工。"景帝之刻薄寡恩，隐然言外，史笔至此，出神入化矣。"（《史记评林》）

司马迁在"太史公曰"中批评周亚夫"足己而不学，守节不逊"，意思是周亚夫有能力和军功，但骄傲自满，只走正道，不懂得读书学习，吸取点历史教训。显然，司马迁的批评是以贬为褒。近人李景星评论说："绛侯两世有大功于汉，俱以下吏收场，此太史公最伤心处，故用全力写之。"司马迁穿插许负相面的宿命论色彩，不过是抒发一种无可奈何的愤慨与悲哀。许负说，周亚夫嘴唇上有饿死相，其实是暗示周亚夫这张嘴遭了祸。伴君如伴虎，一个心直口快的人，免不了悲剧结局。宋人黄震评论说："亚夫尤重厚守正，平吴楚有大功，其争废太子、争侯王信、争侯降匈奴徐卢等五人，又皆宰相职也，反以怏怏疑之，卒置死地，景帝尤少恩哉！"（《黄氏日抄》）汉景帝不似汉文帝宽厚，刻薄寡恩，是导致功臣悲剧的一个因素，但这只是表面现象。专制体制铸造的君王的绝对权威，才是功臣悲剧的根本原因。周亚夫的悲剧，活脱脱地再现了伴君如伴虎的这一事实，深刻地揭示了悲剧的根源，这是司马迁高于古代思想家的地方。

三、窦田相争，君子败小人胜

窦婴、田蚡两人都是汉武帝的舅舅。汉武帝初即位，年十三，两宫皇太后争相干预朝政，在宫内宫外形成了多头的矛盾。但窦、田相争是各种矛盾的主线。司马迁围绕窦田相争这一矛盾主线，还写了一大群作背景的陪衬人物。两个不可一世的皇太后，一个权力至高无上的君主，一班保官自重的朝臣，一帮苟且蝇营的宾客，粉墨登场。一篇三千多字的《魏其武安侯列传》，共写了二十七个人物形象，矛盾复杂多端，可以说是一部长篇小说，也是《史记》中人物众多的篇章。司马迁把错综复杂的各种矛盾巧妙地组织起来，用他犀利的笔锋展现了统治集团上层各色人物的内心世界，勾画出一幅绝妙的群丑图，使《魏其武安侯列传》成为两千年前的"官场现形记"。

（一）时移势转，小人得志

在外戚中，窦婴是一个有所作为的"贤者"。公元前154年，吴楚七国反叛，"上察宗室诸窦毋如窦婴贤"，于是"拜婴为大将军，赐金千斤"。窦婴接受重任后，荐"袁盎、栾布诸名将贤士在家者进之"，又将所赐千金"陈之廊庑下，军吏过，辄令财取为用，金无入家者"。由于他如此公忠体国，荐贤爱士，不贪财利，又有荥阳监军平吴楚的战功，因而获得了很高的声望，封魏其侯，"诸游士宾客争归魏其侯"。在朝仪中，魏其侯与条侯周亚夫等列，而"诸列侯莫敢与亢礼"，可以说人臣之贵已极。但是，窦婴之贵，在很大程度上仍靠的是裙带关系，这一点和田蚡并无区别。所以"太史公曰"头一句就说："魏其、武安皆以外戚重。"因此窦太后一死，窦婴权势即一落千丈。"魏其失窦太后，益疏不用，无势。"但是魏其侯不知时变，他结纳"无术而不逊"的灌夫，两人相翼，终至酿成祸乱。

田蚡是一个典型的势利小人。他贪得无厌，阴险狡诈，专横跋扈，仗势害人，集中了市井无赖与贵族官僚骄奢淫逸的一切劣根性，合二者于一身。田蚡原本是长陵一市井小民，极善逢迎。他形陋貌丑，身材矮小，从外形到灵魂都十分丑恶，实在是一个上不了台面的人物。他的发迹完全是靠王太后。当其姐王太后未贵之时，田蚡"往来侍酒魏其，跪起如子姓"，不择手段地钻营。此等势利小人，一旦得势，就要反噬他曾经卑躬屈膝侍奉过的主人，雪洗他当年的耻辱。明茅坤说："'往来侍酒魏其'一句，专伏魏其所以轻武安而相起衅。"（《史记评林》）果然，景帝后元三年，田蚡被封为武安侯后，就立即瞄向了丞相宝座。他故作姿态，卑下宾客，而目的则在于"欲以倾魏其诸将相"。天下吏士多趋炎附势之徒。"皆去魏其归武安。武安日益横。"窦太后一死，田蚡果然上升为丞相，不仅势夺魏其，甚至"权移主上"，日益骄恣。田蚡仗着王太后撑腰，贪污受贿，敢在汉武帝面前指手画脚，说某人该升官，某人有才要任用。汉武帝生气地说："你田蚡封官许愿，有没有完？留几个职位，朕也想任命几个官。"由此可见，田蚡小人得志的骄横嘴脸。

（二）不甘寂寞，窦灌结盟

卷入窦、田之争的灌夫不是外戚，他出身低下，在矛盾主线上是一个陪衬人物。灌夫的父亲张孟只不过是颍阴侯灌婴门下的舍人，一个忠实的奴仆，因卖姓投靠灌氏而发迹，本质上与田蚡是一类人物。但灌氏父子与田蚡又有所区别。田蚡是典型的市井小民，完全靠拍马屁和裙带关系飞黄腾达。灌氏父子是一介武夫，以军功作进身的资本。在平定吴楚七国之乱中，灌夫父亲战死军中，灌夫为父报仇，勇夺吴军战旗，身受数十创，扬名天下。灌夫有耿直的一面。他倔强，在统治阶级上层凌强不欺弱，有游侠之风，所以仕途不得意。但灌夫同时又是一个恶霸，他结交豪侠大猾，宗室宾客横恣颍川。颍川人民深受其害，恨透了灌夫，颍川儿歌曰："颍水清，灌氏宁；颍水浊，灌氏族。"如此一个灌夫，他历官中郎将、代国相、淮阳太守，干不了几天就触犯了法律，丢了官。失势的灌夫，却不甘寂寞，混迹于京师贵族之间。其时，窦婴失势，两人同病相怜，成为莫逆之交，联手与田蚡相抗。

起初，窦婴与灌夫，虽然内心窝着火，面子上仍然是巴结丞相田蚡。灌夫有服，为姐守丧。有一天遇上田蚡，田蚡戏耍灌夫，假意说："我想和仲孺一起去看望魏其侯，恰好你正在守丧。"灌夫受宠若惊，说："将军肯去看望魏其侯，我灌夫岂敢不陪同。请让我去转告魏其侯，让他做东备办酒席，将军明天早早光临。"田蚡答应了。魏其侯得到信息，亲自与夫人打酒买肉，连夜洒扫，第二天早早办好酒席，恭敬地等待田蚡光临。到了中午，丞相田蚡还没有来。灌夫很不高兴，驾车去请田蚡，到了田府，田蚡还在睡懒觉。灌夫登门，田蚡道歉说："我昨天喝多了酒，真是对不起。"却又慢吞吞地漱洗。灌夫一肚子不高兴。在饮酒时，灌夫装疯卖傻，用话语讥刺田蚡，两人干起了仗。魏其侯扶起灌夫，向田蚡赔礼道歉，高兴地饮酒到半夜。事后，田蚡得寸进尺，竟然向魏其侯要他的一处城南良田。魏其侯不给，灌夫大骂田蚡，从此交恶。

汉武帝元光四年（前129）春，丞相田蚡借口灌夫在颍川欺压百姓，要办他的罪。灌夫抓住了田蚡的把柄，田蚡结交淮南王，称赞淮南王应当为太子，这可是灭族的罪。宾客居间调停，双方和好私了。

这年夏天，丞相田蚡结婚，王太后有诏，列侯宗室都要去向丞相贺喜。魏其侯邀请灌夫一起去贺喜。灌夫说："我得罪了丞相，去了不方便。"魏其侯说："已经和解了，借这次机会，拉近关系。"灌夫本是牛脾气，强作欢颜控制不住情绪，又一次使酒骂座，田蚡抓住机会无限上纲，以"大不敬"的罪名逮捕了灌夫，并借口灌夫横恣颍川，侵害百姓，问了个灭族的罪。田蚡借此机会杀人灭口，手握田蚡把柄的灌夫这回死定了。

（三）东朝廷辩，是非错位

田蚡娶妇，窦婴强拉着灌夫去庆贺，本意是为了逢迎丞相，到头来，灌夫要被灭族。窦婴十分惭愧，拿出家产与田蚡和解，田蚡不买账。灌夫被送进牢房，田蚡欺君的把柄没人知道。魏其侯决定挺身而出救灌夫，上奏汉武帝为灌夫辩护。窦婴夫人对窦婴说："灌将军得罪丞相，与太后家忤，宁可救邪？"窦婴当然也明白这一层利害关系，但他认为田蚡的权势与王太后连体相依，汉武帝不治田蚡，因背后是一场帝后斗争。窦婴又低估了王太后的手段与田蚡的无赖和狠毒，窦婴没想到要杀头，输了官司顶多失去侯位。窦婴对夫人说："侯自我得之，自我捐之，我不后悔。总不能让灌夫一个人去死，我窦婴一个人得生。"窦婴背着夫人，上书汉武帝，立即得到召见。汉武帝下诏，三公九卿在东朝会议，让窦婴与田蚡在东朝廷辩。东朝，就是王皇太后所居住的长乐宫，在未央宫之东，故称东朝。

东朝廷辩既是窦、田矛盾的高潮，更是宫内外权势斗争的一场精彩表演。太后、皇帝、外戚、朝臣俱会朝廷，各方势力，明争暗斗，人人自谋，审时度势，见风使舵，司马迁把其间的细意委曲写得神采飞扬。

廷辩开始，首先是窦婴和田蚡辩论。窦婴"盛推"灌夫之善，田蚡"盛毁"灌夫之恶。两个"盛"字极状争辩之激烈。"蚡辩有口",鼻子、眉、眼都会说话,巧言善对,耿直的窦婴不是他的对手。窦婴无可奈何,他仗恃武帝撑腰,话锋一转,"因言丞相短"。这一下闯下了大祸,把本来可以妥协解决的窦、田矛盾一下激化了。他"因言丞相短",实质把帝后矛盾的面纱揭开了,但窦婴又有些迂阔,他没有揭发田蚡私与淮南王交通的阴事,而是指责田蚡受贿舞弊、生活奢侈之类,留有余地,不失君子风度。阴险毒辣的田蚡则善于窥伺人主心思,他信口开河,诬陷窦婴结纳灌夫谋反。田蚡之所以敢于当着满朝文武撒下弥天大谎,逼使群臣在权势面前表态,不仅因为有王太后作后台,而且也利用了汉武帝的忌疑之心。司马迁在另一外戚传《卫将军骠骑列传》"太史公曰"中对此作了交代。苏建指责大将军卫青不荐贤招士,卫青说:"自魏其、武安之厚宾客,天子常切齿。彼亲附士大夫,招贤绌不肖者,人主之柄也。人臣奉法遵职而已,何与招士!"正由于此,田蚡的陷害造谣终得逞。集权者多疑,这就是封建社会愈是卑劣无耻之徒,在斗争中愈能占上风的重要原因。

在"家天下"伴君的朝臣,大都谨小慎微。疏不间亲,这是一条做官的秘诀。东朝廷辩,论理应是魏其,论势则党田蚡。朝臣于此人人自危,手足无措。御史大夫韩安国最善全身,此亦一是非,彼亦一是非,他请求"唯明主裁之",本来汉武帝不治田蚡,就是要借朝臣舆论来抑制王太后,韩安国却巧妙地把矛盾又交还汉武帝。戆直不阿的主爵都尉汲黯以魏其言为是,内史郑当时"是魏其",但又"不敢坚对"。其余大臣,噤若寒蝉,"皆莫敢对"。汉武帝大怒,他冲着内史郑当时说:"公平生数言魏其、武安长短,今日廷论,局趣效辕下驹,吾并斩若属矣。"武帝不欢罢朝。王太后早已伺察虚实,以"不食"逼迫汉武帝让步。汉武帝不得已,谢太后。就这样,窦、灌两人的命运在帝后妥协的饭桌上决定了。此后的调查和法律程序都不过是掩人耳目的把戏。在这里,司马迁把封建社会温情脉脉的伦理面纱撕开了,显露出专制政治争权夺利、营私舞弊的黑暗内幕。

(四)窦婴弃市,田蚡短命

窦婴下狱,他依照景帝遗诏便宜上书申辩,田蚡说他伪造诏书,又进一步打成死罪。为了在季冬末杀害窦婴,田蚡制造流言,说窦婴在牢里咒骂汉武帝。通过这一次又一次的陷害,硬是把窦婴给杀了。

窦灌蒙冤，还有人在背后做了手脚，那就是八面玲珑的石建这号人物。《万石张叔列传》载："建为郎中令，事有可言，屏人恣言，极切；至廷见，如不能言者。"他在东朝廷辩时察言观色，背后看风转舵，向汉武帝"分别言两人事"。他到底说了些什么，传中未作具体交代。但司马迁用互见法在石建本传中刻画了他的为人，这是一个以驯良谄媚为能事的官僚，专爱在背后打小报告。他之不得罪王太后，趋附武安，迎合武帝，是不言而喻的。茅坤曰："石建所分别，不载其详，大略右武安者。"（《史记评林》）不能说是毫无根据的判断。石建这种人，表面是善人，骨子里阴险奸诈，专在背后揭人之私，拍马逢迎，添油加醋打小报告，每朝每代都有，现实中也不鲜见。司马迁观察生活的细致，塑造的人物艺术典型是何等的有生命力。

田蚡违逆汉武帝的心意，害死窦婴，事后感到后怕，提心吊胆打发日子，得了神经分裂症，自我惊吓而死，也没有好下场。

四、风云诡谲，世态炎凉

晁错、周亚夫、窦婴是西汉盛世时期的三大忠臣，他们蒙冤，着实使人可悯，发人深省。政治昏暗，主上昏庸或暴戾，忠臣蒙冤，容易理解；而政治清明，皇上圣明，忠臣蒙冤，似乎不正常，难以理解。大手笔司马迁，恰恰捕捉了这几个典型人物，在实录中塑造了生动的形象，蕴蓄了使后人深思的哲理，具有很高的文学艺术价值，因而成为历代传颂的名篇。这里重提三大忠臣的传记，为《袁盎晁错列传》《绛侯周勃世家》《魏其武安侯列传》。

封建专制政治，有着不可救药的两大病根，一是用人唯亲，二是争权夺利。司马迁"稽其成败兴坏之理"，把这两大病根，用寓论断于叙事的手法，含蓄地显于笔端。要分析西汉盛世时期的三大冤案，关键在此。

先说用人唯亲。用人唯亲，其目的是保住自己的权势。一旦权势有损，则六亲不认。这可以说是宫廷斗争以及贵族之间互相倾轧的一条规律。窦婴、田蚡二人的沉浮与斗争，所折射的用人唯亲最为突出。

窦太后是庇护窦婴的，目的是使窦婴成为自己的支持者。当窦婴的行事一旦不遂自己的心意，甚或触犯了自己的权势，窦太后就立即表示憎恶，并褫夺其官职，毫不手软。窦太后疼爱少子梁王，景帝为了讨母亲的欢心，在梁王进朝的家宴上随便说了句"千秋之后传梁王"，窦婴一本正经地谏说景帝失言：皇帝只能父子相传，不能兄终弟及。这就触犯了窦太后，窦婴不仅被罢了官，而且还被削除了门籍，连亲戚都不认了。窦太后信奉黄老，推行"无为"政治，汉武帝推尊儒术，要改弦更张。窦婴和田蚡支持武帝，推重儒术，危及窦太后的权势。于是窦太后大怒，罢了窦婴的丞相。这一次窦婴被罢相，背后却是帝后斗争的暗幕。

窦、田矛盾公开，王太后护短田蚡，汉武帝同情窦婴，这种隔代的甥舅关系，怎敌母子亲情，因此只要汉武帝与母亲妥协，窦婴就死定了。先帝遗诏不仅护不了身，反而成了杀身的把柄，一个伪造遗诏罪，问了个窦婴弃市。司法程序成了冤假错案的合法护身，专制政体只论亲疏、不问是非的本质显露无遗。

再说权力斗争。晁错蒙冤，最为典型。尽管晁错为国家树长画，但他擅权，目空一切，利用皇帝对自己的宠信，目无尊长。他做内史，擅权越过了丞相申屠嘉，气得老丞相呕血而死。晁错削藩，不顾满朝文武的反对，不听父亲的规劝，不讲策略，以副丞相身份主持一切朝政，急于求成，连下改革政令三十余道，擅权居心，昭然若揭。吴楚已反，晁错不与公卿大臣共商国难，还要假公济私，除掉政敌，连一个被罢了官的袁盎也不放过，滥用权力如此，这也是取死之道。附带再说一下与晁错合传的袁盎，他"仁心为质，引义慷慨"，曾谏阻景帝立弟梁王为嗣，守节慷慨。但袁盎报复晁错，枉杀忠臣使自己也丢了乌纱帽，梁王才得到机会下手暗杀他。假如袁盎顾全大局，释嫌私怨，保全了晁错，也成全了自己的贤名，也许袁盎、晁错两人的悲剧就不会发生了。但在专制政体下，这是不可能的。一沾权利，必然是你死我活，悲剧就不可避免了。

周亚夫功高震主，直言敢谏，只不过是坚持原则，做了一个丞相分内应做的事，但因不合皇上心意，就立刻招来"莫须有"的罪名，这是绝对君权所赐，令人深思。

此外，对封建社会的世态炎凉与专制政体下的小人得势，司马迁也做了深刻的揭露。看围绕窦、田之争的那些游士宾客、郡吏诸侯的势利嘴脸就够了。窦婴贵时，"诸游士宾客争归魏其侯"；无势，"诸客稍稍自引而怠傲"；田蚡得王太后亲幸，"天下吏士趋势利者，皆去魏其归武安"；田蚡升丞相，"天下士郡诸侯愈益附武安"。司马迁以游士宾客、郡吏诸侯的势利行为映衬权势者的兴衰，是寓有深意的。这是一种普遍的社会现象，它正是专制政治腐败黑暗的必然产物。在这种社会环境下，品行愈是卑鄙无耻，愈能在斗争中占上风，这就是在封建社会中常见的君子败而小人胜。窦婴、田蚡两人提供了生动的历史见证。

第十一堂

司马迁写财富增殖

这一堂课评说司马迁写财富增殖。《史记》原题叫《货殖列传》，编列在《史记》卷一百二十九，倒数第二篇，与随后的《太史公自序》，即《史记》全书之"后序"，均可称为殿卷之作，是一篇恢宏大传，梁启超列为《史记》十大名篇之一。货是财货的总称；殖，就是财货增殖，用现代话说，就是司马迁在两千年前写的"资本论"。在中国古代史上，司马迁第一个系统地考察了商品经济的特征，还考察了经济与政治、经济与道德民俗的关系，提出了一整套发展生产，扩大交换、富国富家的经济理论，鼓励经商，为商人立传，闪耀着朴素唯物史观的思想光辉，达到了划时代的最高水平。司马迁的新思想、新观点发表在重农抑商，尤其是汉武帝独尊儒术强化对思想控制的时代，实在难能可贵，是值得认真梳理的一笔宝贵的文化遗产。

一、首创经济史传，并重农工商虞

司马迁在《史记》中首创经济史传，考察社会的经济活动，表达作者的经济思想，有两个篇目：《货殖列传》与《平准书》。《货殖列传》讲财富增殖，突出的是商业活动；《平准书》讲国家理财政策，汉武时代商业政策推行的是与民争利的垄断经营，限制商业活动，司马迁提出了批评。《史记》编目，《货殖列传》卷一二九，七十列传之一；《平准书》卷三〇，八书之一。篇目悬远，是因体例不同，而内容上却是互文相补、不可分割的"表里之文"。《货殖列传》以文景时期繁荣的商品经济为背景，描述了汉初经济的上升运动，肯定商人的历史作用，鼓励发财致富；《平准书》概述了汉武帝时期经济的下降运动，讽刺当世的经济政策。两种背景，相反相成，形成鲜明对照，生动地描绘了汉初至武帝时代西汉经济的事势变化，在翔实的叙事之中表达了司马迁进步的经济史观。

司马迁首创经济史传，奠基于他卓越的史识。从战国以来，我国封建统治者就一直推行"重农抑商"的经济政策。到了汉武帝时期，为了加强中央集权的统治，"重农抑商"政策得到全面的推行和发展。盐铁官营，平准均输，算缗告缗，"于是商贾中家以上大率破"。在这样的历史背景中，司马迁研究了商人的活动，认识到商业的兴起是历史发展的必然之"势"，真是了不起。《货殖列传》开篇就讲经济发展之势，人俗变迁之理。他引用老子小国寡民的主张作为批判的靶子，指出自《诗》《书》所述虞夏以来，"耳目欲极声色之好，口欲穷刍豢之味。身安逸乐，而心夸矜势能之荣使"这一人俗是随着经济的发展而渐染形成的。小国寡民的无知无欲是生产不发达时代原始氏族社会的人俗；最大限度地追求欲望的满足是生产不断发展所积渐形成的文明社会的人俗。这种变化是不可阻挡的"势"，司马迁称之为"俗之渐民久矣"。谁要想把历史车轮拉向倒转，使人回到"小国寡民"的蒙昧中去，即使把人的耳目都涂塞起来，挨家挨户进行教化，无论说得多么动听，也是办不到的。司马迁这一形象的假设譬喻，深刻地表明了他用进化的观点看待社会的变化，这是符合唯物主义的认识路线的。

接着，司马迁从经济人俗发展之"势"的观点出发，认识到社会出现农工商虞的分工是不以人们的意志为转移的客观规律。他认为，中国地大物博，人们奉生送死的物质生活资料分布在各个不同的地区。"山西饶材、竹、谷、纻、旄、玉石；山东多鱼、盐、漆、丝、声色；江南出楠、梓、姜、桂、金、锡、连、丹砂、犀、玳瑁、珠玑、齿革；龙门、碣石北多马、牛、羊、旃裘、筋角；铜、铁则千里往往山出棋置。"大自然所提供的这些物质财富，不可能每一个人都去从事所需的直接生产，因此必须分工协作，互相依存。"故待农而食之，虞而出之，工而成之，商而通之。"司马迁还强调指出："此四者，民所衣食之原也。原大则饶，原小则鲜。上则富国，下则富家。"人们要满足自己的衣食之需，国家要富强，就必须扩大农业、手工业生产，还要开发山泽，发展商业。司马迁引用《周书》的话说："农不出则乏其食，工不出则乏其事，商不出则三宝绝，虞不出则财匮少。"这里，司马迁不仅突破了重农抑商的传统观念，而且强调了四业并重，缺一不可。他把商业作为人民的衣食之源放到国民生产总体结构中考察其作用，并引证齐国的发展历史来说明农工商虞四业早就是古代社会经济的基本结构，国家的盛衰强弱决定于经济基础的厚薄。四业兴旺，国家富强；四业不齐，国家贫弱。司马迁对"重农抑商"这一传统的抑商政策作了彻底的否定。

战国时代的孟子曾经和农家许行辩论，肯定了社会分工的进步意义。孟子的辩论是为了引出"劳心者治人，劳力者治于人"的结论（《孟子·滕文公上》），为统治阶级的剥削辩护。司马迁发展了孟子的理论，认识到农工商虞的分工是生产发展之"势"，是富国富家的基础。他在《平准书》的赞论中有这样两句话："事势之流，相激使然。"这两句是点睛之笔，极为重要。它说明了司马迁述货殖、载平准、以事势变化的观点对社会经济的发展作规律性的探索，这就是他高人一筹的卓越史识。司马迁站得高，看得远，敢于首创，从而做出了超越前人的伟大贡献。

二、欲望是动力，人人能致富

欲望是指人体感官对于物质利益的追求，这是一个活生生的存在。司马迁的前辈，先秦诸子发起的人性之争，都把欲望归之为人性，作出了各自的论述。道家主张绝圣弃智，即灭欲，老子说："罪莫大于可欲。"（《老子》）法家主张用刑赏制欲。儒家主张用礼节欲。孔子教育学生的口头禅就是："君子喻于义，小人喻于利。"（《论语·里仁》）孟子倡导养心节欲，他说："养心莫善于寡欲。"（《孟子·尽心下》）总之，诸子百家莫不承认人人有欲，但都主张遏制欲望，统治阶级要维护其剥削利益，视人的欲望为洪水猛兽。西汉统治阶级鉴于秦末农民战争的风暴，更是不遗余力地大造舆论，挞伐人欲。例如贾谊就说："其慈子耆利，不同禽兽者亡几耳。"（《汉书·贾谊传》）司马迁的老师董仲舒替统治阶级完成了一套防范人欲的理论，提出用三纲五常的道德礼教来陶冶人欲。他说：

> 夫万民之从利也，如水之走下，不以教化堤防之，不能止也。是故教化立而奸邪皆止者，其堤防完也；教化废而奸邪并出，刑罚不能胜者，其堤防坏也。古之王者明于此，是故南面而治天下，莫不以教化为大务。（《汉书·董仲舒传》）

司马迁在统治阶级提倡礼义提防以遏制人欲的时代，不同凡俗地自成一格，奏出了透视人欲的异响。司马迁认为逐利求富是所有人的共性，并不是什么邪恶。他引用俗谚说："天下熙熙，皆为利来；天下攘攘，皆为利往。"他用那支犀利的笔锋，饱蘸浓墨，淋漓酣畅地描绘了一幅社会的逐利图。"深谋于廊庙，论议朝廷"的达官显贵，"守信死节，隐居岩穴"的清雅之士，都为的是"归于富厚"。至于"陷阵却敌"的军士，"攻剽椎埋"的少年，"走死如骛"的侠士，"不择老少"的歌伎，"饰冠剑，连车骑"的游闲公子，"不避猛兽"的猎者，"博戏驰逐"的赌徒，"舞文弄法"的吏士，以及医农工商等百工之人，无不是为了追求财富而忙忙碌碌。在司马迁笔下，凡社会之人，不分贵贱，无论千乘之王、万家之侯、百室之君，还是匹夫编户之民，统统纳入了求利的轨道，彻底打破了儒家宣扬的纲常名分和君子小人的界限，追求财富就是人的共性。"此有知尽能索耳，终不余力而让财矣。"所以司马迁用"富者人之情性，所不学而俱欲者也"这句话对人性作了总括。

如果司马迁到此为止，仅仅指出人性欲财，算不上是一种经济理论，也没有超出先秦诸子学说的水平。司马迁的杰出贡献，正在于他跨出了人性论之争的思辨哲学范畴，进入了生产领域作实地考察，不仅生动地描绘了一幅社会人群的逐利图，而且洞察到"人各任其能，竭其力，以得所欲"是自然之理，是合理的行为。司马迁的前辈思想家只看到人欲争利的一面，而没有看到人欲是动力这一更本质的东西。司马迁第一个提出人欲动力说。他说：

> 故待农而食之，虞而出之，工而成之，商而通之。此宁有政教发征期会哉？人各任其能，竭其力，以得所欲。故物贱之征贵，贵之征贱，各劝其业，乐其事，若水之趋下，日夜无休时，不召而自来，不求而民出之。岂非道之所符，而自然之验邪？

生产领域中农虞工商的社会分工，流通领域中的物价波动，都不是人为的政教期会设置的，而是在人欲的推动下自然形成，符合于"道"的规律而运动。恩格斯说："自从阶级对立产生以来，正是人的恶劣的情欲——贪欲和权势欲成了历史发展的杠杆，关于这方面，例如封建制度的和资产阶级的历史就是一个独一无二的持续不断的证明。"（《马克思恩格斯选集》）我们不能苛求两千多年前的司马迁去发现人欲背后的阶级斗争，但他提出人欲动力说本身已经接近了真理的边缘，这是那个时代最卓越、最有价值的认识。司马迁比他的任何一个前辈思想家都站得高、看得远。

从人欲动力的观点出发，司马迁鼓励人人创造财富，并断言人人能致富。司马迁从商人致富的经验中总结治生之术，即发财的途径，有雄厚资本的"智者""巧者"，以及只有体力的"拙者"，都能致富。他在《货殖列传》的结尾提出两类人的致富道路，特别是只有筋力的"拙者"怎样致富。司马迁说：

> 是以无财作力，少有斗智，既饶争时，此其大经也。
> ……
> 夫纤啬筋力，治生之正道也，而富者必用奇胜。田农，掘业，而秦扬以盖一州。掘冢，奸事也，而田叔以起。博戏，恶业也，而桓发用富。行贾，丈夫贱行也，而雍乐成以饶。贩脂，辱处也，而雍伯千金。卖浆，小业也，而张氏千万。洒削，薄技也，而郅氏鼎食。胃脯，简微耳，浊氏连骑。马医，浅方，张里击钟。此皆诚一之所致。

这两段话的内容具有辩证的统一。"力"是"力作"，人人都具有，所以说勤俭力作是治生的正道。"智"是"计谋"，需要有资本。"时"是"机运"，需要大资本、大识力。力作不能致富，但只要"诚一"力作，必有积蓄；运用智巧，投入市场，这就完成了从"无财作力"到"少有斗智"的过渡。等到财力充裕，就要用"奇"，创造机运，这就是"既饶争时"。"力作"和"诚一"是治生的普遍原则，"斗智"与"争时"是创造渐进致富的条件。一个人只要"诚一"，无论从事什么职业都务实和专精，再用智巧求奇，就没有不富裕的。司马迁列举了一系列贱业的事例来证明。秦杨田农、田叔掘冢、桓发博戏、雍乐成行贾、雍伯贩脂、张氏卖浆、郅氏洒削、浊氏胃脯、张里马医等卑贱职业，都能致富千金，成了钟鸣鼎食之家。至此，司马迁的治生理论体系已经完成，可用八个字来概括，即人人有欲，人人致富。

三、"崇势利，羞贱贫"

"崇势利，羞贱贫"是东汉史学家班固对司马迁"素封论"思想的歪曲和贬称。他批评司马迁"述货殖则崇势利而羞贱贫",并认为这是"谬于圣人"的"蔽论"之一,载于《汉书·司马迁传》赞语中。我们如果将《史记》《汉书》两书进行比较,就可立即发现班固的批评和他所纠的"蔽",恰恰是司马迁思想中最进步的方面。让我们来分析一下司马迁"素封论"的内容。

(一)人富而仁义附

司马迁在《货殖列传》中引用《管子》"仓廪实而知礼节,衣食足而知荣辱"的话下断语说:"礼生于有而废于无。"他用生动的比喻来说明这种关系:"渊深而鱼生之,山深而兽往之,人富而仁义附焉。"司马迁深刻地认识到仁义道德是建立在经济基础上的,统治阶级的道德只不过是所占财富势利的附属物而已。司马迁在《游侠列传》中说:"何知仁义,已享其利者为有德。"有钱有势,也就有仁义。他又引庄子的话说:"窃钩者诛,窃国者侯,侯之门,仁义存。"这是司马迁所作的愤激语,也一针见血地揭穿了统治阶级的虚伪道德,因为司马迁就是曾因"家贫财赂不足以自赎"而惨遭"腐刑"的人,对统治者的残暴和虚伪面目有切身的体会。司马迁甚至把批判的锋芒指向了孔子。他说,孔子的学生原宪连糟糠都吃不饱,只好默默无闻地在穷巷过日子;子贡经商发了大财,与列国诸侯分庭抗礼,孔子的名声是依靠子贡才显扬起来的。因此,那些"长贫贱"而"好语仁义"的"岩处奇士"们是欺人的伪君子,应该竖起指头来刮他的脸皮。这就是司马迁"羞贱贫"的内容。显然司马迁是在为广大的贫民鸣不平,他揭掉了罩在达官显贵和好语仁义的伪君子们脸上的仁义道德面纱,是对"已享其利者为有德"者的辛辣讽刺。班固却歪曲司马迁似乎在歌颂富人、鄙视穷人。《汉书》的《货殖传》赞扬颜渊"箪食瓢饮"的陋巷生活,引用孔子的话批评子贡货殖"不受命"。两相比较,班固与司马迁两人的识见高下,不可同日而语。过了一千多年,金代王若虚还愤愤不平地说:"迁之罪不容诛矣!"由此可见司马迁"羞贱贫"的确是击中了封建仁义道德的要害,引起了卫道的文人学士们的切齿痛恨。

(二)巨万者与王者同乐

秦汉法律贱商人,《平准书》有生动记载。汉高祖不准商人"衣丝乘车",

不准子孙"仕宦为吏",还用重租税来"困辱"他们。但是商人"因其富厚,交通王侯,力过吏势,以利相倾;千里游敖,冠盖相望,乘坚策肥,履丝曳缟"(《汉书·食货志》)。这是晁错所描述的文景时期商人的情形。他对此发出了"今法律贱商人,商人已尊贵矣"的惊呼,认为是不合理的。司马迁对此却提出了崭新的看法。他认为:"凡编户之民,富相什则卑下之,伯则畏惮之,千则役,万则仆,物之理也。"(《货殖列传》)这里,司马迁从经济的观点揭露了人剥削人、人压迫人的现实,把"劳心者治人,劳力者治于人"的本质揭穿了。国君、王侯、官吏之所以那么神气,不就是因为他们通过权力压迫剥削了大量财富吗?王侯封君食租税,"岁率二百户",千户之君年收入二十万。富商大贾只要有一百万资本,每年就可获得二十万的年利收入,与千户之君相等。秦汉时的巨富大贾不仅与王者同乐,甚至受到了皇帝的尊礼。例如乌氏倮畜牧致富,"秦始皇帝令倮比封君,以时与列臣朝请"。而巴寡妇清开丹矿发财,"秦皇帝以为贞妇而客之,为筑女怀清台"。司马迁发出了有力的质问:"夫倮鄙人牧长,清穷乡寡妇,礼抗万乘,名显天下,岂非以富邪?"又如蜀卓氏、程郑,本来祖上是秦始皇统一六国时的东方迁虏,他们冶铁致富,"至僮千人","田池射猎之乐,拟于人君"。根据这生动的历史事实,司马迁作出结论:"今有无秩禄之奉,爵邑之入,而乐与之比者,命曰'素封'。"这真是一个大胆的崭新的观点。这一观点的战斗性作用在于不承认天生的贵贱等级之分,各行各业的人都可运用自己的聪明才智发财致富,与王者同乐。司马迁的"素封论"与陈胜、吴广起义时发出的口号——"王侯将相宁有种乎!"有异曲同工之妙,都是战斗的朴素唯物主义认识论。班固歪曲为"崇势利",反映了正统史家的无识。《汉书》的《货殖传》全部删去"素封论"的议论,批评富商大贾"皆陷不轨奢僭之恶",说他们的发财致富是"伤化败俗,大乱之道"。班固的这些激烈评论,恰好从反面衬托出了司马迁"素封论"的战斗意义。

综上两点,"人富而仁义附","巨万者与王者同乐",这就是"素封论"的基本内容。司马迁提出"素封论",并不是号召人民投向统治者的怀抱,崇向势利而鄙弃穷人。恰恰相反,司马迁用"素封论"揭示了富贵礼义的本质,讽刺那些荒淫无耻而又"口不言利"的统治者,他们欺骗人民,只要人民讲"义"而不要人民讲"利"。司马迁用"素封论"鼓励人人发财致富,改变"侯之门,仁义存"这一不合理的现实,具有特殊的战斗作用,所以遭到封建正统史家和卫道士们的歪曲与攻击。但是司马迁坚信他的理论是正确的，因而在《货殖列传》的结尾用不容置辩的反诘语气作了总结。他说：

> 由是观之，富无经业，则货无常主，能者辐凑，不肖者瓦解。千金之家比一都之君，巨万者乃与王者同乐。岂所谓"素封"者邪？非也？

在统治阶级鄙弃"小人喻于利"的时代，司马迁发出了这种离经叛道的异响，的确是一个具有大勇精神的人。《货殖列传》最后的这一诘问，表现了司马迁坚持真理的精神绝不屈挠。

四、为商人立传，总结治生之术

从生产发展的历史来看，商人的出现是以农业、手工业的分工为前提的。虽然商人不从事直接生产，但他们沟通各地的物产交流，大大推动了生产的发展。《太史公自序》说："布衣匹夫之人，不害于政，不妨百姓，取与以时而息财富，知者有采焉。作《货殖列传》第六十九。"司马迁为古今三十个商人树碑立传，取名"货殖"，耐人寻味。《索隐》引《尚书》孔传云："殖，生也，生资货财利。"本文前已述及，司马迁并重农工商虞，他是把商业作为人民的衣食之源放到国民生产总体结构中来考察其作用的。司马迁充分肯定了商人的活动对于富国富家的意义，为他们遭受贱视的政治地位鸣不平。他通过白圭之口，把商人与历史上最伟大的政治家、军事家相提并论，许以智、勇、仁、强的品德，作了高度的赞扬。白圭说："吾治生产，犹伊尹、吕尚之谋，孙吴用兵，商鞅行法是也。是故其智不足与权变，勇不足以决断，仁不能以取予，强不能有所守，虽欲学吾术，终不告之矣。"一个人若没有智、勇、仁、强的品德是不能成为富商大贾的。司马迁把商人看作人类的精华，因为他们对社会的发展做出了贡献。所以《货殖列传》不着眼于典型人物形象的塑造，而是把古今货殖之人作为一个整体来叙述，总结他们的治生之术供"智者"吸取借鉴，用意在于提倡发展生产。

司马迁总结治生之术有两个方面。一是考察商品的流通，总结财货增殖的经验；二是考察自然地理经济和民俗，总结商业活动推动生产发展的作用。这两个方面都是司马迁的首创，并且取得了卓越的成就。

司马迁对商品流通的考察，获得了一系列符合价值规律的珍贵见解，主要之点有四。其一，知时。计然"旱则资舟，水则资车"；范蠡"与时逐"；白圭"乐观时变"。这都说的是掌握商业行情，调查市场需要，"逐时而居货"，利用供求规律，牟取大利。其二，知物。"积著之理，务完物"，"腐败而食之货勿留，无敢居贵。"这是说要研究商品学，提高商品的竞争能力。其三，无息币，即加速资金流转，使"财币其行如流水"。为此，必须研究物价涨落规律，懂得"贵上极则反贱，下极则反贵"，而敢于"趋时若猛兽鸷鸟之发"，"贵出如粪土，贱取如珠玉"。其四，择地择人。范蠡居陶，因陶为天下之中，"诸侯四通，货物所交易也。"范蠡治产积居，"十九年之中三致千金"。刁间善用"桀黠奴"，使他们"逐渔盐商贾之利"，"终得其力，起富数千万"。

司马迁对自然地理经济和民俗的考察，总结了商业活动生产发展的作用。司马迁分中国为四大经济区。长江以南谓之江南；长江以北分为山东、山西两区，中以华山为界；龙门、碣石一线以北为北方区。在每一个大区下面又分为若干小的经济区。山西区分为关中区、巴蜀区和陇西区。山东区分为三河区、燕赵区、齐鲁区、梁宋区。江南区分为东楚区、西楚区、南楚区、岭南区。北方区基本上是以畜牧业为主的经济区，比较单一。各区之下的经济中心是都市。恩格斯指出，商人的使命"现在已经不仅仅从一个人手中转到另一个人手中，并且从一个市场转到另一个市场上去"（《马克思恩格斯选集》）。司马迁充分认识到历史赋予商人的这一使命，描写了全国各地的物产、交通、民俗和都市经济。司马迁认为各地的物产提供了人民衣食之源，但要把这些资源变成财富，必须发展生产以求流通。江南地势饶富，无饥饿之患，但生产落后，人民"无积聚而多贫"。齐鲁区，本来地瘠民贫，由于太公望鼓励人民极技巧，通鱼盐，则人物归之，齐国竟成为"冠带衣履天下"的富庶之邦。三河区地狭民稠，习俗纤俭习事，从事经商，足迹遍天下。农、工、商、虞四业兴旺，关键靠商人来流通。但商业最终依赖于农业、手工业生产，所以司马迁又说："本富为上，末富次之，奸富为下。"本富指农、林、畜、牧的生产。司马迁列举了一长串本富生产的项目，遍及全国各地的物产。末富指经营商业，周流天下。奸富指劫人作奸、掘冢铸币、舞文弄法、刻章伪书等。经营本富的人，"不窥市井，不行异邑，坐而待收，身有处士之义而取给焉"。不但声誉好，而且收入稳当，故为上。末富资金周转快，"夫用贫求富，农不如工，工不如商"。但经商要资本，又担风险，只有能者巧者才能经营，所以说次之。奸富危身取给，用生命冒险，所以说最下。论者多认为司马迁残存有重本抑末的思想，这是断章取义的失察。司马迁所说的上、次、下是总结治生之术供后人观择，这和统治者推行的重本抑末政策毫不相干。司马迁分区考察全国各地自然地理经济，着重物产、交通、民俗这些要素，也是总结的治生之术。富商大贾在全国范围内经商，必须掌握各地的物产、交通、民俗，才能知时逐利、用奇制胜。司马迁的总结正是给他们提供的"周流指南"。

五、结论

司马迁创立《货殖列传》和《平准书》是学术史上的一件大事，它开创了我国正史记载生产活动的先例，提供了大量的经济史料，成为中国史学的优秀传统。司马迁以他天才的洞察力从人欲争利的行为中看到了人欲是生产的动力。他考察了生产领域中的社会分工，并重农、工、商、虞，认识到这是古代社会基本的经济结构。司马迁总结了治生之术，获得了许多符合价值规律的见解，肯定了商业活动在促进生产发展中所起的纽带作用，颂扬货殖，为商人立传。司马迁还提出了"素封论"的财富观，"崇势利而羞贱贫"，剥去了仁义道德的虚伪面纱，鼓励人人发财致富，并断言人人可以致富。这一切都是离经叛道的异端思想，也是司马迁超越前辈思想家的卓越贡献。

两千年前的司马迁不可能有价值规律、唯物主义、辩证法这一类概念。但只要有商品经济流通，就有价值规律的客观存在。战国秦汉几百年来商品经济异常活跃，这就给司马迁提供了认识价值规律的客观条件。司马迁高祖司马昌为秦铁官，曾祖司马无泽为汉长安市长，在秦汉之际，分别为新旧王朝首都的经济官，带给司马迁以治生之术的家学渊源。司马迁是一个游踪极广的历史家，他壮游全国，深入考察了各地的物产、交通、民俗和都市经济，还研究了古今商人活动的历史资料，使他的每一个观点都有生活经济基础。司马迁又受"腐刑"之祸，思想感情发生了重大转变，把眼光投向下层社会，同情人民。这些是司马迁形成先进思想的主观条件。这些主观条件很难集中在一个人身上，这就是在几百年的商品经济活动中，只产生了一个司马迁的历史原因。

在中国思想史上，司马迁进步的经济思想就像一束火花，只在天空一闪即逝，这也有深刻的历史原因。首先，商品经济的发展为以自然经济为基础的封建社会所不容。汉武帝加强中央集权，用"与之争"的政策取代了"因之"的政策，把重农抑商推向极端化，商贾遭摧残，"中家以上大率破"。中国古代自由竞争的商品经济从此衰落了。皮之不存，毛将焉附。此后，再也没有人去研究价值规律了。其次，司马迁的异端思想未能产生在百家争鸣的战国时代，没有形成一个学派。他是一花独放在漫长的寒夜，很快凋落，这是必然之理。此外，司马迁的经济思想是从直观中得来的经验。这种直观经验，一方面它本能地符合唯物主义的认识路线，并具有朴素的辩证法思想；另一方面，它不能形成科学的体系，最终的结论又退回到唯心主义的立场上来，不能解释客观存在的现实社会。司马迁的最终结论是人人可以致富。但是，客观的现实是成千上万的人民受少数人压迫、剥削，永远不能改变他们悲惨的命运。司马迁不但未能认识阶级斗争，而且把"千则仆，万则役"看成是天经地义的规律，这就掩盖了阶级斗争。"能者辐凑，不肖者瓦解"，在现实生活中是个别现象，司马迁上升为一般规律，因而用"巧"与"拙"来解释阶级压迫，这当然是唯心主义的认识论。虽然我们不能苛责司马迁的历史局限性，但这造成了他的理论不能具有实践性，也就是他总结的治生之术不能引导人人致富，应该说这也是司马迁的先进经济思想在中国封建社会得不到发展的一个原因。

第十二堂

司马迁写女性

　　司马迁在《史记》中描述了众多的女性形象，《史记》全书写到的女性有一百七十二人，或是三言两语，或一个片段，往往就能描绘出生动的形象。司马迁笔下的女性，上至后妃公主，下及庶民女性，她们的情采英姿，不减须眉。白寿彝先生在《史记新论》中指出："在写女性历史方面，司马迁的贡献是不能抹杀的。"

　　本堂课原题为"司马迁写半边天"，"半边天"的用语是突出司马迁进步的女性观。"半边天"，指女性是占社会总人口半数的群体，她们在创造人类文明中发挥了重要作用。"半边天"这一用语是近现代民族觉醒，为女性争取平等地位喊出的革命口号，在司马迁时代女性正日渐沉沦在社会底层，受政权、族权、神权、夫权的压迫，不可能有"半边天"的思维。所以司马迁所写女性，90% 以上只有姓，没有名字。但就在这样的背景下，司马迁却是把女性当作"半边天"来写的。在司马迁笔下，没有一个蒙受四权压迫的节烈女性，与二十四史其他各史所写列女传迥然不同，这是我们评说司马迁笔下女性要把握的一个重点和特点。下分五个节目来说。

一、巾帼不让须眉

　　司马迁全方位地反映了社会中的女性群体，就是正视女性的作用。女性参政是表现女性创造活力的最高形式。《史记》所载重要女性人物，过半数都是参政女性，皇后、皇太后是最高的代表。古代社会，女性依附于男性，但仍然有杰出女性在政治生活中发挥了重要作用。司马迁笔下的优秀女性政治家，她们的智慧才干与权谋手腕，一点也不减须眉。西汉时期的两个皇太后，即汉高祖皇后吕氏、汉文帝皇后窦氏，她们在汉高祖和汉文帝死后，分别为吕太后、窦太后。两位太后临朝称制，掌控国家，所展现的政治才能，为女性半边天的作用提供了典型的范例。

（一）吕太后佐高祖打天下

本则故事载于《吕太后本纪》。吕太后就是汉高祖刘邦皇后，原名吕雉。吕雉是单父县人，其父人称吕公。吕公有两男两女：长子吕泽，次子吕释之，长女吕雉，次女吕媭。吕公是一个有头脸的人物，是沛县县令的朋友，因躲避仇家逃到沛县投靠县令，寄人篱下。沛县令看到吕雉貌美，想娶她为妻，吕公没有答应。沛县主管人事的功曹掾萧何抓住时机，借沛县令替吕公举办接风酒会之机，导演了吕公嫁女刘邦的一场政治联姻大戏。秦始皇晚年，社会动荡，人心思乱。沛县以泗水亭长刘邦为核心，萧何为谋士，形成了一个萧刘社团，中坚人物除刘邦、萧何外，主要成员有典狱掾曹参，狱吏任敖，司御夏侯婴，泗水郡卒史周昌、周苛兄弟。刘邦还有一帮哥儿们如周勃、卢绾、雍齿、樊哙等人。吕公举家到沛县，就是寻找靠山。吕公以看相为名嫁女刘邦，融入了地方势力集团，如同诸葛亮寓居隆中，娶汉上名士黄承彦之女为妻一样。反客为主，首先要去掉客居的身份，成为地方的一员，联姻是最可靠、最便捷的手段。刘邦攀上吕公这门亲事，在地方上也身价倍增，更加有头有脸。这桩政治联姻巩固了萧刘联盟的沛县反秦社团。

吕雉不仅有姿色，而且很有心计，有天生的政治才能。吕刘联姻，大约在公元前214年，刘邦时年三十四岁，吕雉二十许。她听从父亲不嫁沛县令，而嫁一个亭长，吕雉的妹妹又被父亲嫁给刘邦的心腹好友，沛县狗屠樊哙，一个赳赳武夫，为的都是同一个政治目的，反秦打天下。吕后以她女性特有的身份，宣传刘邦神异，许多神异就是从吕雉口中吐出，不胫而走的。如吕雉在田间劳作，遇一老叟路过乞饮相面，说吕后两子（即后来的惠帝刘盈、惠帝妹鲁元公主）当大贵。老叟离去，适逢刘邦赶来，追上老叟给自己相面，老叟说"君相贵不可言"。所谓"贵不可言"，就是"贵为天子"。刘邦反秦后隐于芒砀山中，吕雉宣扬说，刘邦所居山中位置，天空上有五彩祥云，这样的祥云只有吕雉识得，她观望天气，就能找到刘邦。吕雉懂得蛊惑人心，才具不凡。吕雉不仅是刘邦的结发妻子，更是刘邦的起事伙伴，又生有贵子，所以后来刘邦要更易太子，终于忍不下心来，这是有渊源的。

楚汉相争，吕雉在项羽军中当了几年俘虏，随时都有生命危险。铁马金戈的生活锤炼使吕后政治更加成熟，扮演黑脸协助刘邦屠杀功臣，显示了铁腕人物的手段。吕雉打破刘邦异姓不封王的规矩，封诸吕为王，诛杀刘氏子弟，表现了她果敢与残忍的一面，哪一方面都不让须眉。惠帝即位，只是个傀儡。之后惠帝死，她又实际执政八年，坚持了无为政治，维护了全国的政治稳定。所以司马迁为吕太后立本纪，认为"惠帝垂拱，高后女主称制，政不出房户，天下晏然"，还评价吕太后"为人刚毅，佐高祖定天下，所诛大臣多吕后力"（《吕太后本纪》）。"刚毅"二字，在男性帝王中，司马迁只用于对秦始皇的评价，由此可见，司马迁不仅视吕太后为实际上的帝王，而且视其为一个铁腕人物，在定天下中立有大功，故为之立本纪，这是对女性杰出才能的充分肯定，表现了作者实录精神的一贯性。实录，就是按历史的原本面貌记事论人，不论男性还是女性，要一视同仁，只有司马迁能做到。

（二）左右朝政的强势太后窦氏

本则故事载于《外戚世家》。窦太后是汉文帝皇后，汉景帝之母，出身平民，史失其名，入宫后称为窦姬。文帝即位，立为皇后。景帝即位，尊为太后。汉武帝即位，尊为太皇太后。汉景帝并非平庸之君，汉武帝更是一位雄主。但窦太后在世时，掌控朝政，把握政治方向，是西汉一朝第二个强势太后，是可与吕太后相提并论的政治人物。

窦姬是赵国观津县（今河北武邑县）人，平常农家女，被选为宫女做吕太后的使女。吕太后发配宫女给刘氏诸王，每位五个宫女。窦姬家在清河，她送礼买通主管分配的宦官，要求把自己分配给赵王，没想到这个主事宦官偏偏搞错了，把窦姬分给了代王，窦姬一百二十个不愿意，但没有办法，只好哭哭啼啼地到了代国。代王就是刘恒，代国王都在今山西平遥。

代王的王后给刘恒生了四个儿子，鬼使神差，王后和四个儿子先后都死了。窦姬受到宠爱，生了两男一女，两男即汉景帝刘启、梁王刘武，女儿即长公主嫖。诸吕事变，汉大臣拥立代王即皇帝位，这就是有名的汉文帝。随着这一命运的变化，窦姬和她生的两男一女都走上了政治舞台，对汉朝历史变化产生了的不小影响。

窦姬从代王后，立为皇后。窦皇后有一个哥哥叫窦长君，弟弟叫窦广国。窦广国小时被人贩子掠走，转卖了十几家，最后到了宜阳县替主人烧炭。有一天，一百多个烧炭工人睡在伐木场的山脚下，当夜山崩，一百多人都被埋在泥石中压死，只有窦广国一个人活着。俗话说："大难不死，必有后福。"窦广国找了一个算命先生占了一卦，说他命中注定要封侯。窦广国于是和他的主人来到长安，听说新立皇后姓窦，是赵国观津人。窦广国被拐时年纪小，但知道自己是观津人，他的姐姐被选为宫女，自己还送了一程，莫非当今皇后就是自己的姐姐吗？窦广国记得有一天跟着姐姐采桑叶，姐姐从树上掉下来。窦广国就用这些记事做凭据，上书朝廷要见他的姐姐。

窦皇后听了非常激动，要汉文帝召见窦广国，当朝认弟。窦皇后让窦广国说了一遍家常，与自己记忆一点不差。窦皇后又问："你讲一个只有我们两人知道的事。"窦广国说："姐姐离家到长安做宫女，我送姐姐到观津县的传舍里，姐姐要了一盆水给我洗脸洗手，又要了一碗饭给我吃，然后离别。"说到这里，窦皇后再也控制不住了，与弟弟窦广国抱头痛哭，侍候身边的宫女都趴在地上，陪着皇后一同哭泣。司马迁描写这一场景，说明了窦皇后出身贫困农家生活的艰辛以及略带神秘色彩的幸运。姐弟抱头痛哭，生活气息十分浓厚，人情世故朴实真诚。这时候的窦皇后还是一个平民女性的形象，对弟弟充满了亲情。但十多年以后，窦皇后在宫廷权力角逐中成长为一个成熟的政治家，她做了皇太后，在关键时刻干预朝政，牢牢地把握住了文景时代无为的政治方向，是文景政治路线的捍卫者。

窦太后控制朝政，影响政局的有三大事件，功过是非，随人评说。

第一件，窦太后溺爱小儿子梁王，她逼迫汉景帝传位梁王，搅得汉朝上层政治动荡了好些年。梁孝王在窦太后的庇护下，梁国封土面积达四个郡，王都睢阳（今河南商丘），城墙周长达七十里，梁王所修的猎场苑囿"兔园"周广四百里。生活上骄奢淫逸，出入警跸，敢用天子排场，政治上招降纳叛，图谋不轨，公然派刺客暗杀朝中大臣袁盎等人。景帝没有治罪梁孝王，但逼迫梁孝王交出凶手，梁孝王恐惧，抑郁而死。

第二件，汉初无为，制度多缺，特别是匈奴侵边，诸侯王坐大。贾谊在汉文帝时就大声疾呼改革，汉景帝倾向改革，提倡儒术取代黄老。窦太后维护无为政治，反对儒学，反对改革。黄老学说博士黄生与儒学博士辕固生辩论汤武革命，窦太后逼迫辕固生去与野猪决斗，汉景帝赐给辕固生一把刀，才保住了性命。但这场辩论以窦太后的蛮横取胜，扼杀了景帝的政治革新。

第三件，汉武帝即位后，想有一番作为，与母亲王太后，两个舅舅，联合起来向窦太后夺权。两个舅舅，一个是王太后之弟田蚡，一个是窦太后的侄儿窦婴。汉武帝罢了丞相卫绾的官，任命窦婴为丞相，田蚡为太尉。任用窦婴为丞相，一是组成联合阵线，田蚡让步，二是麻痹窦太后。田蚡和窦婴都推崇儒术。汉武帝又任用尊儒的赵绾做御史大夫，王臧做郎中令。丞相、太尉、御史大夫是三公，郎中令是九卿之一，管理宫廷事务。接着汉武帝下诏举贤良，只举儒生为贤良，罢黜申商百家之学，史称"罢黜百家"。又征召鲁国大儒申公进京，议立明堂。大张旗鼓开展尊儒活动。到此，窦太后的组织路线、思想路线完全被汉武帝改变过来。这时汉武帝还年轻，核心人物是王太后和田蚡。窦太后冷静观察，她在寻找反击的时机。

过了一年，汉武帝建元二年（前 139），汉武帝自认为阵线已固，试探性地向窦太后发起了夺权的进攻。由御史大夫出面向汉武帝建议，要汉武帝亲政，朝廷大政不要向窦太后请示。窦太后勃然大怒，她一道命令，罢了窦婴和田蚡两人的官，又找一个借口说御史大夫赵绾、郎中令王臧办理汉文帝丧事没有尽责，将两人打入监狱，逼令自杀。同时任命自己的亲党柏至侯许昌为丞相，武强侯庄青翟为御史大夫。汉武帝的政治改革又被压了下来。直到建元六年（前135），窦太后病死，汉武帝把窦太后任命的丞相许昌、御史大夫庄青翟等人赶下台，发动了第二次尊儒活动，设立太学，立五经博士，史称"独尊儒术"。

窦太后晚年患眼疾，但她在景帝一朝能够挟制汉景帝及大臣顺着她的意志执政，汉武帝即位经过一年多的苦心经营，窦太后一道命令就把革新派打翻在地，由此可见，一个由农家女成长起来的政治家窦太后的权势和手腕。

窦太后为何有如此之大的权势，主要有三个原因：其一，汉文帝的光环照耀着窦太后；其二，汉景帝尽孝，不愿违逆母亲；其三，窦太后有智慧有才干，她行事谨慎无大过，反击得体，抓好了时机。客观情势上，黄老无为的学说和政治，还为社会大多数人所依恋，改革的条件还没有成熟。所以，不能简单地批评窦太后是保守势力的总代表。

二、识大体明大义的女性

一些品德高尚、识大体、明大义的女性，无论地位高低，司马迁都给予了热情的讴歌和高度的赞美。像忠君爱国不护子的赵括母、为弟扬名的侠女聂荣、深明大义的王陵母、顾全大局的陈婴母、施恩不图报的漂母、勇于救父的缇萦等杰出女性，她们的形象鲜活，闪耀着光芒。

（一）赵括母

本则故事载于《廉颇蔺相如列传》。公元前 270 年，秦赵阏与之战，赵将赵奢大破秦军，赵王封赵奢为马服君。此战，赵国名将廉颇、乐乘都不敢为帅出战秦军，赵奢一战成名。赵奢的儿子赵括好读兵书，好骑马射箭，又擅长夸夸其谈，认为天下善于用兵的人都不如他。赵括与其父赵奢辩论兵法、战略，赵奢都说不过他。但赵奢说赵括只能纸上谈兵，断言赵括为将必败赵军。但赵括的名声已远扬国外，人称"马服子"。

公元前 260 年，秦赵长平之战，双方动员总兵力百万以上，是关系两国存亡的一场大决战。从四月到七月，双方激战，赵军不利，老将廉颇采用坚壁不战、避敌锋芒的办法以求拖垮秦军。因秦军远道进攻，持久不利。秦相范雎展开外交攻势，他派出大量间谍到赵都邯郸，散布流言，说秦军最害怕"马服子"为将。秦间又用千金行贿赵王左右及用事大臣，讲廉颇的坏话，企图让赵王任用赵括为将。赵王中计，下令召回廉颇，任用赵括为全军主帅。

这时赵括的母亲上奏说："赵括没有大将之才，不能任用。"赵王问什么原因，赵括母亲说："赵括从小读兵书，喜欢谈论打仗，他的父亲赵奢说不过他。但是他父亲说：我这儿子只会夸夸其谈，根本不懂得打仗。我问赵括的父亲：你怎么知道儿子不会打仗？赵奢说：打仗十分艰苦危险，关系国家存亡，官兵的生死，国家的存亡，必须认真对待，审慎行事，我这儿子把战争看成是游戏，所以根本不懂得打仗。如果有一天赵国用他为将，兵败国亡的祸事就要发生。"这是赵奢对赵括的观察和评价。赵括母还向赵王说了一番她的观察。赵括母说："赵括父亲赵奢为将，部属中被赵奢奉为师长的人有几十个，当成亲密朋友看待的有几百人。大王赏赐奖励的财物，全部分给士兵，接受了国君命令要出征，就不再回家，日日夜夜和士兵在一起，操心的全是军事。现在赵括被任命为大将，一下子高抬起头颅，不正眼看部属，接见部属他坐在上位，部属们都不敢正眼看他。大王赏赐给他的财物，他全部带回家，一门心思买房子、买地、放高利贷。同样当将军，父子两人完全不同，大王想想，哪个将军能干呢？"

赵括的母亲从赵括的作风派头与对金钱的态度看到了赵括没有将才，他不与士卒部属同心，怎么能打胜仗呢？可是赵王听不进去，认为生活态度与打仗没关系。赵王说："老太太不要说了，我已下定决心，用赵括为大将。"赵括母说："大王，我尽到心了，话也说完了，如果赵括不称职，我不要受牵连。"赵王说："好吧，这事与你无干。"后来赵括打了败仗，赵王没有株连赵括母。这是后话不提。

（二）王陵母

本则故事载于《陈丞相世家》。西汉开国功臣王陵，官至丞相，一身正气，敢直言。王陵反对吕太后封诸吕为王，顶撞吕太后，批评陈平、周勃耍滑头，不敢坚持原则。可是王陵在楚汉战争初期，看不清楚时局，他拉了一支队伍在河南自立山头，既不帮助刘邦，也不依附项羽。项羽想任用王陵为将，他派人把王陵母接到楚国都彭城软禁起来，好吃好喝，待为贵宾。项羽要王陵母劝王陵投奔项羽。王陵母对王陵的使者说："请你回去告知王陵，他要是孝顺老娘，就赶快去投奔汉王，项王残暴不仁，决不能归顺。"说完用剑自杀而死。王陵母预知汉胜楚败，她用生命来激励王陵，赶快选择明主。王陵原是刘邦的老乡，长于刘邦，因看不惯刘邦的无赖相，坚决不赴汉。而王陵又是个大孝子，他听从了母亲的遗愿投归汉王，终成为汉名臣。

（三）陈婴母

本则故事载于《项羽本纪》。公元前 208 年，项梁起兵渡江北上。这时淮南东阳县（今安徽天长县）青年杀了秦县令，大家推举县吏陈婴为王，起兵反秦，一时间聚集了两万多人。他们头裹青巾，称为"苍头军"。在战国时，魏国有一支勇猛无敌的军队，号"苍头军"。这里以"苍头"为号，表示为勇猛无敌之军。陈婴的母亲对陈婴说："我嫁到陈家，从没听说陈家祖上出过大人物，今天你突然称王，不是好兆头。最好从属一个人的领导，起义成功可以封侯，失败了也好逃亡，不要拉山头。"陈婴认为母亲说得有理，就对部众说："项氏世世为楚将，天下闻名。今天我们要干大事，没有项梁来领导成不了事。

我们这支队伍投靠项梁，一定能灭亡秦国。"大家一致赞成。陈婴带着两万多人投靠了项梁，在陈婴的带动下，黥布、蒲将军等多支农民起义军自动接受项梁领导。项梁、项羽起兵于吴中（今江苏苏州），率领江东八千子弟渡江，得到陈婴等人的拥护，很快发展到六七万人，成为反秦的主力军。陈婴母以大局为重，劝儿子陈婴以众附寡，使各支分散的起义军团结起来，具有超凡的见识。

（四）漂母饭信

本则故事载于《淮阴侯列传》。古代著名军事家、西汉开国功臣韩信，青年时家贫，无以为业，经常饿肚子。韩信是淮阴人，他有一个朋友是南昌亭的亭长，韩信经常到他家去蹭饭。有一天早上，到了吃饭的时候，韩信又到了亭长家。亭长的老婆厌恶韩信，提前吃了早饭，韩信走了一趟空，很不高兴，从此再不到亭长家蹭饭。韩信来到淮水河边钓鱼，有一群女性在河边漂洗丝絮。其中一位老大娘，可怜韩信饿着肚子钓鱼，就把自己带的午饭分给韩信吃。韩信却也不客气。就这样，这位大娘每天都多带一份饭，整整一个夏天，韩信靠漂母的施舍过活。临别，韩信高兴地对漂母说："我发财了一定重重回报大娘。"漂母发怒说："一个男子汉没饭吃，你年纪轻轻要努力。我同情你有急难，送饭给你吃，难道是为了你的厚报吗？"漂母善意激励，韩信称谢而去。韩信当了楚王，回到淮阴，衣锦还乡，召来南昌亭长和漂母。韩信当众送给漂母一千金，报答当年送饭的恩情。只给了南昌亭长一百钱，韩信数落亭长说："你目光短浅，只是一个小人物，做好事有头无尾，给你一百钱，还你当年的饭钱。"

事情无独有偶。战国时，苏秦游说六国，有许多人资助了他。苏秦拜六国相印后，一一回报了曾对他有恩的人。有一个人借给苏秦一百钱，苏秦给了一百金，加利一千倍。有一个人对苏秦说："我一直陪伴你，怎么把我忘记了？"苏秦说："我没有忘。当初你和我到燕国的时候，到了易水边，你不肯过河，离开了我。当时最艰难，你抛弃了友情，我恨死你了。不过还是要报偿你的，只是把你放到最后。"（《苏秦列传》）为德不终的人，图的是厚报，这一个"贪"字就是掺入眼里的沙子，未免目光短浅。漂母施恩不图报，品德高尚反而得厚报。漂母事迹，流传千古，淮阴人民怀念她，就在淮阴垒起巨大的漂母坟冢，供人凭吊。

（五）缇萦救父

本则故事载于《扁鹊仓公列传》。古代刑法，死刑之外，最残酷的就是肉刑，脸上刺字叫黥刑，割掉鼻子叫劓刑，砍断一只脚叫刖刑，割除生殖器官叫宫刑。

公元前 167 年，擅长医术的齐王太仓令淳于意，因为不愿意为贵族做家庭医生，而要为广大民众治病，被权势诬陷判罪，要被送往京城服刑。淳于意有五个女儿，没有男孩。因为冤枉判罪，心情抑郁愤怒，丧失理智对女儿们骂了一句："生子不生男，缓急无可使者！"淳于意的小女儿淳于缇萦听了十分伤心，决心挺身而出救父，当时她只有十三岁。她随父亲到了长安，向汉文帝上书，称说父亲为官清正廉直，不慎犯了刑律，一旦受肉刑致残，便终身不能恢复。缇萦请求汉文帝让她自己做官奴婢来赎父不受肉刑，给犯过的人一条自新之路。汉文帝被小缇萦的真诚感动，特别下诏令废除了肉刑。这是中国刑法史上的一项改革，推力来自一个平凡少女缇萦。司马迁记录了这则故事，使其成为千古流传的佳话。

三、颂扬才智与刚烈的女性

颂扬女性的才智，是肯定女性的创造活力；褒扬刚烈的女性，是肯定女性维护自尊的权利。这方面，司马迁留给我们许多生动的故事。

（一）晏平仲御妻

本则故事载于《管晏列传》。这是一个贤内助激励丈夫成才的故事。

春秋时齐景公国相晏子，名婴，字平仲，个子矮小，却很有才干。晏子的车夫是一个高大的伟男子。两人一起出行，一个高大，一个矮小，而高个子伺候矮个子，直观的视觉很不是味儿。但身份、地位不能改变，高个子是车夫，矮个子是国相，那地位没法比。车夫就要恭恭敬敬地伺候长官，这是没得商量的。

晏平仲为人平易，他不以国相之尊而骄人，处处表现出谦虚。高个子车夫自认为是给相国赶车，很高傲，仗势骄人，得意扬扬，使原已不协调的视觉更加趣味横生。这位车夫的妻子，即晏平仲御妻看不下去了，她提出来要与这位不长进、少见识的丈夫离婚。晏平仲御妻离婚，不是因为嫌弃丈夫为车夫，而是因为丈夫志得意满，不思进取。这位车夫也识趣改过，晏平仲知道后推荐他做了大夫。

故事虽然短小，却写得曲折跌宕，饶有趣味，包含了好几个对比，衬托了三个人物的光彩。车夫进取，晏子爱才，形象鲜明。而御者妻子更是一个有深远见识的不平凡女子，虽然没有名字留下来，但她的品德、思想、聪慧流传了下来，值得后人学习、敬仰。

（二）张负慧眼识陈平

本则故事载于《陈丞相世家》。这是一个女性识英才，通过婚姻成就一代伟人的传奇故事，读来饶有兴味。

西汉开国功臣之一，谋略家陈平，因出身贫寒，少时受人冷眼。虽然陈平长得高大魁伟，相貌堂堂，却找不到媳妇。家乡人看不起陈平，时常在背后议论他。陈平嫂子也挖苦陈平，说他"只不过吃糠咽菜，却长得肥头大耳"。言下之意，说陈平游手好闲，就像一头猪，吃啥都长肉。陈平的哥哥知道了，怕弟弟受委屈，就把妻子赶走了。于是，又有人说闲话，说陈平"盗嫂"，与嫂子私通，哥哥才休了嫂子。人穷受冷眼，什么故事都可编排出来。

无巧不成书。话说陈平家乡户牖乡有一个富人叫张负。"负"，是对老年女性的敬称。张负，就是张老大娘。可就是这个连名字都没留下来的张老大娘，她却有一双慧眼，她要给自己才貌双全的孙女寻一个好丈夫。张负孙女连嫁五个丈夫，不幸一个接一个死了，世俗迷信，说张负孙女克夫，没人敢娶了。陈平不相信命运，他看上了张负的孙女，但由于家贫，没敢托人求亲。张负了解后，她亲自考察，看到陈平替人操办丧事显示出的组织才干，又看到陈平的蓬门寒舍前却留下头面人物拜访过的车辙印迹。张负对儿子张仲说："难道像陈平这样仪表堂堂的人会贫贱一生吗？"在张负主持下，陈平遂了心愿，结下美满姻缘。陈平在贤妻与岳母家的资助下，交游日广，声誉日隆。

唐代文学家韩愈有言"世有伯乐，然后有千里马。千里马常有，而伯乐不常有"(《韩昌黎集·杂说四》)。千里马尚待有伯乐而后显，人才难得，只因其识人者难得。识人的伯乐，比识千里马的伯乐要复杂得多。有伯乐之心而无伯乐之才者，不能识人；有伯乐之才而无伯乐之心者，不愿识人。更有甚者，互相倾轧，窝里斗，司空见惯，人才就这样毁于内耗，怎能脱颖而出？张负慧眼识英雄，乡间女性出伯乐，世间罕有，祖孙两个女性共同栽培了一代名相，成为千古佳话。

（三）聂荣以死扬弟之名

本则故事载于《刺客列传》。聂荣，战国时魏国轵县（今河南济源）人。弟弟聂政替韩国严仲子刺杀韩相侠累后，自己用刀子割烂脸面，挖出眼睛，然后自杀，剖腹而死。韩国将聂政暴尸于市，悬赏千金追查他的姓名，没有人知道。聂荣闻讯，赶往韩国相认，伏尸大哭，极其悲哀，并公然宣称被暴尸的刺客叫聂政，是魏国轵县深井里的人。韩人告诉聂荣，官府暴尸就是要查出刺客姓名，捉拿他的家人，你怎么自投罗网呢？聂荣说："我弟弟聂政替严仲子报仇杀人，自己挖眼刺脸，为的是保护他的姐姐我才自残的。我怎么能贪生怕死，埋没弟弟的英名呢？"聂荣说完，大喊三声"天啊"，悲痛地死在聂政身旁。当时各诸侯国的人都在传颂这个故事，称聂政是一个重义的人，聂荣是一个刚烈女子。

（四）赵襄子姐摩笄自杀

本则故事载于《赵世家》。赵襄子名姬无恤，是晋卿赵简子的儿子。赵简子立志要吞并代国，就把赵襄子的姐姐嫁给了代王。赵襄子巡视地方，在北边登上夏屋山，请代王来相会，在宴会席上用盛菜的铜勺击杀了代王，随即兴兵灭了代国。赵襄子的姐姐听到后，痛哭呼天，就将头上的笄簪磨尖自刺身亡。赵襄子灭代，是实现父亲的遗愿，是扩大赵的土地与实力，可以理解。但手段十分卑鄙残忍，作为代王的妻子，无恤的姐姐不能容忍弟弟的不义行为，但她没有力量报复，夫死国灭，于是以身殉夫，以身殉国，用自己的性命表达了愤怒，表示了抗争。代人怀念，把赵襄子姐姐死亡的地方称为摩笄之山。

四、《史记》中的爱情故事

在司马迁塑造的众多女性形象中，最光彩照人的要属爱情故事中的女人。对于封建礼教给予女性的种种束缚，司马迁予以尖锐的批评和有力的抨击。这种抨击是通过塑造女性的抗争形象来完成的。司马迁寓论断于叙事之中，他歌颂纯真的爱情，主张自主婚姻，夫妻美满以情爱为基础。在司马迁时代，这些思想和理念是超前的，可以说具有现代意识。这些思想与理念，生动地体现在以下所选的几个故事中，就让我们来欣赏吧！

（一）重耳两贤妻

本则故事载于《晋世家》。重耳，就是春秋五霸之一的晋文公。他是晋献公的庶子，本来不当立为晋君，由于晋乱，他流亡国外十九年，经过狄国、卫国、齐国、曹国、宋国、郑国、楚国、秦国，备尝艰难险阻，最后在秦国的援助下，借秦兵回国定乱成为国君。晋文公励精图治，使晋国成为春秋五霸之一。

重耳从小聪明能干，成人后更是宽仁待众，又爱才如命，因此，在他身边经常有晋国的贤士大夫相随。重耳的成功，就得益于他得到了一大批贤士的辅佐，还有他的两位贤妻。一位是狄女季隗，另一位是齐女姜氏。两位夫人都是重耳在流亡时所娶。重耳在狄国居住了十二年，生有二子，又在齐国住了五年。重耳流亡途中，娶了两位贤妻，把狄国和齐国这两个国家当成了第二故乡，夫妻恩爱，已经可以说是心满意足了。

然而由于晋惠公的追杀，重耳在狄国住不下去，迫不得已离开。临行，重耳对季隗说："等我二十五年，我不回来，你就嫁人。"季隗风趣地说："等你二十五年，我坟头上的柏树都长大了。虽然这样，我还是要等你回来。"此后，重耳在漫长的逃亡岁月中，其妻季隗辛勤持家，抚养重耳的两个儿子。后来，重耳立为晋君后，感念其妻的坚贞与贤惠，马上派人将季隗接回，并立她为王后。

重耳的齐妻姜氏，因是齐桓公宗室之女，美貌富有，重耳更是在齐国坠入了温柔之乡，不思回国了。为了重耳的事业，姜氏杀婢，并与咎犯等人合谋，用计灌醉重耳，劫持他上车离开齐国，重新踏上征程。古人云："食色，人之性也。"如果重耳客居齐国,他的夫人也沉湎于夫妻相悦、男欢女爱的小天地之中,那样一来,晋国的历史或许就要改写了。

本来重耳所娶狄女与齐姜氏,都是政治联姻,但他们在共同的患难生活中产生了真正的爱情,两位深明大义的贤妻在紧要时刻起了至关重要的作用。历史非常垂青于重耳,让他自己在传奇般的坎坷生活中,既得忠臣,又遇贤妻。于是重耳的经历又印证了一句古话:妻贤夫祸少,国难识忠臣。同时也印证了当代一句时髦的话:一个成功男人的背后,总有一个贤惠的妻子。

(二)太史嬓女自择婿

本则故事载于《田敬仲完世家》。太史嬓女,就是战国时的齐襄王后,史称君王后。君王后有两大事迹值得评说。一是她自主婚姻,恋爱结婚,在古代这是一件了不起的大事;二是她长期执掌国政,与秦连横,奉行和平保境的外交国策,使齐国半个多世纪没有战争,并为秦国和平统一齐国奠定政治基础。一件是个人终生幸福的大事,一件是维系一国安危的政治大事。这两件大事均出于同一女性之手,说明君王后是一个不平凡的奇女子。

古代男女婚姻,讲究父母之命,媒妁之言。君王后自主婚姻,而且还是自由恋爱,看上了替自家灌园的小伙子,父亲太史嬓感到羞辱,与君王后断绝了父女情,不承认这门亲事。但君王后十分孝顺,她做了王后仍然尽人子之孝,时间久了,就恢复了父女关系,传为佳话。

君王后不助五国攻秦,给儿子齐王建制定了和平统一的国策,受到国人的批评。君王后这样做,是因为她看清了天下大势,为了避免人民受战祸。司马迁肯定了她,评其为"君王后贤"。君王后没有留下姓名。她的父亲名嬓,齐国人,居于莒,史称"太史嬓"。君王后,太史嬓之女,简称为"太史女",做了齐襄王王后,才称君王后。她的名字不显,因为她自主婚姻与不助五国攻秦,有违世俗,身前不被人称道。司马迁独具慧眼,特地记载,才使得我们能够了解到这样一个令人可敬的君王后。

(三)张耳妻再适得贤夫

本则故事载于《张耳陈馀列传》。这是一个患难相知的爱情故事,也是一个奇女子反抗礼教追求自主婚姻的故事。

张耳是西汉的开国功臣之一，位为诸侯王。他少年时就是一个豪侠之士，因事犯罪被通缉，却在亡命之中得遇贤妻，并在贤妻的资助下，脱了罪名，广交朋友，还做了魏国外黄县令，为后来的发迹奠定了基础。张耳妻，更是一个奇女子，她不满父母包办的婚姻，敢于抗争，离家、投客、离婚、改嫁，一连串的惊人之举，颇显豪侠女的气质。张耳妻前夫，当是一个"门当户对"的富豪，但此人却是一个纨绔子弟，粗蠢像个庸奴；张耳一表人才，却是一个逃亡犯。张耳妻要在这两者中做出选择，"乃卒为请决"，坚决与前夫离婚，要由自己来决定终身大事。这是何等的勇敢，何等的胆识！这一句话是点睛之笔，活脱脱刻画了一个豪侠奇女子的形象，真是神来之笔。司马迁写人物，情节故事化，总带几分传奇色彩，张耳妻的故事就具有这样的典型意义。

（四）卓文君夜奔

本则故事载于《司马相如列传》。这是一个炽热的爱情故事，也是一个传颂了两千多年，至今仍被人们津津乐道的才子佳人的故事。

卓文君，富商之女，才貌双绝。司马相如，一代文豪，名贯天下；但家贫落魄，无以为资。临邛令王吉，是司马相如的好友，他设局安排，让这一对有情人近距离交流。司马相如以琴音为媒，用心抚琴，识卓文君，诉说相思之意，在稠人广众之中展示才华，"雍容闲雅甚都"。卓文君隔户窥视如痴如醉，"心悦而好之"，全身心沉醉在爱情的执着追求中。她鼓起勇气，毅然背离了家庭，背离了礼教，放弃锦衣玉食的生活，选择了令封建卫道士最为头疼的"私奔"，月夜投入情人的怀抱。卓文君跟着所爱的人，吃苦受累，颠沛流离，其间饱尝生活的艰辛，体味人情的冷暖，但痴心不改。她还以超凡的心智、刚毅不屈的精神，低下尊贵的身躯，当街开店做老板娘，用以羞辱固执而又势利的父亲。她终于争得了自己的权利，得到了应得的一份家财，不仅摆脱了贫困，而且令私奔的婚姻得到了体面的结局，折服了父亲。卓文君既慧眼识人，又胆量过人，在她身上浓缩了封建社会女性为追求自己的幸福而坚毅地与封建礼教对抗的人性光辉。卓文君夜奔，以及对爱情的专一与执着，具有一定的进步意义，赢得了后世人们的敬慕。

五、司马迁进步的女性观

中国古代文明，以父系宗法制度为核心，男女有别、男尊女卑的原则在夏商周三代就已确立了。中国圣人孔子就说过："唯女子与小人为难养也，近之则不孙（逊），远之则怨。"（《论语·阳货》）周武王说，他有十个治国能臣，孔子说："有妇人焉，九人而已。"（《论语·泰伯》）儒家的纲常伦理，不允许女性与男性平起平坐。西汉是董仲舒推行三纲五常伦理的时代，司马迁又师事董仲舒，对圣人孔子十分敬仰，在《孔子世家》中称为"至圣"，又说"自天子王侯，中国言六艺者折中于夫子"。但司马迁并不盲从，在许多方面不与圣人同是非，特别是对于女性的识见，更是奏出了时代的异响。司马迁进步的女性观，可概括为三个方面。

其一，司马迁为女性政治家立本纪，立世家，展现了男女平等的思想。

其二，司马迁写女性，与写男性一样，按历史的本来面目记事论人，惩恶扬善。对女性的才智、聪明、善良、仁慈与勇于开拓的传统美德，进行热情的歌颂，为后世树立榜样。司马迁不以成败论英雄，他对女性的描写也不以地位高低论善恶，一些身居高位、灵魂龌龊的贵妇人，他予以深刻的批判和无情的揭露。如秦始皇母庄襄王后，不保名节而导致嫪毐乱政，楚怀王宠妃郑袖因嫉妒而乱楚外交，晋献公宠妃郦姬施毒计害太子，导致晋国政局动乱，司马迁都给予了无情的鞭挞。对于地位低下而品德高尚的中下层女性，司马迁给予热情的讴歌和高度的赞美，点点滴滴都加以记载，本书摘载的故事就是其生动的例证。

其三，司马迁颂扬忠贞的爱情，主张情爱是婚姻的基础，赞扬女性有自由追求幸福的权利，这不仅是反潮流的进步思想，而且是超前的意识，即使在今天，仍然闪耀着思想的光芒。

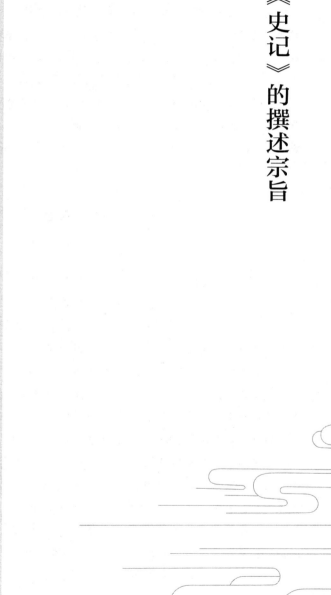

第十三堂

《史记》的撰述宗旨

　　《史记》的撰述宗旨是继《春秋》创一代大典，这是本书《十三堂史记通识课》的最后一堂，呼应本书开篇"《史记》——人人必读的国学根柢书"，两者本质是统一的，即《史记》一书的主旨、主题。前称"国学根柢"，价值有四大内容，后说，"史记的撰述宗旨"，指实现途径、方法。"宗旨"，其实就是"价值"，不同的提法，不同的内容叙述，是不同的角度来说明。《史记》的撰述宗旨，司马迁自己写下三句话，十五字定评："究天人之际，通古今之变，成一家之言。"这三句话就是《史记》继《春秋》具体的撰述宗旨，分叙于次。

一、究天人之际

　　"天人关系"是古代思想界最根本的哲学问题。"究天人之际"，就是司马迁针对这一哲学根本问题提出的命题。它鲜明地表达了司马迁进步的天道观。

　　"天"与"人"的关系，今天来看是十分简单的事情。天是大自然，人类生存的环境，天人密切相关，人类的生存要保护生态环境，人世间的社会活动与大自然密切相关。在远古时代，世界各民族，尽管生存环境各不相同，但有一个共同点，人们敬天畏天，把许多大自然现象，以及山川都当作神来崇拜，各民族都有沟通人神关系的巫。人类从原始社会走向文明大门的时候，掌管文化的就是巫。中国亦不例外，古代卜史医祝都从巫中分化而出。中国传统文化讲天人合一，认为天有意志，演化出天人感应的神学体系。古代因生产力低下，科学不发达，对天地对应的宇宙结构不了解，面对满天星斗不免惶惑。对天象变星、彗星、新星、陨星、日月食、行星运行，以及极光、流星雨、晕、云气等，皆视为异常，从而出现了关于天的神学体系，产生了天象与人间有吉凶祸福关系的星占学，这是全世界的普遍现象。但是，把地上大一统的社会构架搬到天上，同时又勾画出天人感应的系统理论，则是地道的中国天官学和星占术。按照天人感应学说，天有至高无上的权威，它主宰人间的一切。帝王是受命于天来统治人民的，因此帝王言行的善恶与政治得失要上感于天，恶行者亡，善行者昌。各种天象变异及水、旱、地震等灾害，或生物变异如嘉禾、芝草等，表示祆祥，是上天对人间帝王及臣民发出的警语。所以统治阶级十分重视天人感应学说。在这种背景和氛围中，司马迁又师事董仲舒，他接受了天命论和天人感应说的思想影响是可以理解的。

天有无意志，它能不能主宰人间事物，司马迁的回答是抽象肯定，具体否定，带有浓厚的二元论色彩，但基本倾向是朴素唯物主义的。

司马迁接受天命论的观点，承认天有意志，并用以解释一些重大的历史变局。他认为王朝的兴废更替有天命的作用。《律书序》说："昔黄帝有涿鹿之战，以定火灾；颛顼有共工之陈，以平水害；成汤有南巢之伐，以珍夏乱。递兴递废，胜者用事，所受于天也。"《秦楚之际月表序》讲刘邦得天命说："此乃传之所谓大圣乎？岂非天哉，岂非天哉！非大圣孰能当此受命而帝者乎？"汉文帝入嗣大统，司马迁也认为刘恒得天命。《外戚世家》说："高后崩……禄、产等惧诛，谋作乱。大臣征之，天诱其统，卒灭吕氏。唯独置孝惠皇后居北宫，迎立代王，是为孝文帝，奉汉宗庙。此岂非天邪？非天命孰能当之？"当司马迁还不能用唯物论的阶级斗争和生产关系来解释历史变局的时候，他只能委之于天命。如秦并天下就是一个适例。《六国年表序》说："论秦之德义不如鲁、卫之暴戾者，量秦之兵不如三晋之强也，然卒并天下，非必险固便形势利也，盖若天所助焉。"这里司马迁运用疑似之词"盖若"，表现了他的困惑。看来他并不满意于天命的解释，但不得已仍然相信了天命的观点。

天人相感。司马迁也记载了不少例证，集中在《天官书》中。如秦始皇之时，十五年彗星四现，其后秦以兵灭六国，外攘四夷，张楚并起，三十年间，"兵相骀藉不可胜数"，造成了"死人如乱麻"的时局。彗星四现就是一种先兆。项羽救巨鹿，"枉矢西流"，其后秦人遭屠。汉朝将要兴起，"五星聚于东井"。刘邦遭平城之围，"月晕参、毕七重"。诸吕作乱，"日蚀、昼晦"。吴楚七国叛逆，"彗星数丈"。元光、元狩，"蚩尤之旗再现，长则半天"，其后武帝外伐四夷，兵连不解数十年。越之亡，"荧惑守心"。兵征大宛，"星招摇"。人间每有军国大事，则有天象示兆。司马迁作了这些历史叙述以后，并做了这样的总结：

此其荦荦大者。若至委曲小变，不可胜道。由是观之，未有不先形见
而应随之者也。

此外，司马迁有时也讲到命运。如《傅靳蒯成列传》说傅宽、靳歙等平庸
低能之将，固然是他们阿意受宠得封侯，但他们在严酷的楚汉战争中，"攻项
籍，诛杀名将，破军降城以十数，未尝困辱，此亦天授也"。也就是说，傅宽
等人是交了好运了。又如说李广数奇，周亚夫侯而饿死等等，都是命运天定。

但是，从总体上来看，司马迁的"究天人之际"，并不是阐释他的老师董
仲舒"道之大原出于天"的神学思想，而恰好相反是对董仲舒神学思想体系的
扬弃，在当时是一种了不起的革命奋发精神。

从理论体系上看，"究天人之际"，有两个方面的意义。《说文》云："际，
壁会也。"清朱骏声曰："凡两墙相合之缝曰际。"（见《说文通训定声》）两墙
相合之缝，既是会合，也是分界。天人关系如两墙相合之缝，既是交会，也各
自分途，有着明显的界限。

董仲舒讲"天人之际"，主要倾向是天人交会，宣扬畏天。其原话是："臣
谨案《春秋》之中，视前世已行之事，以观天人相与之际，甚可畏也。国家将
有失道之败，而天乃先出灾害以谴告之，不知自省，又出怪异以警惧之，尚不
知变，而伤败乃至。"（董仲舒《天人三策》）这就是汉代流行的天人感应学说。
"相与"，即天人会合、互相感应。董仲舒的用心，企图用"谴告"说来限制君
权为所欲为，免招败亡，维护统治阶级的长治久安。但是统治者是不会用虚妄
的"谴告"说来束缚自己的手脚的，恰恰利用天人相与及君权神授的学说来开
脱自己的罪责，愚弄百姓。董仲舒宣扬"畏天"，走向了他立意的反面，成为
神学目的论者，受到统治者的欢迎。故他的天人相与学说得以泛滥。这一思想
也给司马迁打下了时代的烙印。但是，司马迁的主要思想倾向，不是讲天人交
会，而是讲天人相分。他删去董仲舒"天人相与之际"这句话中"相与"二
字，还要"究"它一番，也就是"究天人之际"这一命题突出了天人相分的思
想。司马迁"究"的方法，就是"论考之行事"，在对天象的实际观测和对人
事的实际考察中，对天、人两个方面都获得了唯物主义的见解，这才是司马迁
天人观的主流。

第一，司马迁把自然现象与阴阳五行的迷信说法区别开来。司马迁转述
其父司马谈的《论六家要旨》，对阴阳家的评论肯定了阴阳五行学说中对自然

规律的概述，而批判否定了"使人拘而多畏"的迷信禁忌学说。《太史公自序》还批评了"星气之书，多杂祥，不经"。《封禅书》对秦始皇、汉武帝的迷信活动更作了无情的揭露和揶揄讽刺。在这个意义上，司马迁"究天人之际"是与阴阳五行学说的迷信开展的一场针锋相对的斗争。

第二，司马迁通过对实录史事的具体论述，对天道提出了质疑。《伯夷列传》为七十列传之首，以议论为主，是一篇示例的论传。这篇论传的中心思想是对"惩恶佑善"的天道提出了质疑，实际上是在揭示七十列传是讲人事活动的，支配历史发展的是人而不是天。《项羽本纪》与《高祖本纪》是两篇传记性质的本纪，相互衬映，构成了强烈的兴亡对比。楚亡汉兴的根本原因不是天，而是人心的向背决定了事业的成败。《太史公自序》明确地指出："子羽暴虐，汉行功德。"项羽一系列的杀人屠城的倒行逆施导致了他的失败。所以司马迁在《项羽本纪》的"太公史曰"中批评项羽至死不悟，怪罪"天亡我"是十分荒谬的。在《高祖本纪》中，司马迁进一步通过刘邦之口直接说出了天意不能支配人谋。刘邦说：

> 夫运筹策帷帐之中，决胜于千里之外，吾不如子房。镇国家，抚百姓，给馈饷，不绝粮道，吾不如萧何。连百万之军，战必胜，攻必取，吾不如韩信。此三者，皆人杰也，吾能用之，此吾所以取天下也。项羽有一范增而不能用，此其所以为我擒也。

这里最清楚明白地说明了刘邦得天下是他善于用人的结果。天意不能支配历史的变迁，同样不能支配个人的祸福。《伯夷列传》在叙述了颜回早夭后说："天之报施善人，其何如哉？"这是对苍天"惩恶佑善"的天道直接发出了抗争的质问。《蒙恬列传》的"太史公曰"否定了蒙恬怪罪筑断地脉而遭诛屠的观点，指出他轻百姓力，助纣为虐，死有余辜。司马迁的这些论述，是强调历史研究应以人物为中心，原原本本地总结人为的历史经验，探寻治乱之源，成为古代史学的优良传统。

以上两个方面是司马迁"究天人之际"的主流和精髓，是应该肯定的。

综上所述，司马迁在天人关系上，他并不否认有意志的"天"的存在，但是他主要的思想倾向不是深信，而是怀疑；不是顺从，而是违抗。反映在《史记》中，所表现的二元论，讲"天命"只是表面文章，强调人事才是重点。司马迁讲"天人感应"，目的是警示国君改过自新，修德修政，做了积极的解释和运用，这方面可以看作是对董仲舒思想积极意义的继承。至于在具体地论述历史变迁和评价人物的时候，是看不到天命论的影子的。

还须指出，《天官书》中许多天象的记载只是观测记录，不讲感应。如司马迁记载了五残星、枉矢、司危、大贼星、蚩尤之旗等等天象，大多是"记异而说不书"，意思是只对天象做记载而不做解说，也就是不与人事挂钩。他甚至说："太史公推古天变，未有可考于今者。"这句话可以说是纡曲行文的示隐。汉文帝前元十六年（前164），哈雷彗星周期性回归，不可能不见，但司马迁不著一字。司马迁不满秦始皇的暴政和汉武帝的多欲，却大量记载这两个时期的天象示警。两相对照，可以看出，司马迁利用"天人感应"资料，有选择地提炼、附会，用以表达他的政治观点，说明他的善恶倾向。这些地方更表现了他思想的进步性，又可以看作是他对董仲舒思想的扬弃。

二、通古今之变

"通古今之变"这一命题与董仲舒宣扬的"天不变，道亦不变"是针锋相对的。"变"是司马迁朴素唯物主义历史观的核心。他认为宇宙间一切事物都在"变"，只有用"变"的观点才能探究事物的本质和规律。为了认识历史之"变"，司马迁提出了一系列研究方法和理论，如"详今略古""详变略渐""综其终始""原始察终，见盛观衰"等等。统括为一句话，就叫"通古今之变"。

"变"是历史的本质。《论六家要旨》云："无成势，无常形，故能究万物之情。"没有一成不变的态势，没有永恒存在的形体。这种"变"的理论决定了司马迁用发展变化的眼光看待人类社会的历史，他名之曰"变"，曰"渐"，曰"终始"。《自序》云："天人之际，承敝通变"，"略协古今之变"；又云："臣弑君，子弑父，非一旦一夕之故也，其渐久矣"；《十二诸侯年表序》云："儒者断其义，驰说者骋其辞，不务综其终始"等等，不胜枚举。"变"，指社会不断地进化和发展；"渐"，指的是进化和发展的运动过程；"终始"，指的是因果关系。十表的结构和内容就鲜明地反映了司马迁"详今略古"和"详变略渐"的历史观点。"详变略渐"是突出"变"，如秦楚之际作"月表"，就是突出

"变"。《秦楚之际月表序》云："太史公读秦楚之际，曰：初作难，发于陈涉；虐戾灭秦，自项氏；拨乱诛暴，平定海内，卒践帝祚，成于汉家。五年之间，号令三嬗，自生民以来，未始有受命若斯之亟也。"这讲的是剧烈变革之世的历史应该很好总结。《六国年表序》云："然战国之权变亦有可颇采者，何必上古。"《高祖功臣侯者年表序》云："居今之世，志古之道，所以自镜也，未必尽同。帝王者各殊礼而异务，要以成功为统纪，岂可绲乎？观所以得尊宠及所以废辱，亦当世得失之林也，何必旧闻？"一方面讲以古为镜，一方面又讲古今不同，不可混同古今，表现了司马迁"通古今之变"的朴素辩证法思想。司马迁特别重视对秦朝历史的总结，就是为汉世作镜子的。

通观整部《史记》，司马迁"通古今之变"有两大亮点。一是全面记述了古今之变的内容；二是建立了通变划分历史断限的年代学。分述于次。

1. 全面记述了通古今之变的内容

主要有以下四个方面。

（1）一是时势之变。白寿彝先生在《史记新论》中做了精辟的概括。其言曰："在'通古今之变'的问题上，十表是最大限度地集中体现这一要求的。司马迁每一个表，都要写这个历史时期的特点，写它在'古今之变'的长河中变了些什么。把这十个表总起来看，却又是要写宗周晚年以来悠久的历史时期内所经历的巨大变化——由封建侯国走到郡县制度，由地方分权走到皇权专制。"白先生的论述，就是指司马迁从时势变化来"通古今之变"，也就是从大处把握了历史的发展变化。

（2）二是兴亡之变。记述国家兴亡，这是司马迁"通古今之变"的重点。《史记》详细记载了夏、商、周、秦的兴亡，以及汉之兴，并从多方面揭示了兴亡的原因。《外戚世家》说："夏之兴也以涂山，而桀之败也以末喜；殷之兴也以有娀，纣之杀也嬖妲己；周之兴也以姜原及大任，而幽王之禽也淫于褒姒。"这是从后妃是否有德关系到国家兴亡的角度来论述夏、商、周的政权更替。司马迁论秦之亡是失于政，于是"陈涉发迹，诸侯作难，风起云蒸，卒亡秦族"（《太史公自序》）。

（3）三是成败之变。《史记》记载成败之变，俯拾皆是，或由胜转败，或反败为胜，精彩淋漓。如《燕世家》与《乐毅列传》记载燕将乐毅伐齐，所向披靡，几乎灭亡了齐国，燕惠王信谗，派骑劫代替了乐毅，燕军大败，从此燕国一蹶不振。这一变化，燕由胜而败，国运转衰；齐国由败转胜，国家重振雄风。又如秦赵长平决战，赵王用纸上谈兵的赵括代替持重的老将廉颇，招致赵军四十余万全军覆没，使赵国元气大伤。司马迁不仅详细论述成败之变的过程，而且总结成败之变的原因，就是用人是否唯贤。司马迁在《楚元王世家》中深有感慨地说："国之将兴，必有祯祥，君子用而小人退；国之将亡，必有妖孽，贤人隐，乱臣贵……贤人乎，贤人乎，非质有其内，恶能用之哉！甚矣，安危在出令，存亡在所任，诚哉是言也！"

（4）四是穷达之变。司马迁通过陈胜之口喊出："王侯将相宁有种乎！"每当风云际会，必然产生沧海桑田的命运变化。陈胜只是一个庸耕者，却在农民起义的浪潮中称了王。刘邦原是一个泗水亭长，后来机缘巧合做了大汉皇帝。刀笔吏萧何做了开国丞相，饿夫韩信封王封侯。历史上的商鞅、苏秦、张仪、范雎、蔡泽、蔺相如、李斯；随汉兴起的文臣武将，张良、陈平、陆贾、刘敬、周勃、樊哙、夏侯婴、灌婴等，无不是由穷而达的典型。司马迁叙写穷达之变的人物，命运由两个因素构成，一是抓住时势机运，二是发挥个人的才能和不懈努力。司马迁立传标准就是那些"扶义俶傥，不令己失时，立功名于天下"的人。

以上四个方面，就是司马迁"通古今之变"的四大核心内容。包括了从社会到个人，从整体到个体，从一般到特殊的全面内容。由此可见，司马迁的"通变"历史观，是一种辩证的系统历史观，具有超越于表象世界而直透历史本质的内在深刻性。

2. 建立了通变划分历史断限的年代学

《史记》全书一百三十篇，上下贯通三千年。司马迁洞察历史的发展过程，不仅要作贯通的研究，还要划分段落来考察，司马迁称之为"原始察终，见盛观衰"。前一段历史是后一段历史发展的原因；后一段历史是前一段历史发展的结果。十表具体地划分了司马迁所认识的历史发展阶段。《三代世表》《十二诸侯年表》，是古代史表，略推三代；《六国年表》和《秦楚之际月表》，是近代史表，着重总结秦朝兴亡的历史经验；汉兴以来诸表是现代史的专题年表，概括本朝政治的得失，这三大段历史的详略层次极为分明。五帝三代只作一个世表，用以勾勒历史的发展线索，虽然自"黄帝以来皆有年数"（《史记》卷十三《三代世表序》），但那是靠不住的附会传说，司马迁不录，从共和元年起方始纪年。《十二诸侯年表》和《六国年表》的分界点是用"孔子卒"（《史记》卷十四《十二诸侯年表序》）。司马迁以一代伟人的凋落作为时代的分界点，似乎是唯心主义的历史观，实则不然。司马迁在《十二诸侯年表序》和《六国年表序》中集中论述了春秋战国两个时代的巨大变化，这才是他划分时代断限的依据。古代用王公纪年。孔子卒于周敬王四十一年（前479），而周敬王卒于四十四年（前476）。《十二诸侯年表》与《六国年表》的绝对年代分界点，司马迁用的是周敬王之卒与周元王之立这两个周王的交替年代，并没有用孔子的绝对卒年，这样做为的是便于史事叙述。《六国年表》下限不是断至秦始皇统一中国的公元前221年，而是断至秦二世之灭的公元前207年。这反映了司马迁划分历史断限具有一定的义例即理论，但是并不作机械的刀锯斧切，而以历史自然发展的段落划断限。《史记》全书的断限，司马迁发展了父亲的计划，延伸上限起于陶唐至黄帝始；他又延伸下限迄于麟止至太初，因为这更能"原始察终，见盛观衰"。黄帝是建立统一天下的圣王，尧是不能与之相比的；太初是西汉的极盛时期，也是由盛而衰的转折点，元狩元年是不能与之并提的。学术界主张《史记》下限断自元狩元年的人，未能很好研究司马迁"通古今之变"的理论，是绳墨之见，不可取。建立历史年代学，把贯通的历史划分断限，"原始察终，见盛观衰"，这是司马迁"通古今之变"的重要内容，具有把历史叙述引向科学化轨道的重大意义，应当认真地加以研究。司马迁的这一理论与实践，是空前的创造，是那个时代朴素历史唯物史观的最高水平。

司马迁"通古今之变"的方法和理论，是值得肯定的。

三、成一家之言

"成一家之言"可简括为"一家言"，是司马迁在历史学上的一个首创。这表明，司马迁作史，并不是历史资料的记录和事实的堆积，而是要阐明自己的思想。"言"就是议论、理想和主张。"成一家之言"就是要独创一个思想体系，具有划时代的内容，能启迪后人，影响社会。司马迁的"一家之言"熔铸在《史记》之中，表现为他对哲学、政治、经济、文化、社会及伦理各个领域的观点，内容极其丰富。但"稽其成败兴坏之理"则是司马迁"一家之言"的核心。《报任安书》作了最直接鲜明的表述。其言曰：

> 网罗天下放失旧闻，考之行事，稽其成败兴坏之理，凡百三十篇，亦欲以究天人之际，通古今之变，成一家之言。

"网罗天下放失旧闻"，讲的是《史记》取材，无所不包，这决定了《史记》内容的丰富性及复杂性。这句话也是司马迁提出的史学理论。他认为历史学要概括人类社会的一切文化发展，所以要"厥协六经异传，整齐百家杂语"，融汇百家学说于一编之中。于是他创造了五体的表述形式来条理包罗万象的人类文化历史。"考之行事"，是讲治史的观察方法，《太史公自序》阐释为"原始察终，见盛观衰""承敝通变"等具体内容。"究天人之际"，讲自然和空间，划分天人关系。"通古今之变"，讲时间流变，人类社会是随时间流变而演进。司马迁所要捕捉的就是这一个"变"字。"稽其成败兴坏之理"，则是通过考察历史来把握历史演进的内容，认识治乱兴衰的规律，为西汉一统的王朝政权寻求长治久安的"治道"。可以说这就是司马迁历史思考的出发点与归宿点。我们研究司马迁的哲学思想、历史观、政治思想、经济思想、军事思想、社会伦理思想等等，都要循着这一思考路线去分析，才能把握它的实质。所以我们说"稽其成败兴坏之理"是司马迁"一家之言"或"一家言"的核心。

简括地说，司马迁创作上独立成"家"，思想上自立为"言"，目标是追慕孔子，效法《春秋》，它高出历史学，上升为代"圣"立"言"的境界，用一句现今的语言来概括，可以说司马迁"成一家之言"的主要内容就是构建一个以历史学为载体的政治伦理学思想体系，为后王立法，为人伦立则。再换一句更简洁通俗的话说，《史记》是一部历史巨著，也是一部治国宝典。具体内容可展开为三个层次：

其一，"一家言"的结构，融会贯通百家学说以建立统一的新思想体系；

其二，"一家言"的核心思想，稽其成败兴坏之理以志古自镜；

其三，"一家言"的表述形式，创立百科全书式的纪传体通史，奠定了史学的独立地位。

综上所述，司马迁定位《史记》的三句话，十五个字，"究天人之际，通古今之变，成一家之言"的创作宗旨，其核心是落实在"成一家之言"上。司马迁创立的"一家言"，就是建立一个以论"治"为核心的思想体系，历史是其表现形式，即历史学是一家言的载体。用司马迁自己的话说，就是效《春秋》为后王立法，为人伦立则，所以要融会贯通，创立百科全书，成为一部治世的政治伦理学大全，提供全社会人阅读。帝王读了，懂得治国，怎样为君；将相读了，懂得辅弼之任，理民之术，怎样为臣；百工之民读了，懂得各司其职，各任其力，为社会做贡献，怎样做人。例如，商人读《货殖列传》，懂得怎样经商；侠义之士读《游侠列传》，懂得怎样仗义反暴；为师治学者读《儒林列传》，懂得怎样为人师表；医巫卜者读《日者》《龟策》等传，懂得怎样施用方技服务社会。如此这般，社会各色之人，均能从《史记》中找到对照，找到楷模，懂得怎样做人。总之，君臣、父子、夫妇、兄弟、朋友等等人伦之道，都囊括在《史记》之中。汇综政治伦理和百科全书，正是秦汉大一统治世的需要，《史记》应运而生。

司马迁不愿空言论道，他将一家言托之于历史，也就是用历史学的形式表现出来。换一个说法，即前面说的，一家言是以历史学为载体的政治伦理学思想体系。为了普及流传，又增饰其文采，这样，《史记》就成了治文史哲于一炉的旷世大典。史学是一家言的载体，文学是一家言的光泽，思想是一家言的灵魂。司马迁是集文史哲于一身的伟大历史学家、文学家、思想家，是文化巨人。历史学是一家言的载体，所以司马迁第一是历史学家，其次是文学家，再次是思想家。司马迁的本意是创作"政治伦理学"，通过历史记录来表达，这样就把政治伦理与历史统一起来，或者说中国古代历史学的本质就是政治伦理学，所以《史记》是一部政治伦理学大全。由于司马迁的这一创作，治乱兴衰成为中国传统史学的主要内容，或者说史学是为政治服务的。这一传统，由孔子发其端，司马迁发扬光大，集其大成。在这个意义上，说司马迁的一家言就是一个历史学体系也是完全成立的。因此，司马迁自成的一家，不属于阴、阳、儒、墨、名、法、道中的任何一家，也不应与诸子百家并立为子学中的一家，而是一个崭新思想体系——"政治历史学"，司马迁的本质是历史学家。这一学说体系的价值，就是本书开篇所概括的四句话，即："史家之绝唱，无韵之离骚，国学之根柢，资治之宝典。"

附录

司马迁年谱

　　《史记》成书，为司马谈发凡起例，司马迁发愤续成，是父子两代人的心血结晶，前后历四十余年。由于司马谈述史之始即有司马迁助修，而后又由司马迁一手完成，研究《史记》思想体系只能用司马迁一人做代表。《史记》中留有司马谈作史痕迹，但作为整体的《史记》不容分割。所以本年谱以司马迁为中心勾勒《史记》成书过程，照应全书，标题为"司马迁年谱"而附着司马谈系年。司马迁生卒年按本书考证，生年系景帝中元五年（前 145），卒年系昭帝始元元年（前 86），示意司马迁与汉武帝相终始。司马谈有卒年而无生年，假定长于司马迁二十岁，推计生年则在汉文帝前元十五年，即公元前 165 年。假定司马谈的生年，一是便于行文，二是表现一定的历史内容，即假定的推理缘由。

　　王重九先生在《从王国维、郭沫若共认的"先汉纪录"考定司马迁父子的生年》[1]一文中，将《索隐》说"年二十八"系于建元三年以推计司马谈生年，得出司马谈生于汉文帝前元十五年，即公元前 165 年的结论；而以《正义》说"案迁年四十二岁"推计司马迁生年为景帝中元五年，即公元前 145 年。王重九据此断言司马谈长于司马迁二十岁。

　　王重九的考证还缺少史实佐证，他对于《索隐》说"年二十八"这条材料的运用也需商榷，他的考证自然不能定案，只能是一种假说。顾颉刚在《司马谈作史》一文中假定司马谈长于司马迁三十五岁，两种假说比较，王重九的假说要合理一些。第一，司马谈出仕京师，留下独生子司马迁于故里，以情理度之，更切合于青年之所为，血气正盛，以事业为家，至于中年则要多一些家庭的考虑了。第二，司马谈卒时慨叹命运不好，透露出未尽天年的感慨，所以司马谈的终年不会过高。具体说，在古代"人生七十古来稀"的情况下，司马谈长于迁二十岁，卒年时寿已五十六岁，与其命运之叹较为符合。第三，汉代举贤良，选秀才，虽

1　王重九：《从王国维、郭沫若共认的"先汉纪录"考定司马迁父子的生年》，《陕西师范大学学报》（哲学社会科学版）1985 年第 3 期。

有老年，而多为青年后进。例如贾谊年十八在廷尉吴公举荐下，文帝召以为博士。贾谊之出仕，当是参与了文帝初即位于前元二年的举贤良对策；司马谈的出仕，亦当是参与汉武帝初即位于建元元年举贤良对策。汉武帝更是一个奖拔后进的人，他当时只有十六岁。依上述种种情况推计，假定司马谈长于司马迁二十岁，他在建元元年举贤良时已二十六岁，是接近事实的。当然，这仅仅是一种假说，姑以系年，不作定论。本文系司马谈之年从司马迁生年始。

司马谈作史，准备在建元、元光间，正式述史在元狩元年。司马迁基本完成《史记》在太始四年，修订直至终年。从元狩元年至太始四年，即公元前122年至前93年，整三十年。单说司马迁，他从元朔三年"网罗天下放失旧闻"起至司马迁卒于昭帝之初始元元年，即公元前128年至前86年，则历时四十三年。司马迁发愤撰史阶段应为元封三年为太史令至太始四年基本完稿，即公元前108年至前93年，为十六年。系年以创作为经，行年为纬，分为四个阶段：（一）家世、童年；（二）修史助手；（三）发愤著书；（四）晚年修订。略述于次。

一、家世、童年

（前145—前127，前后十九年）

前145年（汉景帝中元五年丙申） 迁生一岁　父谈二十一岁

汉初政治无为，崇黄老刑名之学，文帝、景帝时尤甚，百家之学与儒学并立。景帝始尊儒学。

司马迁生。生地西汉左冯翊夏阳县高门里，在今陕西韩城西南十八里之嵬东乡高门村。汉夏阳县至隋更名韩城。1985年韩城改县置市。

司马迁字子长。

前140年（武帝建元元年辛丑） 迁六岁　父谈二十六岁

武帝即位伊始举贤良，罢黜百家；董仲舒为举首，对天人三策，建言独尊儒术。

司马迁居家入小学。古时八岁入小学，聪颖秀慧者六岁即可入学。父谈举贤良对策，出仕为太史丞。

前139年（武帝建元二年壬寅） 迁七岁　父谈二十七岁

汉武帝初置茂陵邑。

司马迁居家入小学。

父谈仕为太史丞。建元二年汉武帝在槐里茂乡建造寿陵，称茂陵，始置茂陵邑。勘定陵址，预卜吉凶等事宜，为"太史"职分之事。司马谈以太史丞参与建陵，故属籍茂陵显武里，并可知其出仕必在这之前一年建元元年举贤良而仕职也。

前136年（武帝建元五年乙巳） 迁十岁　父谈三十岁

置五经博士。

司马迁居家入小学。《太史公自序》："年十岁，则诵古文。"

父谈仕为太史令。司马谈建陵有功，由太史丞升任太史令，在建元三年到建元六年之间。

前134年（武帝元光元年丁未） 迁十二岁　父谈三十二岁

冬十一月，初令郡国举孝廉各一人。

司马迁居家耕读。《太史公自序》："耕牧河山之阳。"司马迁十九岁入京师之前，一直居家耕读，但主要时间是诵读古文，而耕牧只是一种修身养性的锻炼。

父谈仕为太史令。《太史公自序》："太史公学天官于唐都，受《易》于杨何，习道论于黄子。"司马谈居官而勤学不倦，立志重振史官家学，成为一个渊博的学者，是一位自奋立名的历史学家。

前127年（武帝元朔二年甲寅） 迁十九岁　父谈三十九岁

是年春正月，汉伐匈奴，收河南地，置朔方、五原郡。

孔安国为博士。

夏，汉武帝徙郡国豪杰及訾三百万以上于茂陵。司马迁一家也徙移茂陵，属籍显武里。关东大侠轵人郭解亦被徙茂陵，次年被族灭，其人状貌风采，为青年司马迁所目睹。

二、修史助手

（前126—前109，前后十八年）

司马迁作史，分为三个阶段。从元朔三年到元封二年为助手阶段。此阶